Nürnberg

Frankenalb, Frankenhöhe
Steigerwald
Fränkisches Seenland

Tobias Pape

GPX-Daten zum Download

www.kompass.de/gpx

Kostenloser Download der GPX-Daten der im Wanderführer enthaltenen Wandertouren.

AUTOR

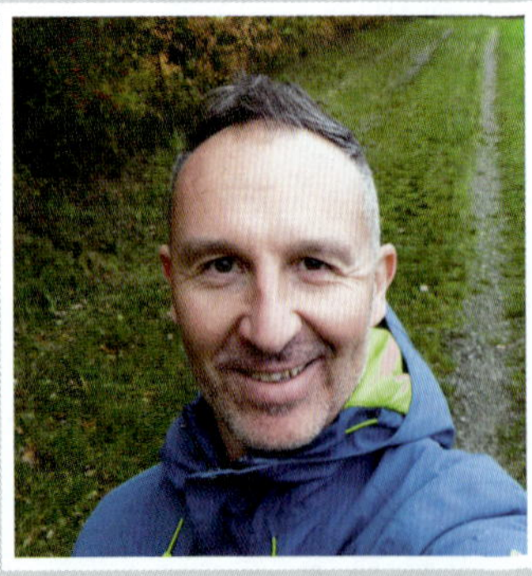

Tobias Pape • ist geboren und aufgewachsen auf der Schwäbischen Alb. Umgeben von Wacholderheiden, Schafen und „steilen Buckeln" war ihm die Nähe und Liebe zur Natur schon früh gegeben. Beruflich und privat ist er leidenschaftlicher „Outdoor-Mensch", engagiert in den Bereichen Naturtourismus, Biodiversität und Coaching. Wandern kann man zwar (fast) überall, bevorzugt ist er jedoch dort unterwegs, wo es viel Wald, tolle Aussichten und traumhaft wanderbare Wege gibt.

VORWORT

Die Vielfalt der Region Nürnberg ist immens. Ob es sich um Landschaft, Kultur oder Kulinarik handelt – Nürnberg liegt mit seinem Umland im Herzen Bayerns und ist eine wahre Schatzkammer für Entdecker mit Sinn für Genuss. Seien es die Aussichten und Felslandschaften in der Fränkischen Schweiz, die Schluchten in Frankens „Sandachse", die vielen Burgen, Schlösser und Ruinen in der gesamten Region, die Seen im Fränkischen Seenland, die Biervielfalt einerseits und die Weinvielfalt im Westen der Region sowie die vielen Museen und kulturhistorischen Bauwerke. Klar wird: Die Region hat für jeden Geschmack und für jede Altersklasse etwas zu bieten. Mit der Auswahl der hier vorgestellten Wandertouren besteht eine tolle Möglichkeit, diese Vielfalt zu entdecken. Neben den „Klassikern" sind daher auch einige, vielleicht noch etwas unbekannte Wanderziele enthalten. Damit erhalten Sie mit Sicherheit den einen oder anderen Geheimtipp. Wie wäre es mit einer herrlichen Wanderung auf der Frankenhöhe, vorbei an Schafen und Streuobstwiesen? Oder einer Tour im Fränkischen Seenland mit anschließender Erfrischung im kühlen Nass? Wandern Sie entlang der Pegnitz von Nürnberg nach Fürth. Wetten, dass Sie die beiden Großstädte aus dieser Perspektive so noch nie gesehen haben. Das schöne ist, dass die wanderbaren Regionen vom Großstadttrubel des Städtetrios Nürnberg-Fürth-Erlangen aus oft nur einen Katzensprung entfernt sind.

Viele der vorgestellten Wandertouren sind sehr gut mit öffentlichen Verkehrsmitteln erreichbar. Für manche „entlegene" Wanderziele kann es jedoch auch sinnvoll sein, mit dem PKW anzureisen, vor allem wenn man außerhalb der Hauptwanderzeiten oder unter der Woche unterwegs ist. Eines soll an dieser Stelle unbedingt noch Beachtung finden: Wanderwege wollen gepflegt und unterhalten werden. Ohne das ehrenamtliche Engagement der örtlichen und/oder regionalen Wanderverbände könnten viele Wandertouren hier nicht vorgestellt werden. Sie treffen daher unterwegs auf ein Netz an hervorragend markierten Wanderwegen in der Region, das durch verschiedene Qualitätsinitiativen und Überarbeitungen stetig verbessert wird. In diesem Sinne wünsche ich Ihnen viele wunder- und wanderbare Erlebnisse in der Region Nürnberg mit seinem Umland!

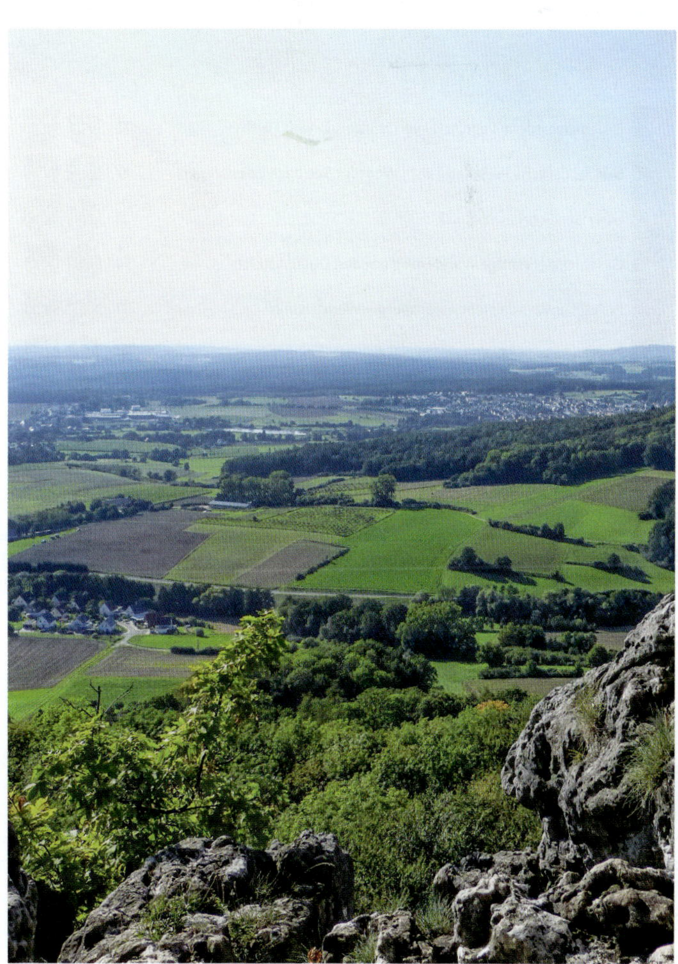

Aussicht vom Glatzenstein

INHALT UND TOURENÜBERSICHT

AUFTAKT

ANHANG

km	h	hm	hm									Karte
10,3	2:45	70	90		✓		✓		✓	✓		163
16,9	4:00	60	49		✓		✓		✓			163
13,7	3:30	80	80	✓	✓		✓		✓	✓		163
7,9	2:00	50	40	✓	✓		✓		✓			163
17,6	4:30	140	139	✓	✓		✓		✓	✓		163
10,2	2:45	60	60	✓	✓		✓		✓			163
17,5	4:30	230	230	✓	✓		✓		✓	✓		163
15	4:30	220	220	✓	✓		✓		✓	✓		163
18,7	5:00	240	239	✓	✓		✓		✓	✓		163
9,6	3:15	240	240	✓	✓		✓	✓	✓	✓		163
13,4	3:30	110	120	✓	✓		✓		✓			163
10,4	2:45	80	140	✓	✓		✓		✓			163
12,6	3:15	20	19	✓	✓		✓		✓	✓		163
9,6	2:30	80	80	✓	✓				✓	✓		163
7,9	2:15	180	180		✓		✓		✓	✓		163
9,2	2:15	20	20	✓	✓		✓		✓	✓		163
13,5	4:00	340	340	✓			✓		✓	✓		163
21,6	6:15	400	450	✓	✓		✓		✓			163
18,9	5:30	410	410	✓	✓				✓	✓		163

INHALT UND TOURENÜBERSICHT

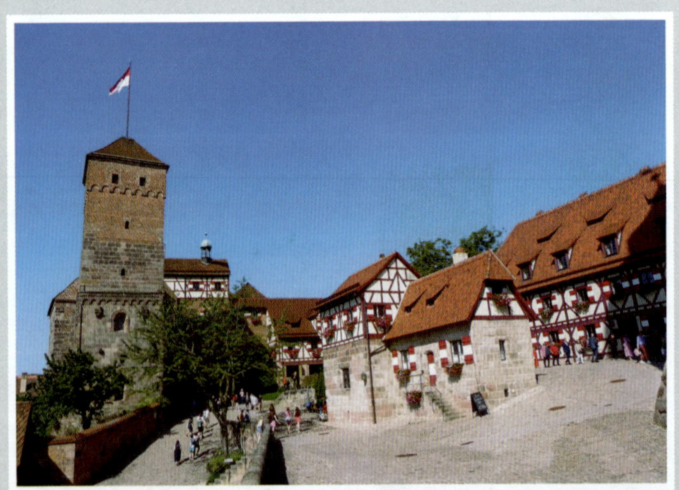

Kaiserburg in Nürnberg

km	h	hm	hm									Karte
15,1	4:45	430	410	✓	✓		✓		✓			163
14,5	4:30	570	580	✓	✓		✓	✓	✓			163
12,9	4:15	420	430	✓	✓		✓		✓			163
10,9	3:45	370	370	✓			✓					163
14,8	4:15	330	330	✓	✓		✓					163
13,3	4:15	440	410	✓	✓			✓	✓			163
18,6	5:30	440	440	✓	✓		✓	✓				163
13,3	4:00	300	300	✓			✓		✓			163
6,4	1:45	60	90	✓	✓		✓		✓	✓		163
61,6	16:30	930	930	✓	✓		✓	✓	✓		✓	163
8	2:30	190	189	✓			✓		✓	✓		163
11,8	3:15	250	250	✓			✓		✓			163

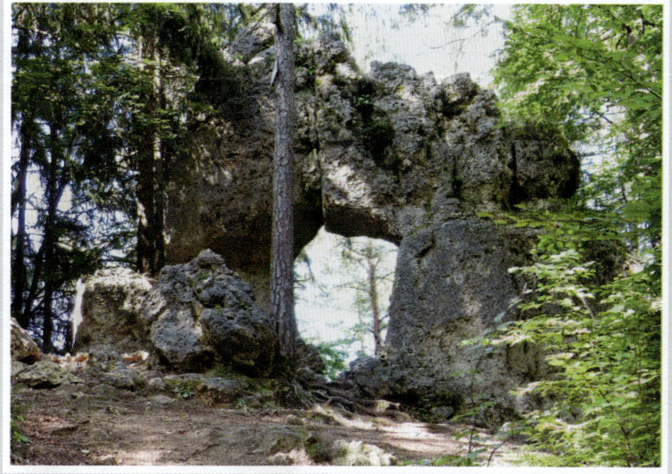

Noristörle

INHALT UND TOURENÜBERSICHT

km	h	hm	hm									Karte
15,6	4:00	110	70	✓	✓		✓		✓	✓		163
13,3	3:00	70	70	✓			✓		✓	✓		163
21,6	6:30	550	550	✓	✓		✓		✓			163
12,2	3:00	10	20	✓	✓		✓		✓	✓		163
6,9	2:30	248	252	✓				✓				163
17,5	4:45	200	198	✓	✓				✓	✓		163
13,2	3:15	120	120	✓			✓		✓	✓		163
6,2	2:00	130	130	✓	✓				✓	✓		163
14	4:00	210	210	✓	✓		✓		✓			163
16,3	4:15	210	210	✓	✓				✓	✓		163
12,7	3:15	90	90	✓	✓		✓		✓	✓		163
14,2	3:30	130	130	✓	✓		✓		✓	✓		163
10,9	3:00	90	89	✓					✓	✓		163
11	3:30	257	257	✓			✓		✓	✓		163
11,7	3:15	220	216	✓			✓		✓	✓		163
17,1	4:15	140	139	✓	✓		✓		✓	✓		163
15,6	4:00	150	150	✓	✓		✓		✓	✓		163
24,2	6:15	270	200	✓	✓		✓		✓	✓		163
18,1	4:45	180	178	✓	✓		✓		✓	✓		163
21,5	4:45	180	130	✓	✓		✓		✓	✓		163
16,1	4:15	180	129	✓	✓				✓	✓		163
16,4	4:15	160	160	✓	✓		✓		✓			163
14,4	3:30	50	50	✓					✓	✓		163
11,5	3:00	50	49	✓			✓		✓	✓		163

GEBIETSÜBERSICHTSKARTE

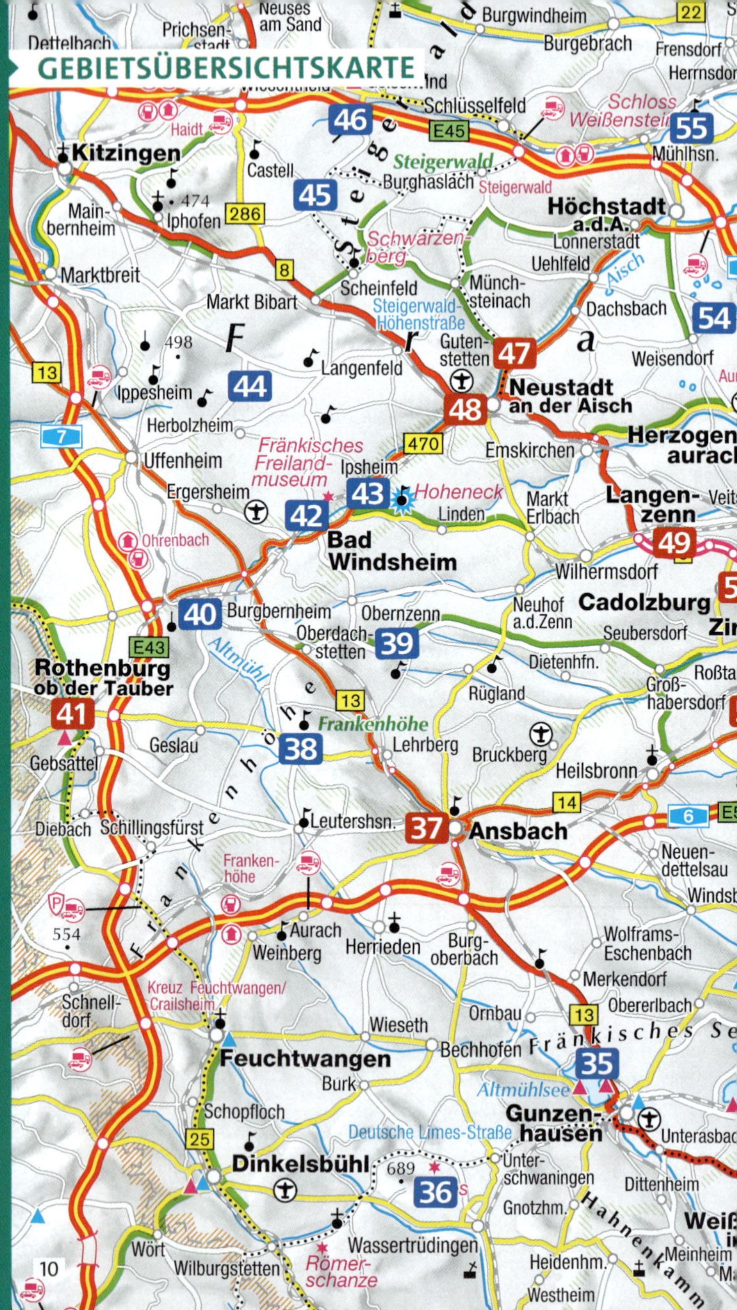

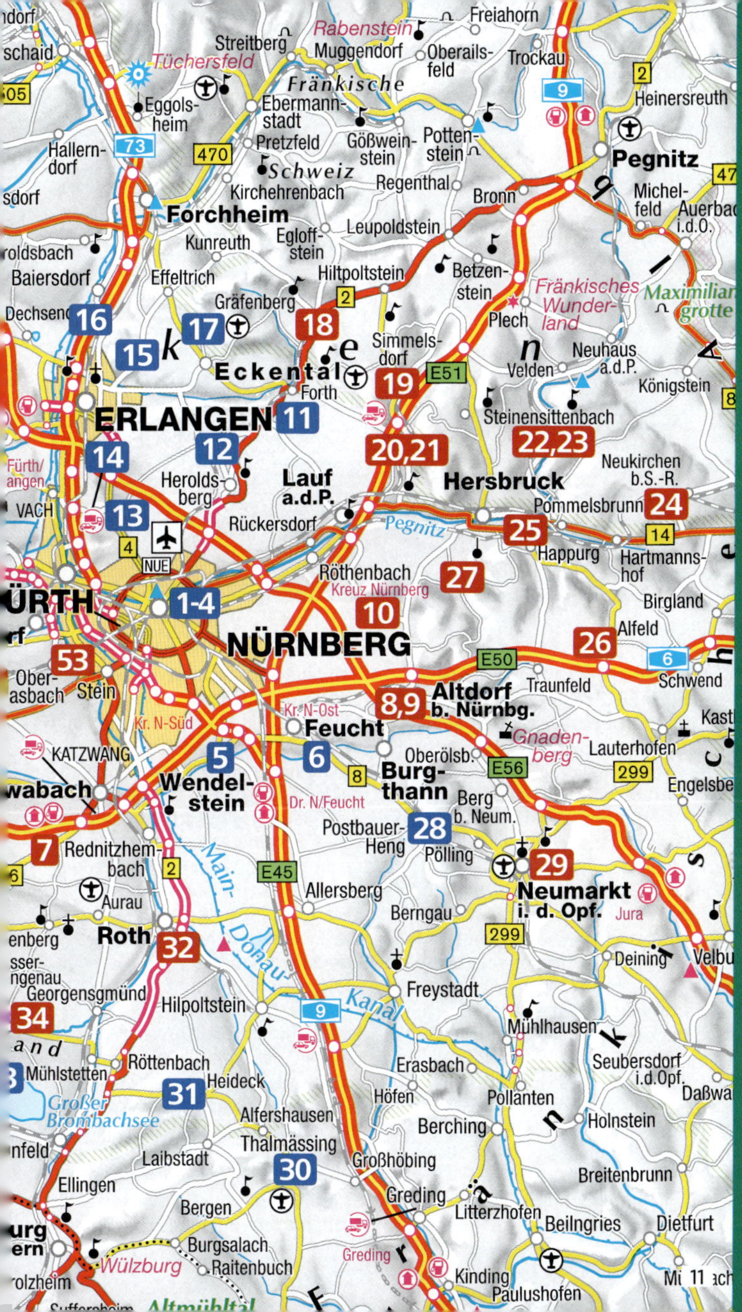

Freiahorn
Rabenstein
Streitberg
Muggendorf
Oberails-
feld
Trockau
Tüchersfeld
Fränkische
Schweiz
Eggols-
heim
Ebermann-
stadt
Gößwein-
stein
Potten-
stein
Heinersreuth
Pegnitz
Hallern-
dorf
Pretzfeld
Kirchehrenbach
Regenthal
Bronn
Michel-
feld
Auerbach
i.d.O.
Forchheim
Kunreuth
Egloff-
stein
Leupoldstein
Baiersdorf
Effeltrich
Hiltpoltstein
Betzen-
stein
Fränkisches
Wunder-
land
Maximilian
grotte
Gräfenberg
Plech
Simmels-
dorf
Neuhaus
a.d.P.
Velden
Eckental
Forth
Königstein
ERLANGEN
Steinensittenbach
Neukirchen
b.S.-R.
Herolds-
berg
Lauf
a.d.P.
Hersbruck
Pommelsbrunn
VACH
Rückersdorf
Pegnitz
Happurg
Hartmanns-
hof
NUE
Röthenbach
Kreuz Nürnberg
Birgland
FÜRTH
NÜRNBERG
Alfeld
Traunfeld
Schwend
Ober-
asbach
Stein
Altdorf
b. Nürnbg.
Kr. N-Ost
Kr. N-Süd
Feucht
Gnaden-
berg
Lauterhofen
KATZWANG
Oberölsb.
Burg-
thann
Engelsberg
Schwabach
Wendel-
stein
Dr. N/Feucht
Berg
b. Neum.
Postbauer-
Heng
Pölling
Rednitzhem-
bach
Neumarkt
i. d. Opf.
Jura
Aurau
Main-
Donau-
Kanal
Allersberg
Berngau
Roth
Deining
Georgensgmünd
Freystadt
Hilpoltstein
Mühlhausen
Röttenbach
Mühlstetten
Erasbach
Seubersdorf
i.d.Opf.
Heideck
Großer
Brombachsee
Höfen
Pollanten
Holnstein
Alfershausen
Berching
Thalmässing
Laibstadt
Großhöbing
Breitenbrunn
Ellingen
Greding
Litterzhofen
Beilngries
Dietfurt
Bergen
Burgsalach
Wülzburg
Raitenbuch
Kinding
Paulushofen
Altmühltal
1-4
5
6
7
8,9
10
11
12
13
14
15
16
17
18
19
20,21
22,23
24
25
26
27
28
29
30
31
32
34
53
E45
E50
E51
E56

DAS GEBIET

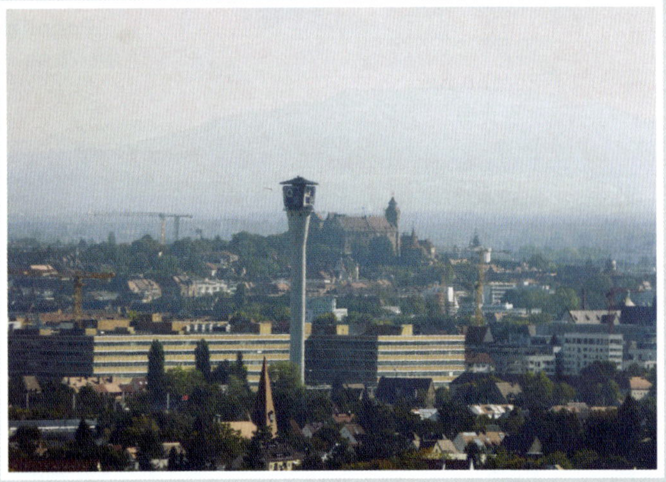

Blick auf Nürnberg

DAS STÄDTETRIO NÜRNBERG-FÜRTH-ERLANGEN

Im Zentrum dieses Trios liegt die Stadt Nürnberg, die als zweitgrößte Stadt Bayerns und als Wirtschaftszentrum für die Metropolregion Nürnberg-Fürth-Erlangen eine bedeutende Stellung einnimmt. Nürnberg selbst kann auf eine lange und bedeutende Geschichte zurückblicken, die weit bis ins Mittelalter reicht. Die wiederaufgebauten Teile der Altstadt beherbergen zahlreiche historische Sehenswürdigkeiten, darunter die Kaiserburg, den Nürnberger Hauptmarkt und die Lorenzkirche. Die Stadt ist auch für ihr kulturelles Erbe bekannt, einschließlich des weltberühmten Christkindlesmarktes, der jedes Jahr Besucher aus aller Welt anlockt.

Fürth liegt in unmittelbarer Nachbarschaft westlich von Nürnberg und bildet zusammen mit Nürnberg und Erlangen das Herz der Metropolregion. Die Stadt ist für ihre charmante Altstadt und die vielen gut erhaltenen historischen Gebäude bekannt. Besonders sehenswert ist die Gustavstraße mit ihren historischen Fassaden und zahlreichen Cafés und Geschäften. Fürth ist zudem für seine kulturellen Aktivitäten und Veranstaltungen bekannt, darunter das Internationale Klezmer Festival, das die Stadt mit Klezmer-Musik und jüdischer Kultur erfüllt.

Erlangen, nordöstlich von Nürnberg gelegen, ist vor allem als Universitätsstadt bekannt. Die Friedrich-Alexander-Universität gilt als eine der renommiertesten Universitäten in Deutschland und prägt das akademische und kulturelle Leben der Stadt. Einen großen Einfluss auf die Stadt hatten zudem die Hugenotten, die im 17. Jahrhundert in Erlangen und anderen Teilen Europas Zuflucht suchten. Die Hugenotten trugen zur kulturellen und wirtschaftlichen Entwicklung Erlangens bei und brachten ihre Fertigkeiten und Talente mit, insbesondere im Bereich der Textilindustrie. Sie gründeten eigene Gemeinden, die ihre französische Sprache und Kultur bewahrten. Heute erinnern verschiedene Denkmäler und Straßennamen in Erlangen an die historische Präsenz der Hugenotten.

DAS DIREKTE UMLAND VON NÜRNBERG

Im direkten Umland des Städtetrios sind zum einen das „Knoblauchsland" sowie der Nürnberger Reichswald zu nennen. Das Knoblauchsland bietet mit seinen fruchtbaren Böden hervorragende Eigenschaften für den Anbau von Gemüse und spielt eine wichtige Rolle in der Versorgung der Region mit frischen Produkten. Auf den Wochenmärkten oder direkt vor Ort bei den Erzeugern kann die Vielfalt der Produkte erworben werden.

Der Nürnberger Reichswald hingegen besteht aus mehreren großen Waldgebieten, die sich in einem Bogen östlich von Nürnberg erstrecken. Der Reichswald ist ein beliebtes Naherholungsgebiet in der Region und bietet zahlreiche Wander- und Fahrradwege sowie eine reichhaltige Vielfalt an Tier- und Pflanzenarten. Der Nürnberger Reichswald hat auch historische Bedeutung, da er im Mittelalter ein Jagdrevier für die Kaiser des Heiligen Römischen Reiches war.

FRANKENALB

Die nahe Frankenalb ist das „klassische" Ausflugsziel vieler „Stoderer" (fränkisch für Städter) der Region. Das Mittelgebirge ist bekannt für seine beeindruckende Karstland-

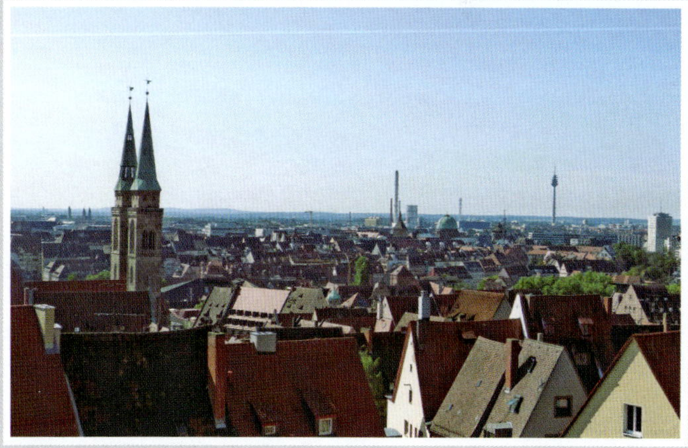

Die Altstadt von Nürnberg

schaft, geprägt von bizarren Felsformationen, tiefen Höhlen und malerischen Tälern. Für Wanderbegeisterte stehen unzählige markierte Wanderwege zur Verfügung. Bedingt durch die Topografie stehen auch „sportlichere“ Touren zur Verfügung, bei denen ordentlich Höhenmeter gesammelt werden können. Sind jedoch die Aufstiege gemeistert, darf man sich auf sagenhafte Aussichten in die Metropolregion freuen. Die Frankenalb ist ein wahres Paradies für Outdoorfans. Zur Verfügung steht eine breite Palette an Freizeitaktivitäten, neben dem Wandern und Radfahren sind Klettern und Kanufahren äußerst beliebte Aktivitäten.

FRÄNKISCHES SEENLAND

Sieben Seen umfasst das Fränkische Seenland, das südlich von Nürnberg gelegen sich in den letzten vier Jahrzehnten zu einer aufstrebenden Ferienregion entwickelt hat. Die Entstehung der Seen ist eng mit der Donau-Main-Überleitung verbunden, einem gigantischen Wasserbauprojekt, das entwickelt wurde, um den Ausgleich der Wasserverteilung zwischen dem wasserreichen Südbayern und dem wasserarmen Nordbayern zu gewährleisten. Dies wird durch die Umleitung von Wasser aus dem Altmühl- und Donautal über die Europäische Hauptwasserscheide in das Regnitz-Main-Gebiet ermöglicht. Gemeinsam bieten die Seen mittlerweile eine Fülle an Freizeitmöglichkeiten am und auf dem Wasser, darunter Baden, Surfen, Segeln, Tauchen, Bootfahren und Angeln. Auf dem Altmühlsee und dem Großen Brombachsee sind sogar Personenschiffe unterwegs. Nicht unwesentlich für

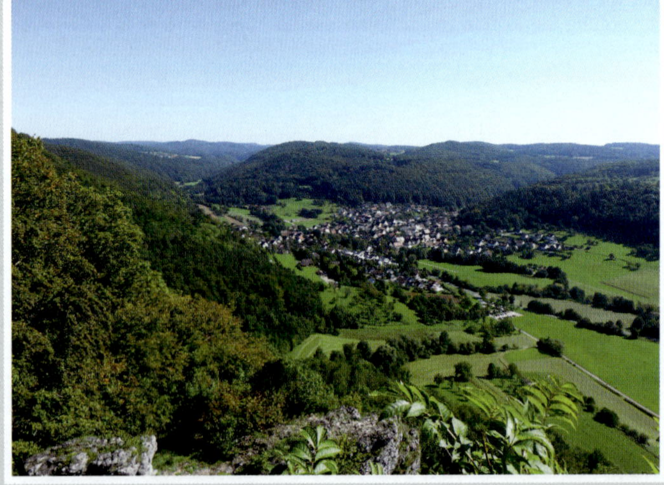

Aussicht vom Hohlen Fels in der Fränkischen Alb

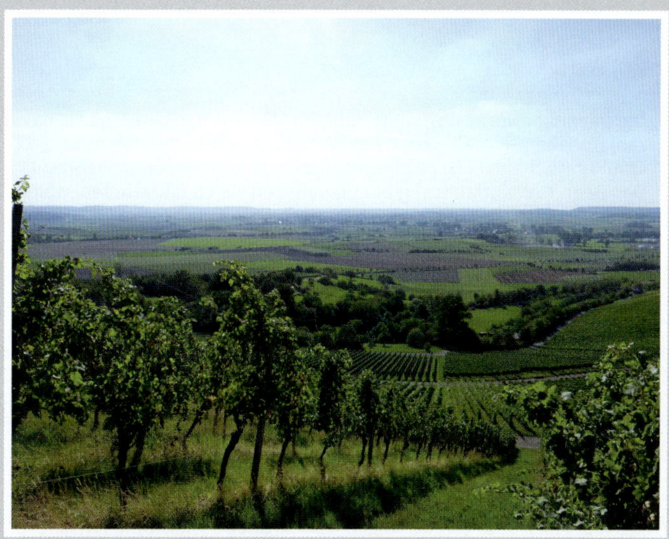

Weinberge bei Ipsheim

die (Bier-)Region ist der Anbau von Hopfen in und um Spalt.

FRANKENHÖHE UND ROMANTISCHES FRANKEN

Der besondere Charme dieser beiden Regionen resultiert aus der harmonischen Verschmelzung von ländlicher Idylle und malerischen Fachwerkstädtchen. Besonders die historischen Orte locken mit ihren Stadtbildern zu einem Besuch: Rothenburg verführt mit seiner imposanten Stadtmauer, seinen verwinkelten Gassen und gut erhaltenen Fachwerkhäusern, die ein wahres Mittelalterflair vermitteln. Ansbach, die Regierungshauptstadt Mittelfrankens, wird von Kennern als „Stadt des fränkischen Rokoko" bezeichnet. Die Stadt war einst die Residenz der Markgrafen von Brandenburg-Ansbach und das prächtige Markgrafenschloss erinnert bis heute an diese historische Bedeutung.

Ein beträchtlicher Teil des Gebiets gehört zum Naturpark Frankenhöhe, einer der am dünnsten besiedelten Regionen in Bayern und zugleich eine der sonnenreichsten Gegenden Süddeutschlands. Wer beim Wandern Ruhe und Idylle sucht, wird hier in jedem Fall fündig.

SÜDLICHER STEIGERWALD UND AISCHGRUND

Der Großteil des Steigerwaldes erstreckt sich als Naturparkgebiet, das eine Heimat für einige der ältesten Buchen Deutschlands bietet. Die Region ist durch ein weitläufiges

Kulinarik

Die fränkische Küche ist für ihre deftigen Spezialitäten berühmt. Hierzu zählen neben den verschiedenen Varianten von Bratwürsten, Sauerkraut und Schäufala (Schweineschulter) auch das berühmte Bier dazu. Den Begriff „Weinfranken" gibt es bereits seit vielen Jahrzehnten, während „Bierfranken" ein neuerer Gegenbegriff hierzu ist, der die Bedeutung der (oftmals noch kleinen) Brauereien hervorheben soll. Die Vielfalt der fränkischen Biersorten kann in den zahlreichen Brauereien und Biergärten verkostet werden. Vor allem die Keller in Franken sind legendär. Darüber hinaus sind fränkische Weine und darauf abgestimmte Spezialitäten wie Zwiebelkuchen und Karpfen in verschiedenen Variationen weit verbreitet und ein weiterer kulinarischer Genuss. Und wer feinen Apfel-Birnen-Secco aus dem Hesselbergraum verkostet oder sich die berühmten Kalchreuther Kirschen auf der Zunge zergehen lässt, fördert zudem lokale Produzenten und trägt zum Erhalt dieser einmaligen Streuobst-Landschaft bei.

Netz von Rad- und Wanderwegen erschlossen, darunter der als Qualitätsweg ausgezeichnete Steigerwald-Panoramaweg von Bad Windsheim nach Bamberg. Im westlichen Teil des Steigerwaldes erstrecken sich die Hügel bis hinunter zum Main und präsentieren dem Besucher eine völlig unterschiedliche Landschaft. Von Sand am Main im Norden bis nach Bad Windsheim und zur Burg Hoheneck erstrecken sich die sonnenverwöhnten Weinberge des Steigerwaldes, in denen exzellente Weine gedeihen. Im Aischtal zwischen Bad Windsheim, Höchstadt an der Aisch und der Mündung der Aisch in die Regnitz nahe Forchheim schätzt man bis zu 2.000 Karpfenteiche. Über 1.200 Teichwirte produzieren den berühmten „Aischgründer Spiegelkarpfen", der von September bis April in zahlreichen Gaststätten serviert wird. Eine weitere Besonderheit des Steigerwaldes sind die vielen kleinen Familienbrauereien, von denen sich acht zur „Aischgründer Bierstraße" zusammengeschlossen haben.

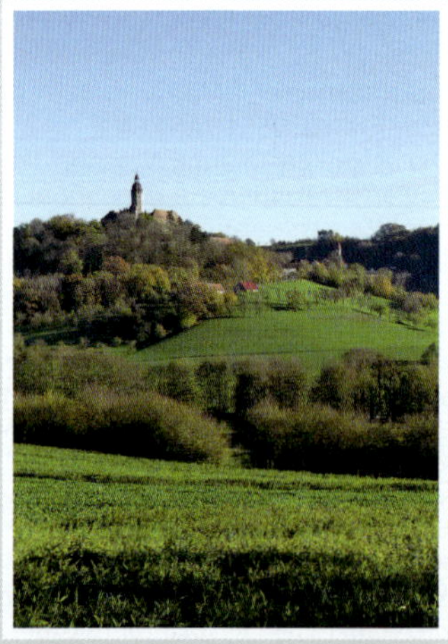

Schloss Virnsberg (Frankenhöhe)

AUSRÜSTUNG UND WANDERZEIT

Der Wohlfühlfaktor während einer Wanderung wird ganz entscheidend vom richtigen Schuhwerk geprägt: Schuhe sollten sowohl zu Ihrem Fuß als auch zur Art der Wanderung passen. Wenn Sie sich in leichtem Gelände bewegen, sind halbhohe Trekking- oder Wanderschuhe oft die ideale Wahl. Für anspruchsvolleres und unwegsameres Terrain sowie längere Wanderungen sind knöchelhohe Wanderschuhe empfehlenswert. Vor der ersten ausgedehnten Tour sollten die Schuhe gut eingelaufen werden, um Blasen zu vermeiden.

Das „Wander-Outfit" sollte strapazierfähig, komfortabel und den Wetterbedingungen angepasst sein. Spezielle Outdoor-Bekleidung kann nützlich sein, vor allem wenn diese wirksam vor Wind und Nässe schützt. Wanderstöcke können insbesondere bei steilen Abstiegen von großem Nutzen sein, da sie vor allem die Belastung auf die Knie reduzieren. Als Orientierungshilfe können neben Wanderführer und Karte auch entsprechende Outdoor-Apps sowie GPS-Geräte sinnvoll sein.

Grundsätzlich eignen sich die hier vorgestellten Wanderungen zu jeder Jahreszeit. Alle Jahreszeiten haben ihren eigenen Charme. So sind Wanderungen durch die Streuobstwiesen besonders im Frühjahr zur Obstblüte reizvoll, während an sommerwarmen Tagen eher waldreiche Touren passend sind, im Herbst Nebel und bunte Blätter die Landschaft in ein besonderes Licht tauchen und im Winter bizarre Eisformationen die Schluchten in der Region verzaubern.

SCHWIERIGKEITSGRADE

Im Bereich der Frankenalb mit Erhebungen von über 600 Metern, steilen Hängen und Felsformationen, ergeben sich beim Wandern auch anspruchsvollere An- und Abstiege. Doch auch in den übrigen Bereichen des Wandergebiets, die eher von sanfteren Hügeln oder leicht gewelltem Gelände geprägt sind, können die Höhenunterschiede im Verlauf einer Wanderung durchaus beachtlich sein. Um eine bessere Vorstellung davon zu vermitteln sind bei jeder Wanderung die jeweiligen Höhenmeter für Aufstiege und Abstiege angegeben.

■ LEICHT

Bei diesen Wanderungen bewegen Sie sich überwiegend auf gut ausgebauten und markierten Wegen, ohne auf schwierige Abschnitte oder übermäßig lange Auf- und Abstiege zu stoßen.

■ MITTEL

Diese Wanderungen führen auf Wegen oder Pfaden, die an einigen Stellen Trittsicherheit erfordern, längere Auf- und Abstiege beinhalten und eine gute körperliche Verfassung erfordern.

■ SCHWER

Es sind keine Touren in diesem Wanderführer enthalten die als schwierig gelten und die über unwegsames und stark ausgesetztes Gelände führen.

ZEITANGABEN

Die angegebenen Zeitangaben sind als Richtwerte zu verstehen. Als reine Gehzeit können für einen durchschnittlichen Wanderer pro Stunde

ALLGEMEINE TOURENHINWEISE

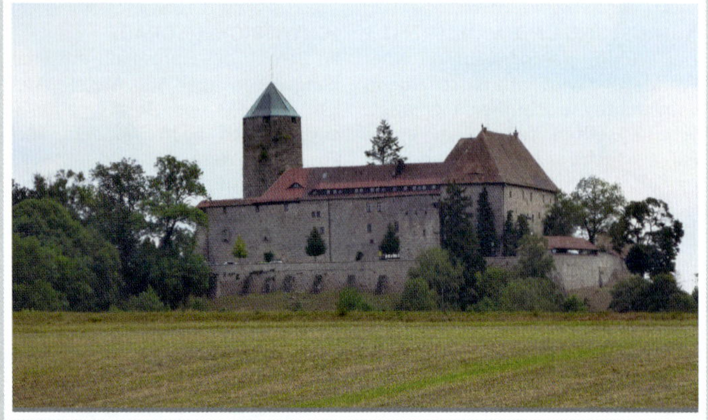

Burg Colmberg

etwa 4 km in ebenem Gelände angenommen werden. Zur reinen Gehzeit kommen noch Pausen hinzu. Für die Höhenmeter sind pro Stunde etwa 300 m im Aufstieg und 500 m im Abstieg anzunehmen.

UNTERWEGS IM WANDERGEBIET

Der Großteil der Wandertouren kann mit öffentlichen Verkehrsmitteln erreicht werden. Das hier vorgestellte Wandergebiet liegt komplett im Tarifgebiet des Verkehrsverbundes Großraum Nürnberg (VGN). Fahrplan- und Tarifauskünfte sind unter www.vgn.de oder www.bahn.de abrufbar. Die VGN-Freizeitbusse bringen Ausflügler an den Wochenenden zu vielen beliebten Zielen in der Region und fahren in der Zeit vom 01.05. bis 01.11. eines jeden Jahres. Außerhalb der Saison und in den etwas abgelegeneren Gebieten beschränken sich jedoch vor allem an Wochenenden oder Ferien manche Busfahrten auf wenige Verbindungen pro Tag. Wenn alternativ kein Anrufsammel- oder Linienbedarftaxi zur Verfügung steht, kann es sinnvoller sein, mit dem PKW anzureisen.

UNTERWEGS MIT KINDERN

Viele der vorgestellten Touren eignen sich auch für Kinder. Über das entsprechende Piktogramm in der Tourenübersicht lassen sich schnell mögliche Wanderungen hierfür ausfindig machen. Als Grundsatz gilt, dass mit steigendem Alter der Kinder die Streckenlänge zunehmen kann. Viele Wanderungen lassen sich hervorragend mit anderen Aktivitäten kombinieren oder es finden sich unterwegs schöne Spielmöglichkeiten. Mit mehreren Familien gemeinsam zu wandern ist Spaß für Groß und Klein. Bitte beachten Sie, dass nicht alle kindertauglichen Wandertouren gleichzeitig kinderwagentauglich sind. Vor allem Wandertouren mit schmalen, wurzeligen oder steinigen Pfaden sowie starken An- und Abstiegen sind nur schwer mit Kinderwagen befahrbar.

MEINE LIEBLINGSTOUR

Selbstverständlich ist die Wahl „der Lieblingstour" bei so einer Vielfalt nicht einfach. Als gebürtiger „Älbler", der mittlerweile viele Jahre in Franken wohnt, haben mir es die Wanderungen in der Frankenalb sehr angetan. Und daher fällt meine Wahl auf die Tour Nr. 25: „Die Happurger Kelten". Am meisten „gepackt" haben mich die eindrucksvolle Aussicht vom Hohlen Fels, die wunderbaren Buchenwälder zwischen Happurg und Hartmannshof sowie die überall vorliegenden Spuren der Kelten. Mir gefällt zudem, von Bahnhof zu Bahnhof zu wandern. Da reise ich entspannt an und noch entspannter wieder ab.

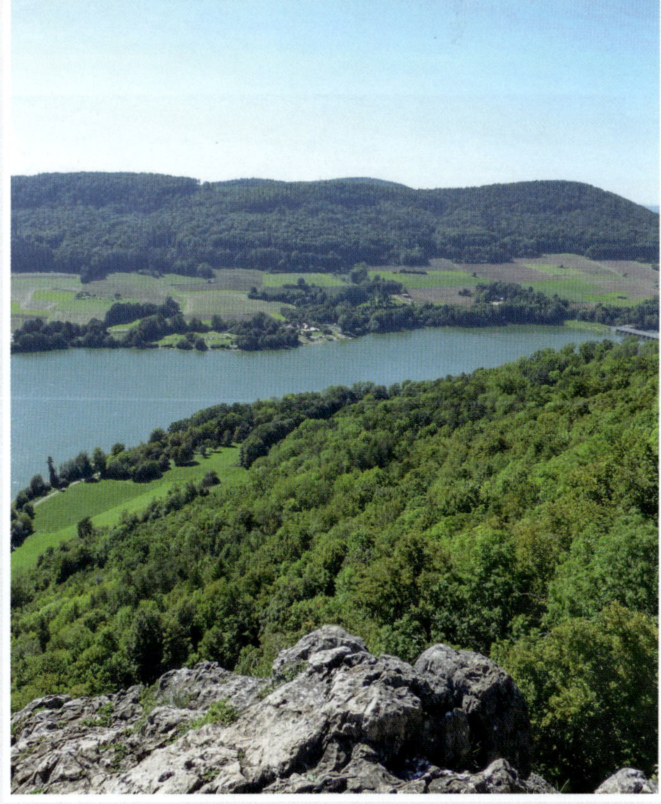

Aussicht vom Hohlen Fels

MEINE HIGHLIGHTS

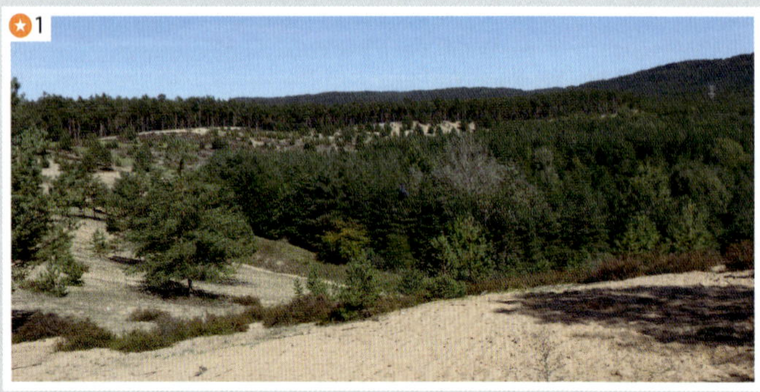

1

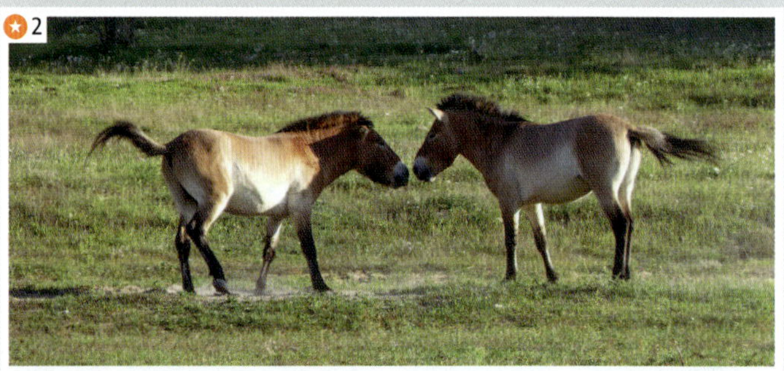

2

1: Dünenwanderung zwischen Altdorf und Weißenbrunn
Zunächst wandern wir durch den südlichen Reichswald und erreichen dann plötzlich richtige Sanddünen. Und das weit abseits von Meer und Küste!
→ Tour 09, Seite 51

2: Zu den Wildpferden im Tennenloher Forst
Einst militärisch genutzt halten nun die seltenen Przewalski-Pferde friedlich die Sandflächen offen und sorgen damit für die Erhaltung dieses einzigartigen Lebensraums.
→ Tour 14, Seite 66

3: Abenteuer Hirschbachtal
Beeindruckend steile Felswände und ungewöhnliche Felsformationen wie das Noristörle verleihen dieser Tour in einem der reizvollsten Wandergebiete in der Hersbrucker Schweiz ihren einzigartigen Charme.
→ Tour 23, Seite 96

4: Alpenblick und Schafe
Wer weite Fernsichten, Schafe sowie einzigartige Fauna und Flora schätzt, ist auf dieser Tour auf Mittelfrankens höchsten Gipfel genau richtig.
→ Tour 36, Seite 142

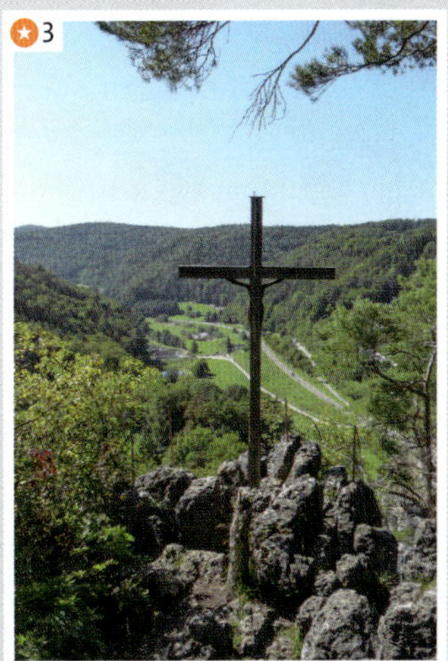

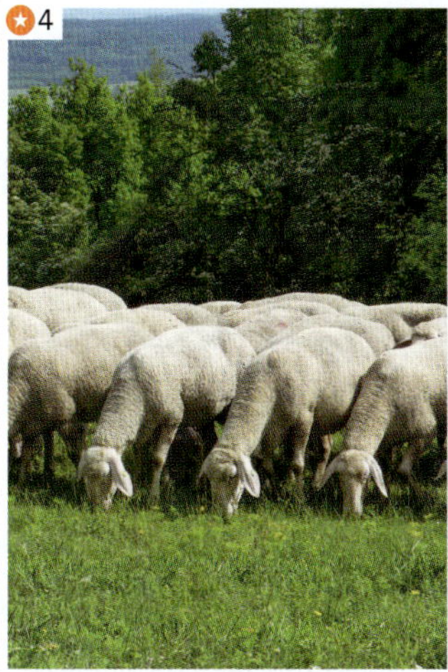

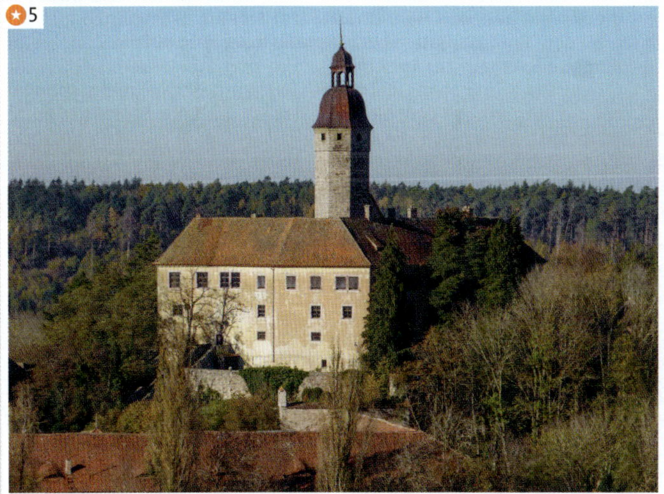

5: Schloss Virnsberg
Im Herzen des Naturparks Frankenhöhe wandern wir durch urige Wälder und behalten stets Schloss Virnsberg im Blick.
→ Tour 39, Seite 152

1

DURCHS WESTLICHE PEGNITZTAL VON NÜRNBERG NACH FÜRTH

Verborgene Gärten und Parks

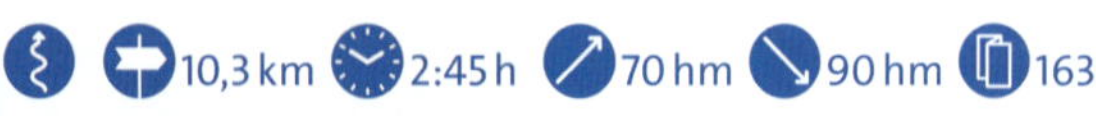

START | Hauptbahnhof Nürnberg.
[GPS: UTM Zone 32 x: 650.906 m y: 5.479.161 m]
CHARAKTER | Gemächliche Tour auf gut ausgebauten Wegen zwischen den beiden Großstädten.

Vom **Hauptbahnhof** 01 starten wir unsere Wanderung und begeben uns in die Königstraße, in der einer der vier charakteristischen Rundtürme Nürnbergs zu sehen ist. Weiter geht es durch die Königstraße, den Hauptmarkt und den Rathausplatz über die Burgstraße hinauf zur Kaiserburg. Durch das Himmelstor betreten wir die Burg. Neben dem Heidenturm links findet sich die Pforte zum Maria-Sibylla-Merian-Gärtchen (Zugang nur sonntags und montags von 14 bis 18 Uhr), ein verstecktes Juwel, das wir mit wenigen Schritten erreichen. Nachdem wir den äußeren Burghof erreicht haben, schwenken wir nach rechts, passieren das Tor neben dem Sinnwellturm und gelangen zur **Freiung** 02, von wo aus sich ein toller Blick auf die Stadt bietet. Von dort aus steuern wir auf das Tor zu unserer Rechten zu und bewegen uns hoch zur Mauer, hinter der sich der Burggraben erstreckt. Durch den Eingang auf der linken Seite gelangen wir in den Schwedenhof mit dem Denkmal für Ge-

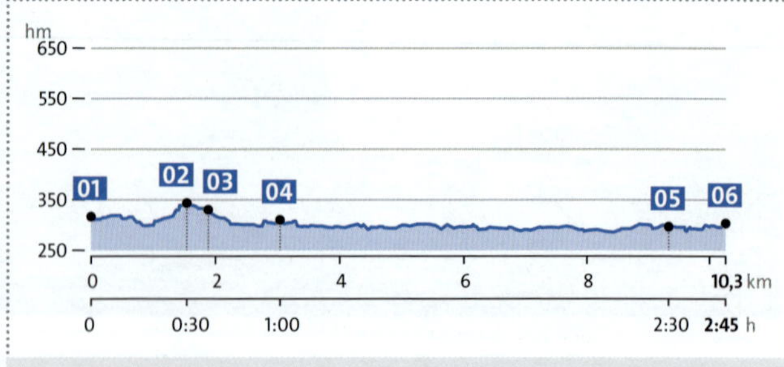

01 Nürnberg-Hbf., 309 m; 02 Freiung, 329 m; 03 Wehrgang, 323 m; 04 Heperidengärten, 306 m; 05 Stadtparkcafé, 294 m; 06 Rathaus Fürth, 294 m;

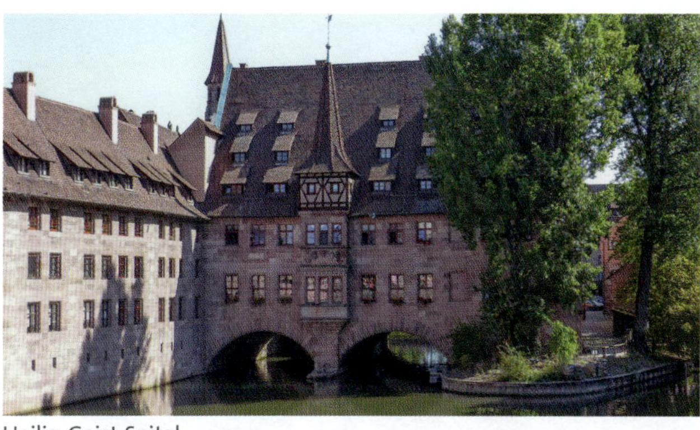
Heilig-Geist-Spital

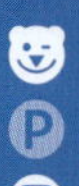

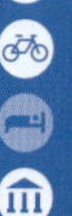

org Christoph Eimmart, einem Astronomen, der hier 1678 die erste Volkssternwarte einrichtete. Unser Weg führt uns weiter über die Bastionen und den Rosengarten, bis wir am Tiergärtner Torturm zu einer Stiege gelangen, die uns auf den **Wehrgang** 03 führt. Hier haben wir eine hervorragende Aussicht auf das Dürerhaus und die Burg. Von dort aus kehren wir zur Treppe zurück, halten uns links und steigen hinunter zum Bürgermeistergarten. Am Neutor nehmen wir die Stufen auf die Straße, überqueren sie, nehmen die Treppe auf der anderen Seite und setzen unseren Weg auf den Wällen fort. Vor dem Hallertor stoßen wir auf den Heilkräutergarten, den wir durchqueren. Am Ausgang des Gartens gehen wir über die Straße „Am Hallertor", beim Kettensteg dann rechts und durch den Durch-

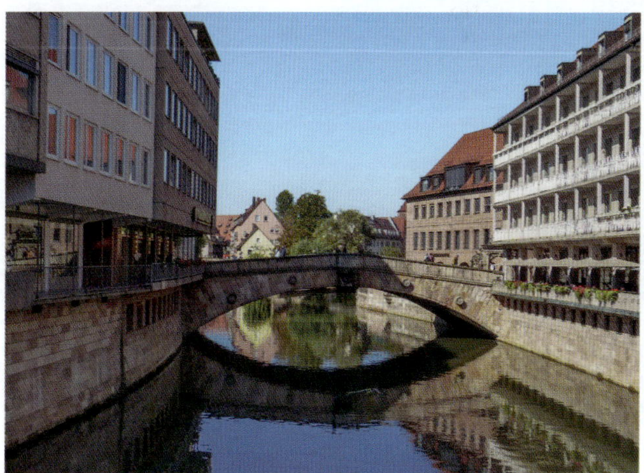
Fleischbrücke

1

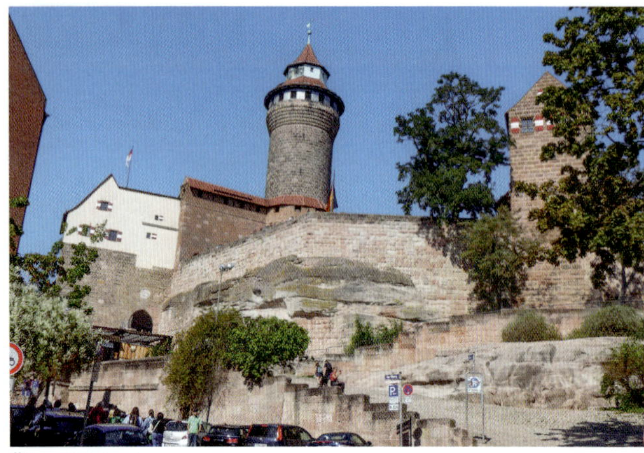

Ölberg, Kaiserburg

gang zur Hallerwiese. Am Ende der Hallerwiese bietet sich ein kurzer Abstecher zu den drei **Hesperidengärten** 04 an (Zugang über die Gasse „Riesenschritt"). Diese barocken Gärten mit Brunnen und Skulpturen waren im 17. und 18. Jahrhundert besonders modisch, reiche

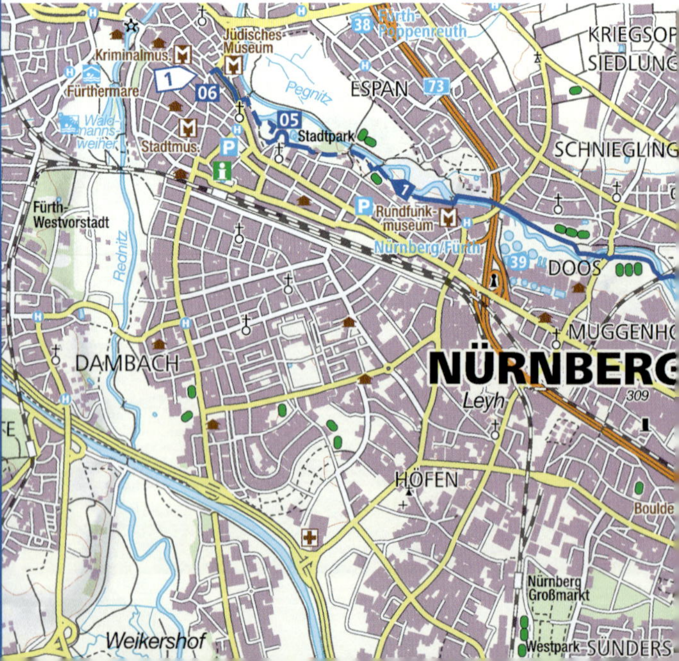

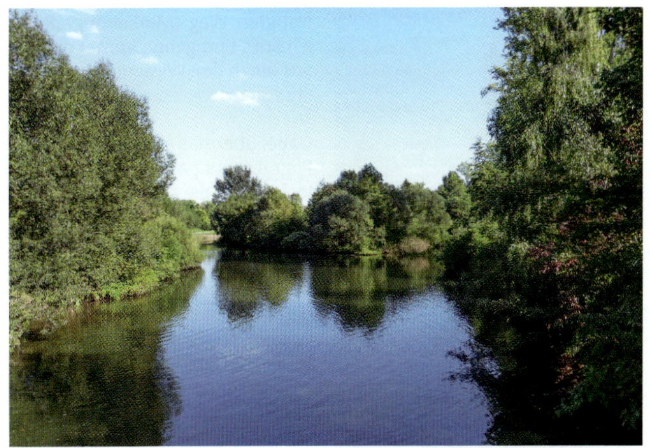

Pegnitz, Fürth

Bürger züchteten hier exotische Pflanzen, um ihre Weltoffenheit zur Schau zu stellen. Von den Gärten aus kehren wir zur Haller-Wiese zurück und überqueren die Brücke, um auf die Überreste der Kleinweidenmühle zu stoßen. Anfangs für das Mahlen von Getreide genutzt,

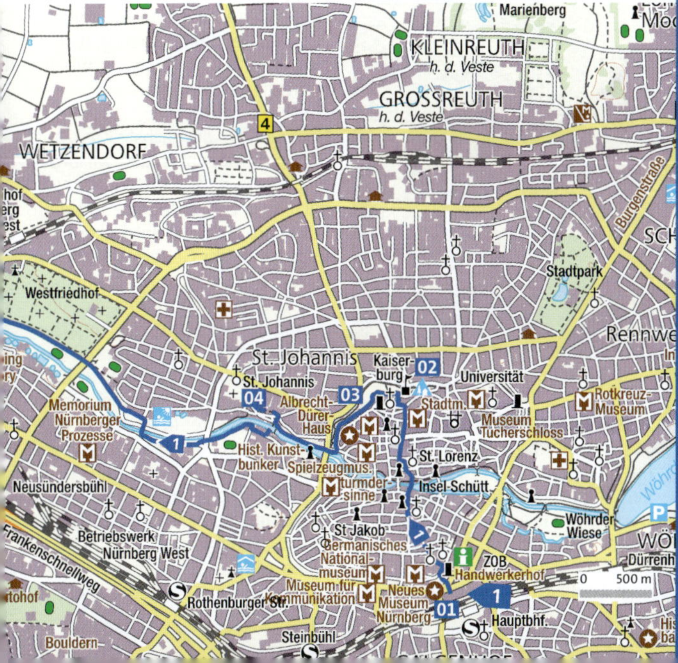

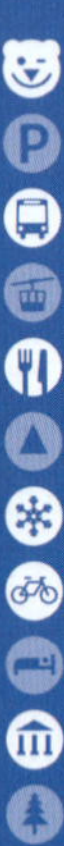

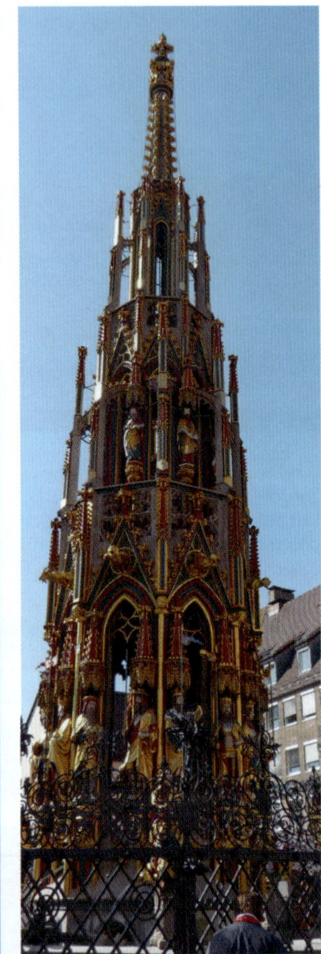
Schöner Brunnen

später für die Bearbeitung von Messing und Eisen. Wir folgen dem Weg nach rechts und wandern entlang der Pegnitz bis zum Lederersteg. Nachdem wir auf die andere Seite gewechselt haben, erspähen wir ein altes Schöpfrad am Fluss. Vor dem Freibad nehmen wir den befestigten Weg (Markierung „Rotes X") links und gehen immer geradeaus durch den Wiesengrund bis zur Stadtgrenze.

Dabei überqueren wir zweimal die Pegnitz und passieren die „Fuchslochwelle", die seit dem Jahr 2022 die Herzen der hiesigen Surfer höherschlagen lässt. Nach Unterquerung der A73 erreichen wir die Fürther Stadtgrenze an der Kleinen Mainau. Der Park mit seinem Pavillon verbirgt sich rechts hinter einem Hügel. Hier wurde 1901 eine Heilquelle entdeckt. Obwohl der Traum eines Heilbades nicht in Erfüllung ging, können dürstende Wanderer das geschmacklich etwas „eigensinnige" Heilwasser im Pavillon kosten. Über den Quellensteg überqueren wir erneut die Pegnitz und halten uns am Südufer rechts, während wir auf Holzbohlen über sumpfiges Gelände wandern. Danach erreichen wir bald den Röllingersteg, biegen hier links ab und gleich wieder rechts in den Stadtpark ein.

Nachdem wir die nächste Kreuzung überquert haben, lenken wir unseren Weg auf den ersten Abzweig nach links zur Hauptallee mit dem Schulgarten. Hier entdecken wir fremdländische Gehölze wie die Coloradotanne, die Hopfenbuche und den Eisenholzbaum. Über die Allee gelangen wir zum Rosengarten (linker Hand) und zur Terrasse des **Stadtparkcafés** 05 auf der rechten Seite. Hinter der Fontäne führen Treppen hinunter in die Senke zum Weiher. Dort halten wir uns links, gehen bis zur T-Kreuzung beim Karlsteg und steigen links hoch zur Königstraße. Nach dem Passieren der Feuerwache und des Jüdischen Museums kommen wir zur U-Bahn-Station am **Rathaus** 06.

DURCHS ÖSTLICHE PEGNITZTAL VOM WÖHRDER SEE NACH ERLENSTEGEN

Wasser, Wiesen und Schafe

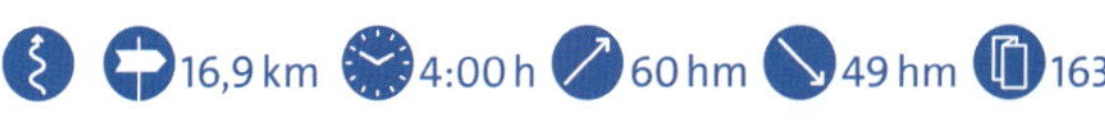

START | Nürnberg, U-Bahn-Station „Wöhrder Wiese", erreichbar mit der U2 oder U3.
[GPS: UTM Zone 32 x: 651.235 m y: 5.479.831 m]
CHARAKTER | Gut ausgebaute Wege, zum Teil mit kleinen, wurzeligen Pfaden, nur wenige Steigungen.

Wir starten unsere Wanderung am Südausgang der U-Bahn-Station **Wöhrder Wiese** 01. Hier direkt nach links auf den Radweg 20 abbiegen und über die Brücke gehen. Einmal mehr links entlang der Wöhrder Wiese, führt uns der Weg zu einem Holzsteg, den wir nach etwa 250 Metern überqueren und gleich darauf rechts weiterwandern. Wir unterqueren den Wöhrder Talübergang und es eröffnet sich uns der im Jahr 1981 geflutete Wöhrder See. Weiter geht es links entlang des Johann-Soergel-Wegs am Sandstrand Richtung Osten. Der Steg, der sich in Ufernähe in einem Bogen über das Wasser erstreckt, führt uns zurück zum Soergel-Weg. Nach Unterqueren der Bahnlinie und etwa 300 Metern nach dem Mittleren Ring biegen wir rechts ab und folgen einem Weg, der in einem Bogen zurück zum Hauptweg führt. Nach etwa 500 Metern überqueren wir die Flussstraße und wandern weiter bis zur Seespitze. In einem weiten Linksbogen gelangen

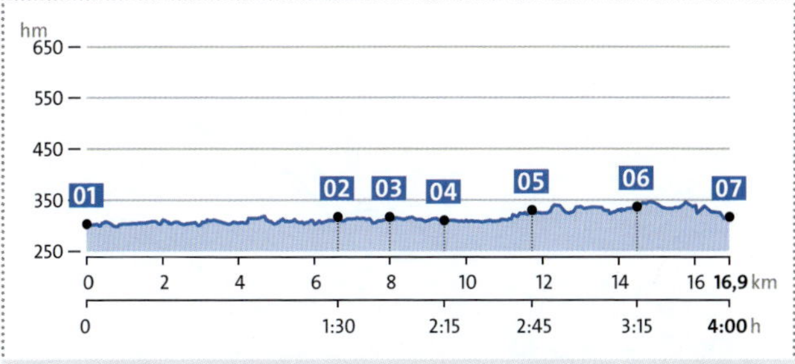

01 Wöhrder Wiese, 298 m; 02 Oberbürg, 306 m; 03 Hammer, 313 m; 04 Malmsbach, 310 m; 05 Behringersdorf, 321 m; 06 Wurzelpfad, 320 m; 07 Bhf Erlenstegen, 308 m;

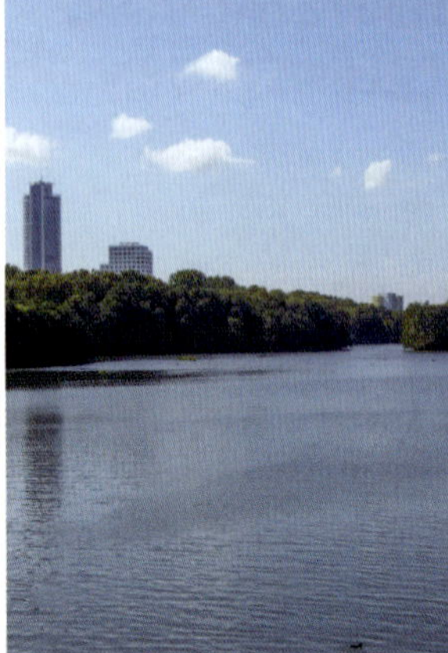
Wöhrder See, Mögeldorf

wir zum Bahndamm der Linie Nürnberg–Bayreuth, wo wir uns rechts halten. Die nächste Abzweigung führt rechts über den Fluss und unter dem Ebenseesteg hindurch auf dem Wiesengrund bis zum Naturbad Langsee. Hinter dem Langsee erstreckt sich eine idyllische Flusslandschaft mit Auwäldern und Wiesen. Begleitet von der Markierung „Gelbstrich" wandern wir weiter geradeaus. An der Abzweigung mit dem Schild „Pegnitzweg" biegen wir nach rechts in eine Allee ab. Am Ende dieser Allee gelangen wir links zum Eingang des einstigen **Wasserschlosses Oberbürg** 02. Die Ruine zeugt noch von der einstigen Pracht des Herrensitzes, der 1943 durch

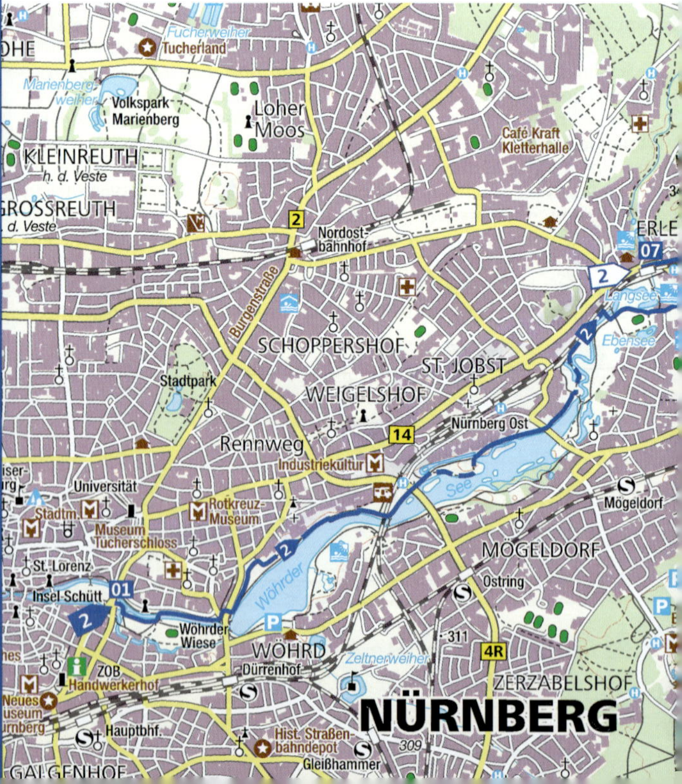

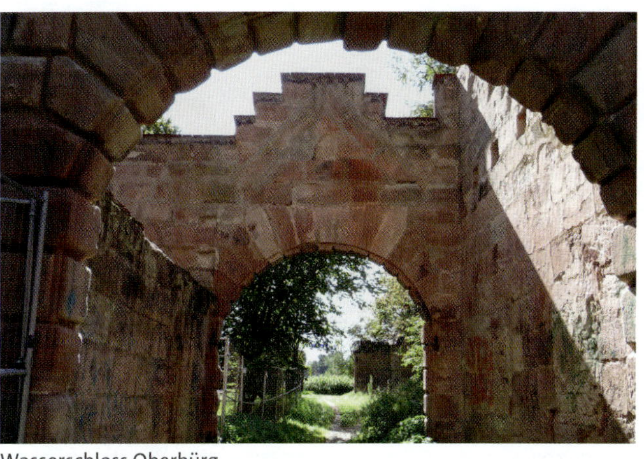

Wasserschloss Oberbürg

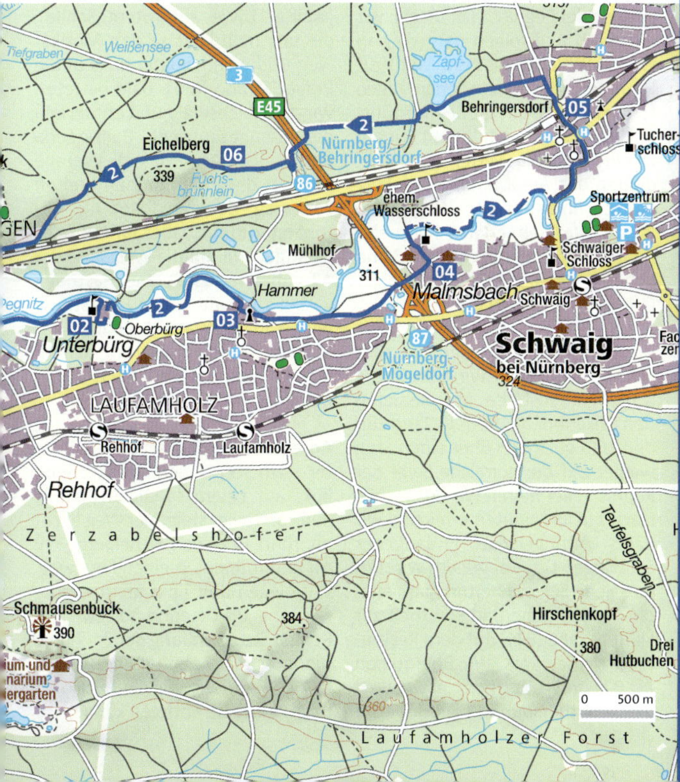

Tiefgraben
Weißensee
3
E45
Zapfsee
Behringersdorf
05
Tucherschloss
2
Nürnberg/Behringersdorf
Eichelberg
06
339
Fuchsbrünnlein
86
ehem. Wasserschloss
Sportzentrum
GEN
Mühlhof
Schwaiger Schloss
311
04
Hammer
Malmsbach
Schwaig
Pegnitz
02
Oberbürg
03
Unterbürg
87
Schwaig bei Nürnberg
324
Nürnberg-Mögeldorf
LAUFAMHOLZ
Rehhof
Laufamholz
Rehhof
Zerzabelshofer
Teufelsgraben
Schmausenbuck
390
384
Hirschenkopf
380
Drei Hutbuchen
0 500 m
360
Laufamholzer Forst

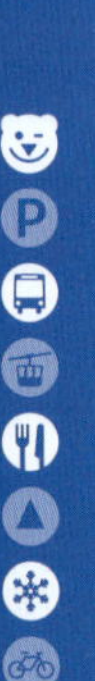

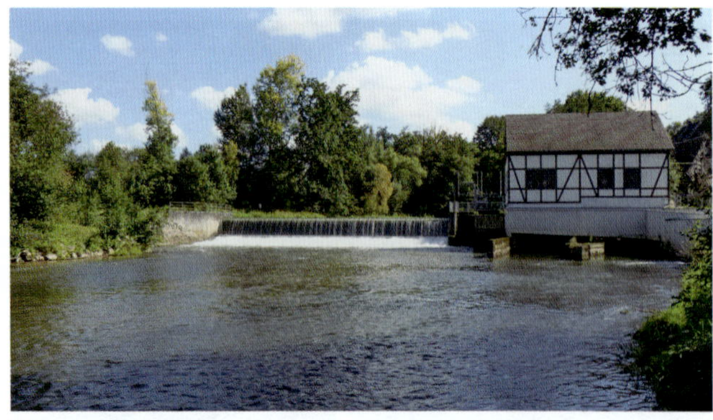

Wasserwerk Hammer

alliierte Bomber zerstört wurde. Wir durchqueren die Anlage und stoßen wieder auf den Wanderweg entlang der Pegnitz. Hier biegen wir rechts ab und folgen dem Weg in weiten Schleifen bis zum Fabrikgut **Hammer** **03**, einem ehemaligen Hammerwerk. Ein großes Tor führt uns auf das Gelände mit einem Obelisken in der Mitte. Wir durchqueren das Areal und biegen kurz danach links auf den Weg „Rübländer Ufer" ab. Etwa 1 Kilometer danach unterqueren wir die A3 und gehen geradeaus in den Schwaiger Ortsteil **Malmsbach** **04**.

An der Kreuzung beim Gasthof Roter Löwe biegen wir links in die Schloßgrabenstraße ab, passieren den Falkenhof aus dem 14. Jahrhundert und gelangen über einen Steg wieder auf die nördliche Seite der Pegnitz. Hier halten wir uns rechts. Nach gut 15 Minuten erreichen wir dann Behringersdorf. Entlang der Schwaiger Straße gehen wir um das Neue Schloss herum, passieren die kleine Kirche und kommen zur Hauptstraße (B14) mit dem Restaurant Weißes Ross. Wir überqueren die B14 und gehen geradeaus durch die Günthersbühler Straße zum **Bahnhof Behringersdorf** **05**. Wir folgen an dem Verkehrskreisel der Markierung „Böhmischer Löwe" (weißer Löwe auf rotem Schild), die uns halb links in den Mörikeweg und wenig später links in die Prager Straße führt. Bald betreten wir den Reichswald und entdecken den (eingezäunten) Behringersdorfer See. An einer Wegspinne mündet der Pfad in einen breiten Forstweg, der direkt auf die Autobahn zuführt. Über eine Brücke gelangen wir auf die Westseite der A3, gehen rechts an einer Rastbank vorbei und auf einer Forststraße wieder in den Wald. Unbedingt gut auf die Löwen-Markierung achten (etwas versteckt), die nach rechts auf einen **Wurzelpfad** **06** weist.

An einer Schneise geht es 50 Meter nach rechts und anschließend links auf einem sandigen Pfad in den Forst. Hier steigt der Weg leicht an, führt über den Eichelberg (339 m) und mündet in einen Forstweg. Wir biegen dort links ab, überqueren eine Brücke und folgen dem Kohlbuckweg entlang der Bahnlinie hinunter zum **Bahnhof Erlenstegen** **07**, von wo aus wir die Rückfahrt nach Nürnberg antreten können.

ÜBER DEN SCHMAUSENBUCK

Wilde Tiere und idyllische Weiher

  13,7 km  3:30 h  80 hm  80 hm  163

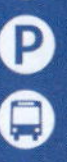
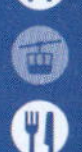

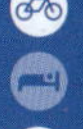

START | Nürnberg, Haltestelle „Tiergarten" mit Tram 5 bis zur Endstation, kostenlose Parkplätze beim Tiergarten. [GPS: UTM Zone 32 x: 654.939 m y: 5.479.758 m]
CHARAKTER | Überwiegend befestigte Waldwege mit moderaten Auf- und Abstiegen, gelegentlich auch wurzelige Pfade.

Wir beginnen unsere Wanderung an der **Endhaltestelle Tiergarten** 01. Von dort aus folgen wir einem Fußweg in Richtung Südwesten, der nach etwa 300 Metern in einer Straße mündet. Dort biegen wir rechts ab und gehen bis zur Bingstraße. Diese überqueren wir und folgen dem Weg mit „Bethang"-Markierung, der uns in Richtung des Valznerweihers leitet. (BETHANG steht für die Fusionierung der Städte Nürnberg, Fürth und Erlangen des Künstlers Karsten Neumann und soll das genannte Städtedreieck symbolisieren). Unsere Wanderung führt uns durch einen Laubwald und vorbei an der Akademie der Bildenden Künste. Die vielen Abzweigungen ignorieren wir und steuern stattdessen entschlossen auf den **Valznerweiher** 02 mit seinem einladenden Inselrestaurant zu. Am Ufer des Weihers biegen wir nach links ab und folgen dem Pfad, überqueren eine Brücke, um dann erneut links in den Wald einzutauchen. Das Gelände wirkt ab jetzt etwas sumpfig, gelegentlich offenbaren sich kleine Bäche und Tümpel. Nach etwa

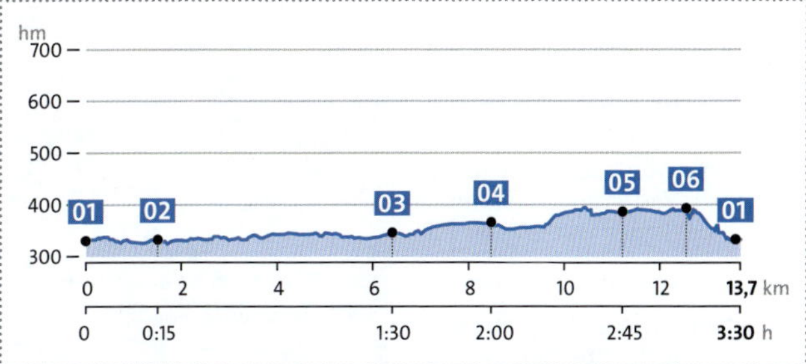

01 Tiergarten, 326 m; 02 Valznerweiher, 321 m; 03 Pellerschloss, 341 m; 04 Schlüsselstein, 347 m; 05 Alte Steinbrüche, 376 m; 06 Schmausenbuck, 390 m;

einem Kilometer stoßen wir auf einen breiten Forstweg. Hier gehen wir kurz links, folgen dann den Markierungen Bethang-Weg und „Blaukreuz" rechts über eine Brücke. Nach etwa einer halben Stunde erreichen wir den idyllisch gelegenen Eisweiher und wenig später tauchen die ersten Häuser des Nürnberger Stadtteils Fischbach auf. Wir wandern unvermindert weiter, passieren Wiesen und Felder und erreichen schließlich den Eisweiherweg. Am Ende der Straße entdecken wir das **Pellerschloss** 03 mit seinen vorkragenden Obergeschossen.

Wie das Jagdschloss Neunhof im Knoblauchsland (Tour 13), handelt es sich beim Pellerschloss um ein sogenanntes „Weiherhaus", das etwas turmartig auf einer ehemals natürlichen oder künstlichen, von Wasser umgebenden Insel errichtet wurde. Weiter mündet nun der Eisweiherweg schließlich in der Pellergasse. Hier zeigt der Bethang-Weg nach rechts, wir folgen jedoch stattdessen der Wegweisung „Blaupunkt" nach links, durchwandern die Siedlung und betreten erneut den Wald. Auf dem Forstweg wandern wir etwa einen Kilometer zum **Schüsselstein** 04, einem rund zehn Meter langen und breiten Sandsteinfelsen, der fünf Meter emporragt. Heimatforscher vermuten, dass sein Name von mehreren schüsselartigen Vertiefungen stammt, die sich bei Regen mit Wasser füllen.

Wir setzen unseren Weg auf dem Forstweg fort, überqueren das Amtmannsbrücklein und biegen 50 Meter weiter, geleitet vom „Blaupunkt", rechts in einen Pfad ein. Etwa 1,5 Kilometer wandern wir sanft bergauf durch den Wald, bis wir auf einen Querweg stoßen – den mit „Blaustrich quer" markierten Anton-Leidinger-Weg. Wir biegen nach links ab und entdecken erneut das bereits bekannte Bethang-Zeichen. Auf schmalen Pfaden wandern wir nun zu den geschichtsträchtigen **Alten Steinbrüchen** 05.

Wer etwas genauer hinsieht, erkennt die Spuren der Werkzeuge, mit denen die Blöcke mühsam aus dem Fels gesägt und gehauen wurden. Bald erreichen wir den **Schmausenbuck** 06 mit seinem imposanten Turm. Dieser Ort war bereits im späten Mittelalter beliebt, da sich hier die „Vogelherde" (Fallen für Singvögel) befanden.

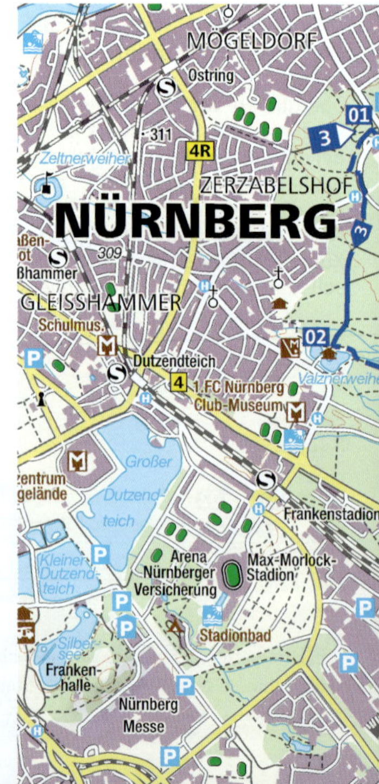

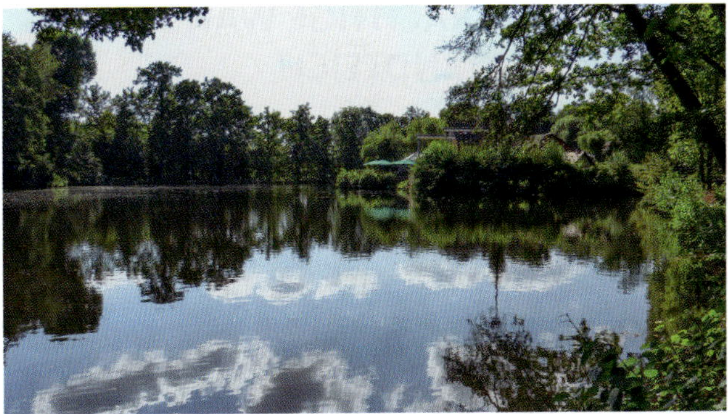

Valznerweiher mit Inselrestaurant

Diejenigen, die die 135 Stufen des Aussichtsturms erklimmen, werden in 413 Metern Höhe mit einem atemberaubenden Blick auf den Reichswald und Teile der Stadt belohnt. Durch den Laubwald geht es schließlich zurück zur **Haltestelle Tiergarten 01**.

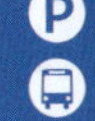

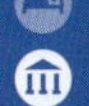

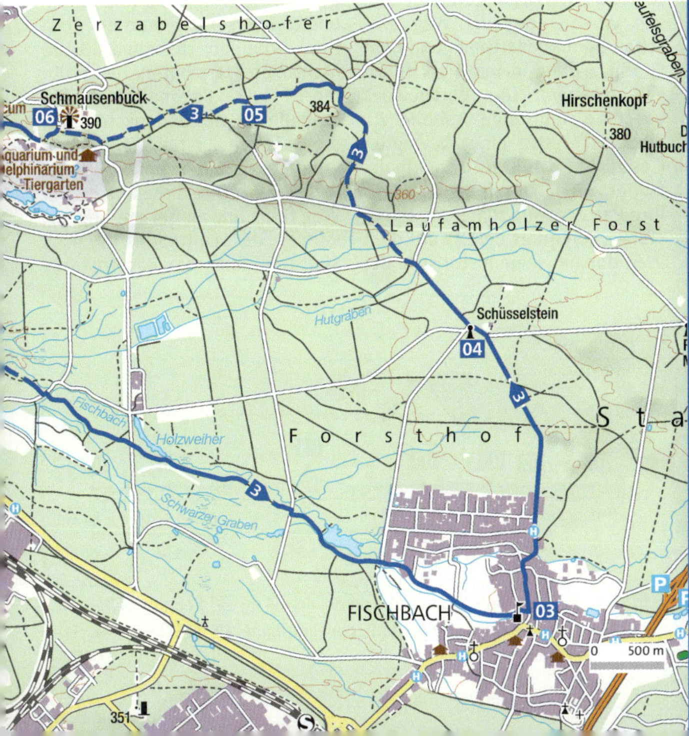

Zerzabelshofer
Schmausenbuck
06
390
05
384
Hirschenkopf
380
Hutbuch
Aquarium und Delphinarium
Tiergarten
360
Laufamholzer Forst
Hutgraben
Schüsselstein
04
Fischbach
Holzweiher
Schwarzer Graben
Forsthof
FISCHBACH
03
0 500 m
351

4

GESCHICHTSTRÄCHTIGE WANDERUNG UM DEN DUTZENDTEICH

Erlebniswanderung durch ein dunkles Kapitel der Geschichte

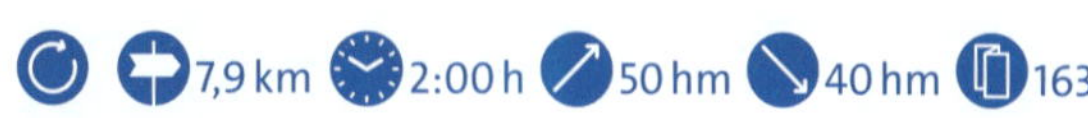

START | Nürnberg, Haltestelle „Meistersingerhalle“ mit Tram 8 vom Hbf. erreichbar, kostenlose Parkplätze bei der Meistersingerhalle. [GPS: UTM Zone 32 x: 652.680 m y: 5.478.282 m]
CHARAKTER | Befestigte Wege, kurzer Aufstieg zum Silberbuck, ansonsten keine weiteren Auf- und Abstiege.

Ausgangspunkt ist die Haltestelle **Meistersingerhalle** 01, von wo aus uns der Weg zwischen dem Konzerthaus und dem Großparkplatz in den Park führt. Wir bewegen uns geradewegs auf eine halbrunde Anhöhe zu, die einst Zeuge einer bewegten Geschichte war. Der Luitpoldhain, früher von den Nazis als Arena für ihre Parteitagsinszenierungen gestaltet, offenbart bereits auf dem Weg dorthin seine historische Bedeutung. Oben angekommen biegen wir nach links ab und lassen uns von den Überresten der einstigen Tribünen, die etwa 50.000 Menschen Platz boten, hinabführen. Hier, direkt gegenüber der **Ehrenhalle** 02, der Gedenkstätte für die Opfer des Ersten Weltkrieges, erhalten wir einen tiefen Einblick in die Geschichte dieses Ortes. Der Weg führt uns weiter entlang des Randes des Luitpoldhains nach Südosten über die Bayernstraße

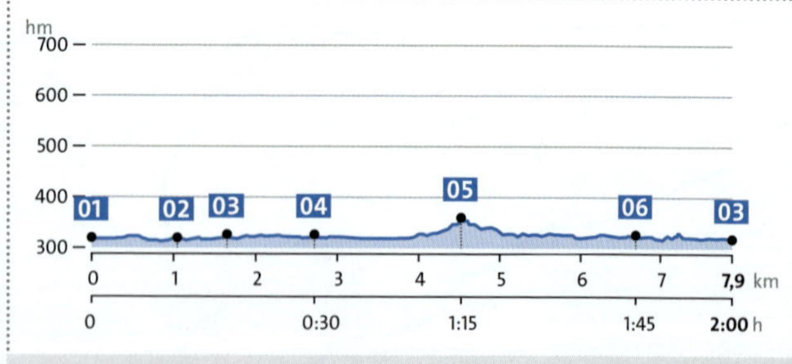

01 Meistersingerhalle, 313 m; 02 Ehrenhalle, 314 m; 03 Kongresshalle Reichsparteitagsgelände, 316 m; 04 Zeppelintribüne, 317 m; 05 Silberbuck, 356 m; 06 Nummernweiher, 317 m;

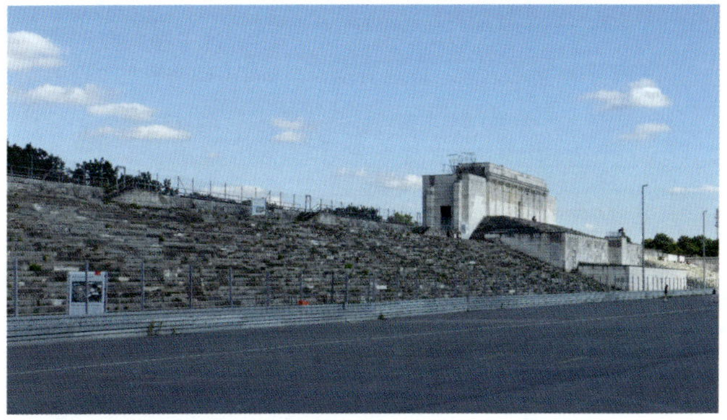

Zeppelintribüne, Reichsparteitagsgelände

zur **Kongresshalle** 03, dem größten erhaltenen Relikt aus der NS-Zeit. Ein Spaziergang am Ufer des Sees entlang führt uns schließlich zum Biergarten Gutmann, wo wir rechts in eine Eichenallee einbiegen. Die Bäume, gepflanzt im Jahr 1898 für die große Jubiläums- und Landesausstellung 1906, verzaubern uns im Herbst mit einer herrlichen Farbenpracht. Ein Abstecher zur baufälligen **Zeppelintribüne** 04 gewährt uns einen Blick auf das einstige Auf-

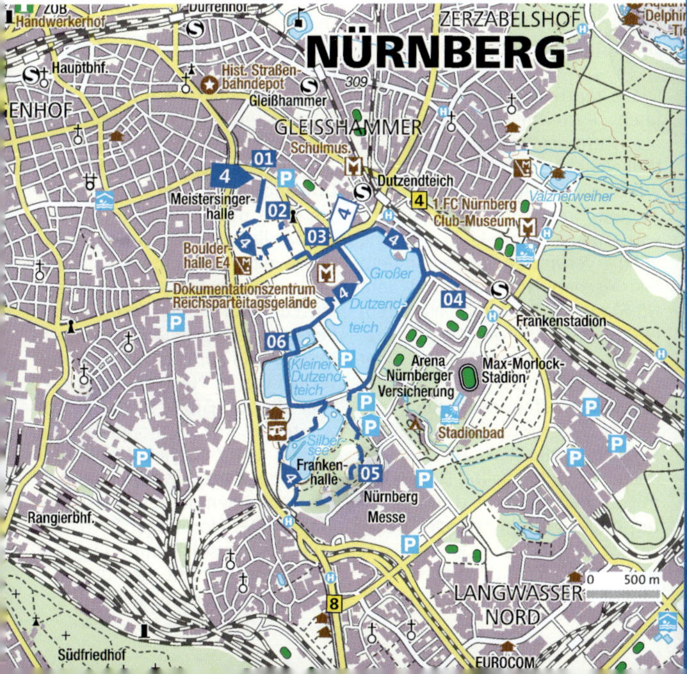

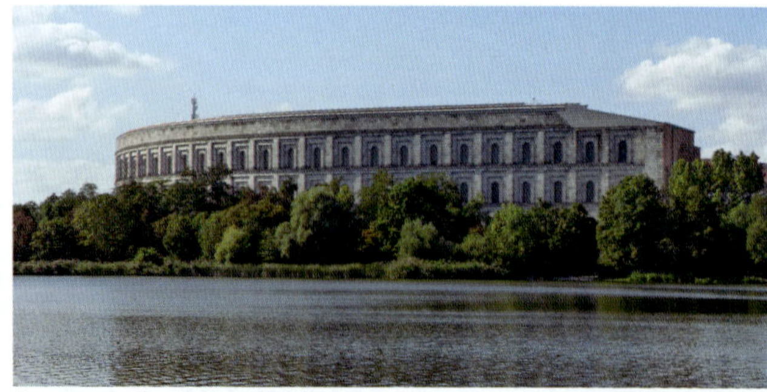

Kongresshalle, Dutzendteich

marschgelände der NSDAP, das Zeppelinfeld. Unser Weg führt uns entlang der Leitplanken bis zum Durchgang rechts, wo sich ein Blick von der Rednerkanzel auf das riesige Areal mit seinen 34 Türmen eröffnet. Der Rückweg entlang des Sees offenbart uns Ausblicke auf die Kongresshalle am gegenüberliegenden Ufer. Der Weg mündet in die Große Straße, eine mit 60.000 Granitquadern gepflasterte Piste.

Diese zentrale Achse des ehemaligen Parteitagsgeländes sollte als Aufmarschgelände für die Wehrmacht dienen und nordwärts direkt auf die Kaiserburg zeigen. Ein symbolischer Versuch von Hitlers Architekt Speer, eine ideelle Verbindung zwischen dem historischen Nürnberg und dem NS-Staat zu schaffen. Nachdem wir die Piste überquert haben, gelangen wir links zum Silbersee, der aus der Baugrube des Deutschen Stadions entstanden ist. Einst sollte hier die größte Arena der Welt entstehen, die Platz für 400.000 Besucher bieten sollte. Der See ist mit Schwefelwasserstoff belastet, daher gilt ein strenges Badeverbot. Wir lassen das Gewässer rechts liegen und steigen links hinauf zum bewaldeten Hügel, dem **Silberbuck** 05. Von hier aus eröffnet sich uns ein ungewöhnlicher Blick auf die Südstadt und die von der Burg gekrönte Altstadt. Der Hügel, bestehend aus zehn Millionen Tonnen Trümmern, ist ein beeindruckendes Ergebnis der schweren Bombardierungen während des 2. Weltkriegs.

Unser Weg führt uns weiter in westlicher Richtung um den Silbersee herum bis zum Querweg zwischen Silbersee und Kleinem Dutzendteich. Hier unter alten Eichen entlang bis zu einem Damm, der den Flachweiher vom Kleinen Dutzendteich trennt. Nach rechts am Ende des Damms und gleich wieder links zwischen den **Nummernweihern** 06 hindurch. Dieser Teil des Volksparks beherbergte einst den Nürnberger Zoo, der dem Reichsparteitagsgelände weichen musste und zum Schmausenbuck verlegt wurde. Nach einem Abstecher über die Große Straße gehen wir rechts um die Kongresshalle herum, um zwischen Nord- und Südflügel durch ein Tor ins Innere des monumentalen Torso zu gelangen. Der Nordflügel führt uns schließlich zurück zum Eingang des **Dokuzentrums** 03 und zur gleichnamigen Haltestelle.

RUNDTOUR WENDELSTEIN – KORNBURG – WENDELSTEIN

Alter Kanal und alte Steinbrüche

  17,6 km  4:30 h 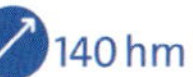 140 hm 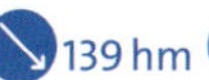 139 hm  163

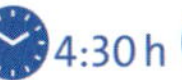

START | Markt Wendelstein, Hauptstraße beim Wendenbrunnen. ÖPNV: Haltestelle „Wendelstein Altes Rathaus". Kostenlose Parkplätze in unmittelbarere Nähe. [GPS: UTM Zone 32 x: 655.603 m y: 5.469.189 m]
CHARAKTER | Überwiegend befestigte Wege, über den Kornberg eher Pfade, nur geringe An- und Abstiege.

Start unserer Wanderung ist der Wendenbrunnen in **Wendelstein** 01. Von dort aus folgen wir der Blaukreuz-Markierung. Unser Weg führt zunächst auf der Hauptstraße und dann am Ortsende auf einem Fußweg entlang. Wir biegen dann links in den Enßerweg, wandern durch das Schwarzachtal bis zur Straße „In der Au". Dort folgen wir weiterhin dem „Blaukreuz" halb rechts und wandern entlang eines kleinen Wäldchens bis zur Kapelle „Zur Heiligen Familie" am Rande von **Sorg** 02. Wir setzen unseren Weg geradeaus auf der Talstraße fort. Vor der Schwarzach-Brücke biegen wir links in die Straße „Am Sillberg" ab, verlassen Sorg und erreichen leicht ansteigend Großschwarzenlohe. Nun führt uns der Sorger Weg stetig hinunter zur Ortsmitte. Wir überqueren die Bergstraße, biegen halb rechts in den Raubersrieder

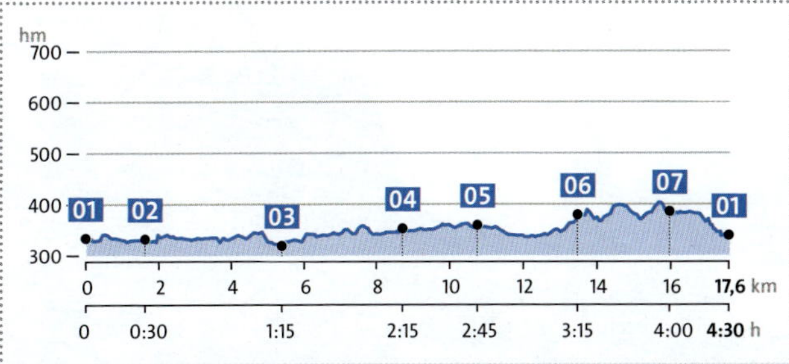

01 Wendelstein, 346 m; 02 Sorg, 330 m; 03 Neuses, 317 m; 04 Schloss Kornburg, 345 m; 05 Schleuse 64, 347 m; 06 Holsteinbruch, 351 m; 07 Wernloch, 372 m;

Weg ab und folgen ihm, bis er in die Rother Straße mündet. Nach Überquerung des Bachs biegen wir gleich rechts ab und gehen bei der Kreuzung am Flurdenkmal geradeaus in den Schaftnacher Weg. Danach verlassen wir den Ort und wandern auf die Feldflur hinaus vorbei am Wasserwerk. Weiter abwärts führt unser Weg in den Ödweihergraben. Nun steigen wir die Böschung hinauf in ein Waldgebiet und wandern geradeaus durch Nadelwald bis zum Ortsrand von Neuses. Dort biegen wir rechts in den Hembacher Weg ab, der uns hinunter zur Penzendorfer Straße führt. Auf ihr gehen wir rechts über die Schwarzachbrücke. Hier in **Neuses** 03 endet der Schwarzachtalweg. Stattdessen orientieren wir uns nun am „Blaustrich" und biegen mit ihm links in die Greuther Straße ab. Bei Hausnummer 2 halten wir uns gleich rechts und folgen einem Flurweg den Abhang hinauf und aus dem Dorf hinaus. Durch ein Waldstück hindurch, über Felder und erneut durch ein Wäldchen erreichen wir bei einer Gabelung den linken Weg. Dieser bringt uns über die Feldflur zur A6. Nachdem wir die Autobahn unterquert haben, betreten wir den Weiler Greuth. Dort biegen wir rechts über den Katzwanger Weg wieder hinaus auf die Feldflur und nach etwa 500 Metern in einen Waldstreifen hinein. Im Wald gabelt sich der Weg, wir halten uns links und folgen dem nächsten querenden Weg erneut nach links. Nach Verlassen des Waldes biegen wir nach Unterqueren der Hochspannungsleitung bei der Wegkreuzung rechts ab. Am Ortsrand von Kornburg zweigen wir gleich links in einen Fußweg ab, der entlang der Häuser an einem Acker verläuft. Bei den drei Schwedenkreuzen geht unser Weg in die Römerstraße über, der wir nun in Richtung Ort bis zur Einmündung der Florentiner Straße folgen. Hier biegen wir rechts ab und halten uns dann geradeaus in das Gässchen „Am Schlossgraben". Rechter Hand passieren wir das **Schloss Kornburg** 04 und setzen unseren Weg in Richtung Hauptstraße fort, biegen links ab und vorbei an der St.-Nikolaus-Kirche. Dort biegen wir rechts in die Flockenstraße ab und folgen ihr in einer Rechtsbiegung in die Kellermannstraße.

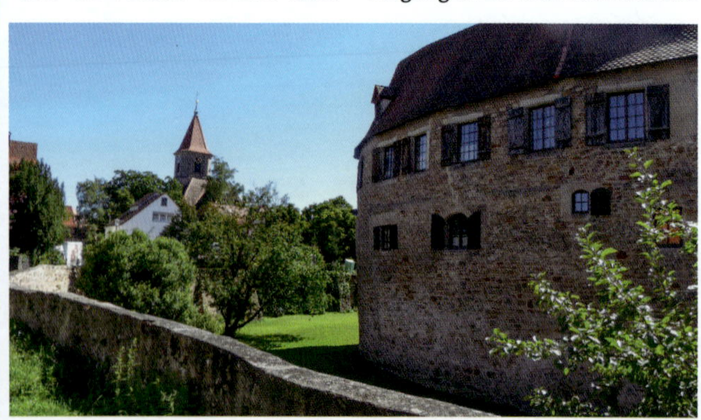

Schloss Kornburg, Kirche St Nikolaus im Hintergrund

Auf dieser geht es stetig geradeaus bis ans Ortsende beim Sportplatz. Wir setzen unseren Weg auf einem Schotterweg geradeaus längs des Waldes fort, dann biegen wir links in den Wald ein (weiterhin „Blaustrich-Markierung“) und folgen dem geschotterten Weg bis zur **Schleuse 64** 05 am Alten Kanal. Dort überqueren wir die Brücke und biegen bei einem alten Schleusenwärterhäuschen links ab. Auf dem von der Markierung „Rotkreuz“ geführten Weg wandern wir auf dem ehemaligen Treidelpfad entlang der alten

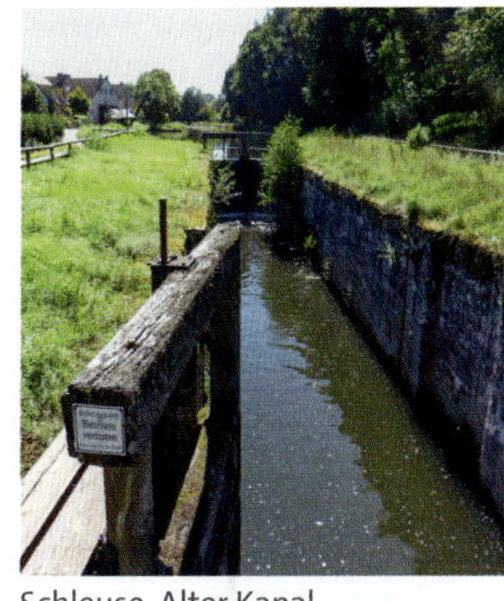
Schleuse, Alter Kanal

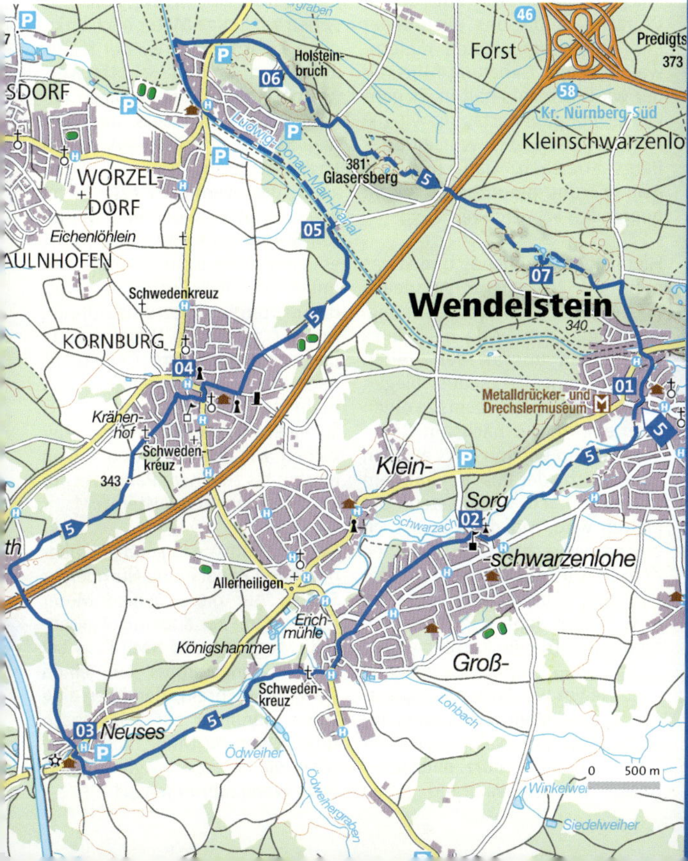

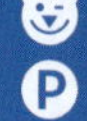

Wasserstraße bis nach Worzeldorf. In der Ortsmitte überqueren wir die St 2406 (Spitzwegstraße) und passieren kurz danach den alten Kanalhafen. Etwa 180 Meter weiter verlassen wir bei einem Abzweig den Kanal nach rechts in den Wald hinein. Ab hier folgen wir wieder dem „Blaustrich". Nach Überqueren der St 2406 (Achtung, viel Verkehr!) folgen wir am Parkplatz auf einem Schotterweg weiter geradeaus in den Wald hinein und befinden uns, vorbei an einer Schranke, am Rand des **Holsteinbruchs** 06. Wir wandern weiter links hangaufwärts auf einem Wurzelpfad, bis uns ein ebener Pfad durch den lichten Kiefernwald zu einer Gabelung führt, an der wir uns rechts halten. Es geht weiter hangaufwärts, bis wir die höchste Stelle des Worzeldorfer Bergs erreichen. Danach bewegen wir uns hinunter zu einem querenden Schotterweg.

Hier biegen wir links ab und etwas mehr als 200 Meter geradeaus bis zu einem breiteren Querweg. Wir folgen dem Weg nach links und halten uns an der breiten Weggabelung geradeaus, biegen dann jedoch sofort rechts in einen Pfad ein. An der nächsten Gabelung stoßen wir von links auf den „Gelbstrich", der uns nun auf dem Rückweg nach Wendelstein begleiten wird. Mit dem Gelbstrich biegen wir rechts ab und steigen den Glasersberg hinauf. An der nächsten Abzweigung geht es links weiter, dann folgt nach wenigen Metern eine Rechtsbiegung bis zu einer weiteren Gabelung. Hier biegen wir links ab und setzen unseren Weg weiter stets abwärts durch den Wald bis zu einer Wegspinne fort. Kurz darauf erreichen wir den Waldrand, gehen

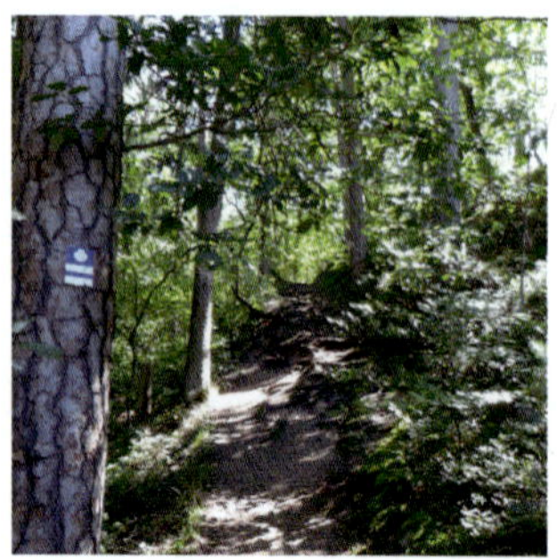

Wurzelpfad am Wernloch

geradeaus weiter und überqueren die A 6 über eine Brücke. Zunächst gehen wir einige Meter nach links, dann jedoch gleich wieder rechts auf einen breiten Schotterweg. Am nächsten Abzweig folgen wir dem Pfad nach rechts, der über den Steinberg führt. An einem Rastplatz gelangen wir zur Oberkante des **Wernlochs** 07. Zuerst verläuft der Pfad oberhalb der alten Steinbruchkante, dann führt er in einer Kehre daran vorbei, um unten in einer Rechtskurve um den dritten Teich herumzuführen. An der nächsten Wegkreuzung biegen wir mit dem „Gelbstrich" nach links ab und gehen etwas mehr als 200 Meter geradeaus bis zu einem breiten Querweg. Hier biegen wir rechts ab und folgen diesem bis zu einem Parkplatz am Ortsrand von Wendelstein.

Dem Asphaltweg folgend und über den Alten Kanal in die Nürnberger Straße. Auf dieser einige Meter rechts, dann zur anderen Straßenseite wechseln und nach links bei der Fußgängerampel auf einen Fußweg wechseln, der über eine Treppe hinunter zur Schwarzach führt. Über die Mühlstraße erreichen wir unseren Ausgangspunkt beim **Wendenbrunnen** 01.

DURCH DIE WILDE SCHWARZACHKLAMM

Die unbändige Kraft des Wassers

START | S-Bahnhof Ochenbruck, S3 (Linie Nürnberg–Neumarkt), Parkmöglichkeiten beim S-Bahnhof.
[GPS: UTM Zone 32 x: 663.603 m y: 5.470.180 m]
CHARAKTER | Überwiegend befestigte Wege, in der Klamm je nach Witterung und Jahreszeit zum Teil sehr rutschig, ohne große Auf- und Abstiege.

▶ Vom **S-Bahnhof Ochenbruck** 01 startet unsere Wanderung. Wir gehen gegenüber der Unterführung geradeaus durch das Wohngebiet, folgen der Blaupunkt-Markierung in die Marienstraße und biegen in einem Rechtsbogen ab. Nach der Überquerung der Frauenfeldstraße erreichen wir die breite Regensburger Straße (B 8).

Einige Meter geht es nach rechts und dann links durch die Unterführung. Über die Straße „Zum Wiesengrund" gelangen wir auf einen Fußweg, der in den Schwarzachgrund führt. Dort biegen wir rechts ab und folgen der Blaukreuz-Markierung des Schwarzachtalwegs sowie dem Symbol des Fränkischen Dünenwegs bis zum Brückkanal. Unser Weg führt uns entlang des Flusses, vorbei am imposanten Petzenschloss und dem Faberschloss. Wir überqueren die Schwarzachbrücke und folgen der Dürrenhembacher Straße, dann biegen

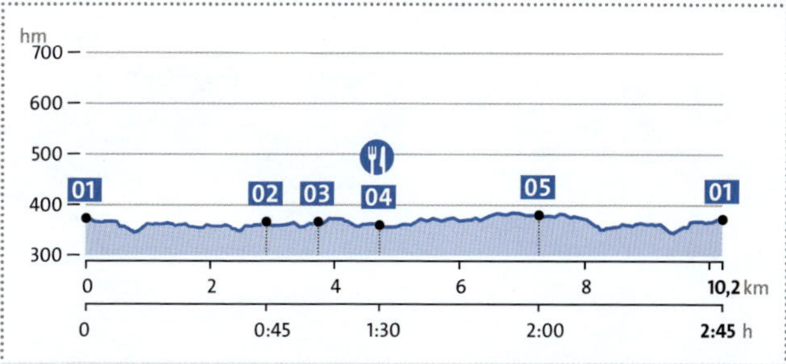

01 S-Bhf. Ochsenbruck, 368 m; 02 Gustav-Adolf-Höhle, 351 m; 03 Karlshöhle, 349 m; 04 Waldschänke Brückkanal, 355 m; 05 Schleuse 52, 371 m;

wir links in den Hirtenweg ein, der uns zur Schwarzachklamm leitet. Auf einem Steg überqueren wir den Fluss und halten uns weiter am Waldrand entlang vorbei an Felswänden, bis wir schließlich die **Gustav-Adolf-Höhle** 02 erreichen. Die eindrucksvollen Sandsteingebilde sind den immer wiederkehrenden Hochwässer der Schwarzach im Laufe der Jahrtausende zu verdanken.

Ein Felsbogen und Felsen mit sogenannter „Wabenverwitterung“ können hier bestaunt werden, bevor wir die Schwarzachklamm durch einen kurzen Aufstieg um die Staustufe des Flusskraftwerkes Gsteinach herum verlassen. Die **Karlshöhle** 03 bietet eine beeindruckende Aussicht, gefolgt von einem Metallsteg über dem Fluss. Wir setzen unseren Weg auf dem naturbelassenen Pfad entlang des Uferhangs und weiterer Blickfänge fort und gelangen über Treppenstufen zur Waldschänke **Brückkanal** 04. Hier erwartet uns einer der schönsten Biergärten im Nürnberger Land mit Blick auf den architektonisch eindrucksvollen Brückkanal. Vom Biergarten folgen wir dem Wasserwirtschaftlichen Lehrpfad („Weiße 5 auf Blau“) über den Brückkanal, vorbei an vielen Schleusen und erleben die Geschichte des Alten Kanals durch informative Tafeln.

Unser Ziel, **Schleuse 52** 05, erreichen wir nach links auf einem Schotterweg. Der Lehrpfad bringt uns zurück an den Ortsrand von Schwarzenbruck, wo wir die Schwarzachbrücke überqueren und nach rechts zum **S-Bahnhof Ochenbruck** 01 zurückkehren.

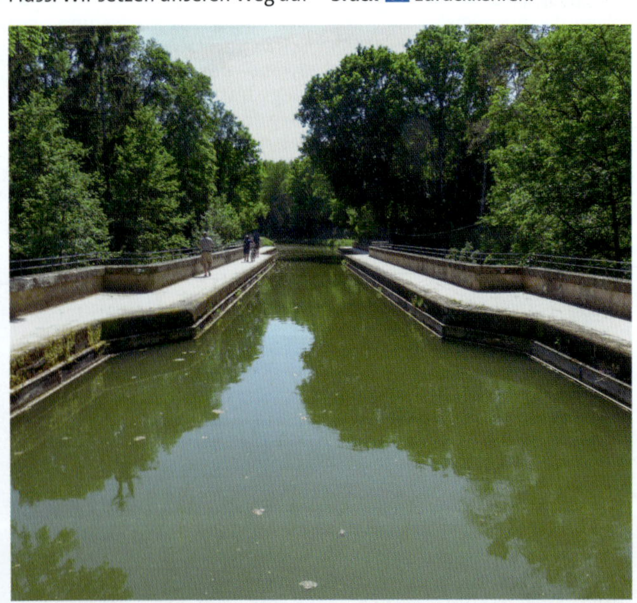

Brückkanal

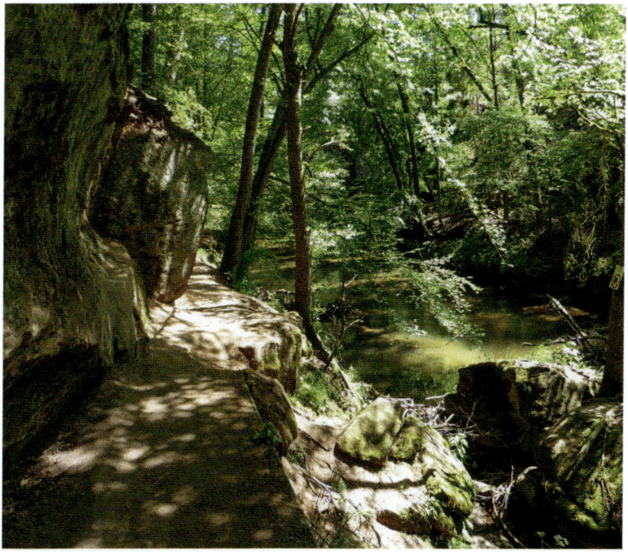

Schwarzachklamm

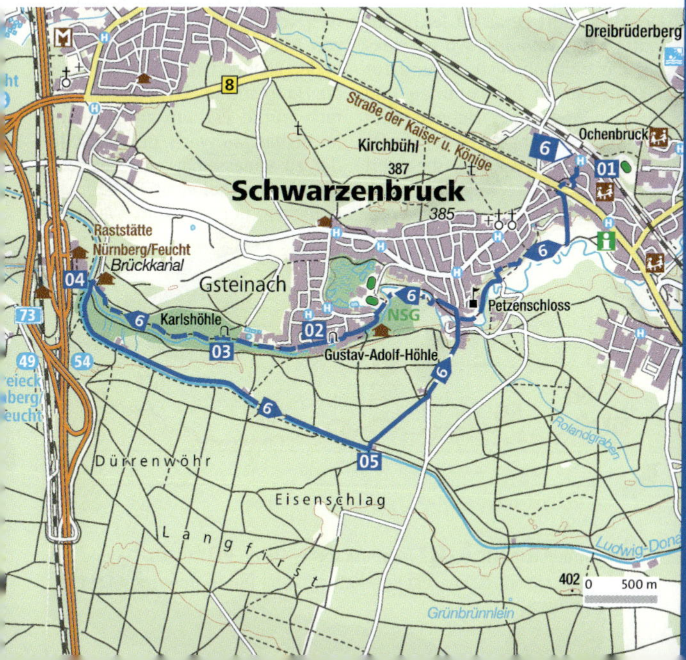

AUF DEM JAKOBSWEG ZUR BURG ABENBERG • 422 m

Eine Schnupperpilgertour

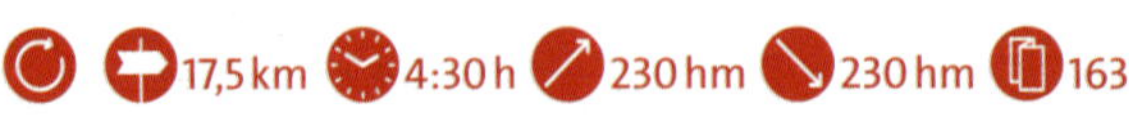

START | Kammerstein, Anreise mit ÖPNV: Haltestelle „Kammerstein Mitte/Kreisstr.“; Parkmöglichkeiten nähe Jakobuskapelle. [GPS: UTM Zone 32 x: 643.588 m y: 5.461.797 m]
CHARAKTER | Meist auf Wald- und Feldwegen mit nur moderaten An- und Abstiegen. Ausnahme ist der etwas steilere Anstieg auf den Heidenberg.

Start unserer Wanderung ist die Bushaltestelle „Mitte/Kreisstr.“ in **Kammerstein** 01. Von dort gehen wir rechts in die Heidenbergstraße und folgen dem „Gelbstrich“. Der Weg führt zunächst leicht abwärts zum Waldrand, wo wir links auf die Heidenbergstraße und zur **Jakobuskapelle** 02 kommen und anschließend durch Neppersreuth wandern. Weiter geht es zur Straße RH 4, die leicht versetzt überquert wird. Ein Schotterweg führt uns hangaufwärts bis zu einer Weggabelung, bei der wir einem Pfad weiter geradeaus folgen. Durch ein kleines Waldstück erreichen wir den Rand des Aurachtales. Hier halb rechts halten auf einem Grasweg, vorbei an den ersten Häusern von Mildach, dann links hinunter in den kleinen Ort. Wir überqueren die Hauptstraße (RH 5) und die **Aurach-Brücke** 03, um anschließend leicht hangaufwärts den Ort wieder zu verlassen. Nach etwa 300 Metern links auf einen Pflasterweg abbiegen, der uns zum Waldrand

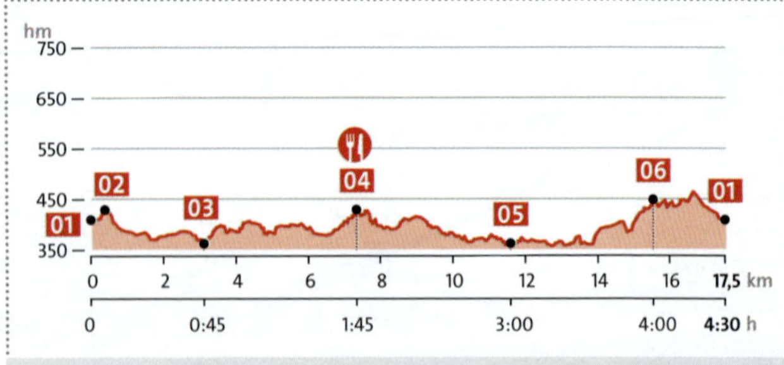

01 Kammerstein, 410 m; 02 Jakobuskapelle, 416 m; 03 Aurach, 358 m; 04 Burg Abenberg, 422 m; 05 Bechhofen, 358 m; 06 Heidenberg, 442 m;

führt. Wir folgen knapp 800 Meter der Jakobsmuschel bis zum Wiesengrund des Hirtenbaches. Hier kommt nun die Markierung „A6“ hinzu, die uns Orientierung für eine Zeit lang bietet. An der Sitzgruppe rechts am Waldrand entlang und mit Blick auf Abenberg über die Wiesenflur leicht aufwärts zum Ortsrand von Abenberg. Wir folgen der Barthelmesauracher Straße in die breite Schwabacher Straße, der wir nach rechts folgen. Links in die Windsbacher Straße, geführt nur noch von der A6-Markierung, passieren wir das Obere Tor zum Stillaplatz. Dort, vorbei am Café Rock, führt uns der Burgsteig hoch zur imposanten Burg **Abenberg** 04. Anschließend gehen wir auf der Burgsstraße zur Güssübelstraße, der wir nach links ortsauswärts folgen. In

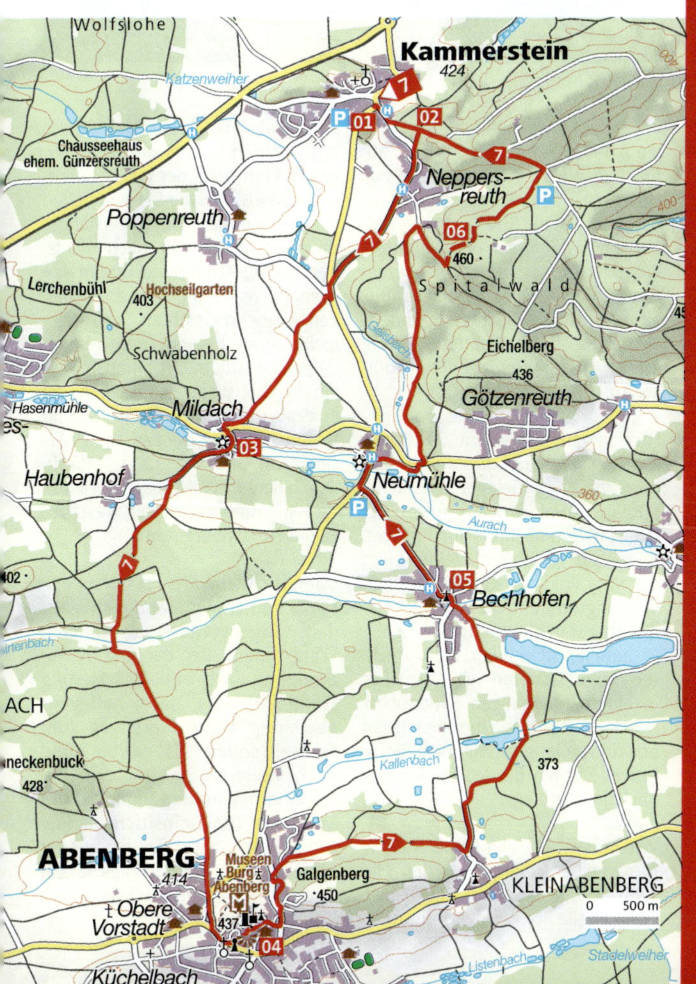

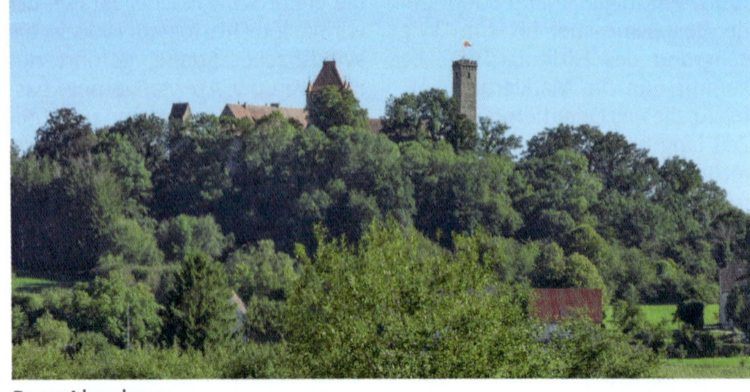

Burg Abenberg

der Straße „Am Galgenberg" biegt die A6-Markierung nach rechts ab, führt in einem Bogen erneut zur Güssübelstraße, wo wir gleich wieder rechts in die Straße „In der Au" abbiegen. Wir folgen dem Schotterweg, der uns aus dem Ort hinausführt und über Feld- und Wiesenflur ein Waldstück erreichen. Nachdem wir den Golfplatz gestreift haben, erreichen wir Kleinabenberg-Louisenau.

Hier folgen wir einem Sträßchen nach links in einen Wald und nehmen die erste Gelegenheit rechts auf einen Waldweg. Wir folgen der A6-Markierung und durchqueren den Wald. An einem Weiher biegt der Weg links ab, führt über einen Wiesengrund und danach über Felder erneut in ein Waldstück hinein. Es geht leicht aufwärts und rechter Hand passieren wir einen See in einem ehemaligen Sandabbau. Durch ein Wäldchen hindurch leicht abwärts gelangen wir nach **Bechhofen** **05**, wo die A6-Markierung nach links abbiegt.

Wir halten uns hier ohne Markierung rechts, überqueren den Hirtenbach und biegen bei einer kleinen Kapelle links in die Neumühler Straße ab. Wir folgen der Straße aus dem Ort hinaus und wandern knapp 1 km längs der wenig befahrenen Straße. Bei der RH 4 erreichen wir wieder die Blaustrich-Markierung. Wir folgen ihr nach rechts, über die Aurach hinweg und in den kleinen Ort Neumühle. Dort biegen wir beim Gasthaus Scharinger rechts ab und wandern immer geradeaus aus dem Ort hinaus bis zu einem Querweg. Hier biegen wir links ab, überqueren die Straße und folgen dem Weg, der zwischen Wiesengrund und Waldrand verläuft. Durch lichten Wald steigen wir stetig hangaufwärts an der Westflanke des Heidenbergs entlang.

Dann leicht abwärts nach Neppersreuth und am Ortsrand rechts auf dem Sagenwanderweg in den Wald hinein. Bei der ersten Abzweigung links, ohne Markierung stetig aufwärts, dann halbwegs ebenerdig am Zufahrtsweg zum **Fernsehsender** **06** vorbei und nach weiteren 700 Metern hinter einem Wanderparkplatz links abbiegen. Die Gelbstrich-Markierung führt uns schließlich wieder hinunter zur **Jakobuskapelle** **02** und von dort zum Rückweg nach **Kammerstein** **01**.

UNTERWEGS IM ALTDORFER LAND

Von einer Burg und wilden Teufeln

  15 km 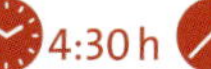 4:30 h  220 hm 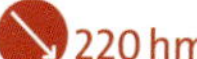 220 hm  163

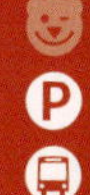

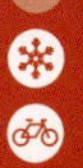

START | S-Bahnhof Altdorf (S2, Linie Nürnberg–Altdorf). Kostenlose Parkmöglichkeiten beim S-Bahnhof [GPS: UTM Zone 32 x: 670.823 m y: 5.473.379 m]
CHARAKTER | Sowohl auf Wald- und Feldwegen, als auch pfadigen Wegen ohne größeren An- und Abstiegen

Am **S-Bahnhof Altdorf** 01 halten wir Ausschau nach der Rotkreuz-Markierung des Eppeleinsweges, an der wir uns zunächst orientieren. Wir folgen dieser in die Innenstadt bis zu einer kleinen Treppe und überqueren die Bahnhofstraße stets der Markierung folgend. Nach dem Kappelgraben biegen wir links in die Röderstraße und vorbei am Steffeleinsweiher. Am Oberen Stadttor überqueren wir die Nürnberger Straße und bewegen uns entlang einer weiteren Parkanlage beim Roßweiher auf dem Mühlweg ortsauswärts. Nach der Feuerwache biegen wir rechts in den Feuerweg ein und halten uns sofort links (hier Wegweiser „Teufelshöhle, Prackenfels“). Über der Pfaffentalstraße verlassen wir die Stadt, bis ein sanfter Abstieg uns hinab ins Pfaffental führt und dort unter der Pfaffenbergbrücke der A3 hindurch.

Nach der Brücke stoßen wir auf eine Weggabelung, an der wir weiter geradeaus einem Pfad folgen. Bald erblicken wir die Prackenschlucht, bis uns eine Eisentreppe in die Schlucht und der **Teufelshöhle** 02 führt. Es

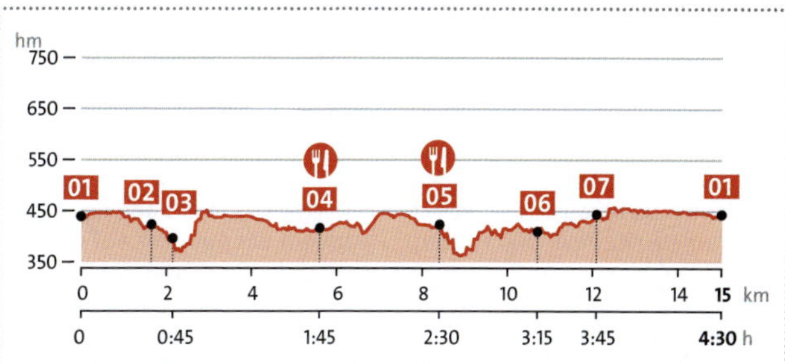

01 Bhf Altdorf, 439 m; 02 Teufelshöhle, 415 m; 03 Prethalmühle, 370 m; 04 Zum Ludwigskanal, 416 m; 05 Burg Burgthann, 415 m; 06 Schloss Günsberg, 380 m; 07 Teufelskirche, 440 m;

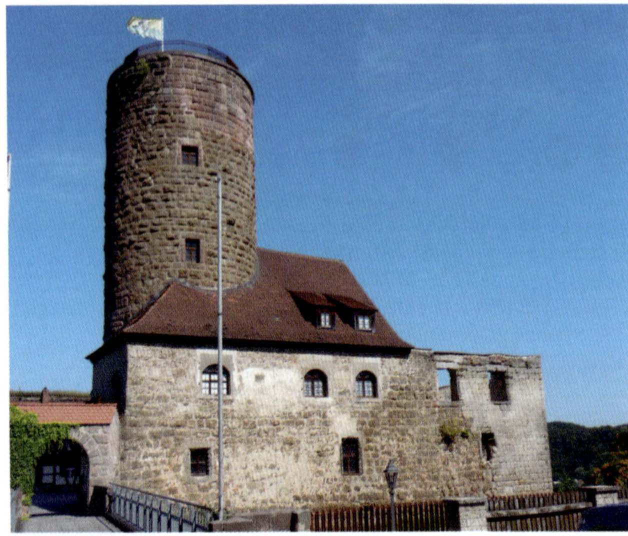

Burg Burgthann

geht dann über Wiesen hinab zu einem kleinen Sträßchen bis zur idyllisch gelegenen **Prethalmühle** 03.

Ein kurzer Abstecher zur Löwengrube sei empfohlen, der einst ein Treffpunkt von Studenten der 1801 aufgelösten Altdorfer Universität war. Dem Sträßchen folgen wir hinaus in den Talgrund, wo wir links abbiegen und die Schwarzach auf einem Steg überqueren. Auf einem Schotterweg gehen wir den Hang hinauf, folgen dem „Rotkreuz" bis zu einem Querweg, dem wir nach links weiterhin aufwärts folgen. Aus dem Wald heraus entfaltet sich vor uns die weite Feld- und Wiesenflur, geprägt von den Antennen des Dillbergs. Das „Rotkreuz" lenkt uns nach rechts, während wir nun zusätzlich der „7 auf Gelb" auf einem Schotterweg über die Ackerhochfläche folgen. Schließlich mündet unser Pfad in einem Sträßchen, dem wir links den Hang hinab nach Dörlbach folgen. Durch die Ortsmitte geleitet uns die Altdorfer Straße, bis wir am Ortsrand rechts auf einem Feldweg hinunter zum Schwarzenbach kommen. Wir überqueren den Bach und wandern durch den Wiesengrund aufwärts bis zur Trasse des Alten Kanals. Dem rechten Ufer folgend vorbei am Gasthaus **Zum Ludwigskanal** 04 entdecken wir das historische Treidelschiff Elfriede. Hier vereint sich wieder das „Rotkreuz" mit unserem Weg, das uns abermals auf der nächsten Etappe begleitet.

Für etwa 1,5 km entlang des Kanals wandern wir mit Blick auf das Hinweisschild „Biergarten Schleuse 35", um uns schließlich am Rand der alten Wasserstraße zu verabschieden. Wir biegen rechts ab in den Wald. Unser Weg, nun unter Führung des „Blaukreuz", geleitet uns durch die Wälder. Vor uns liegt Burgthann, dem wir am Ortsrand entlang fol-

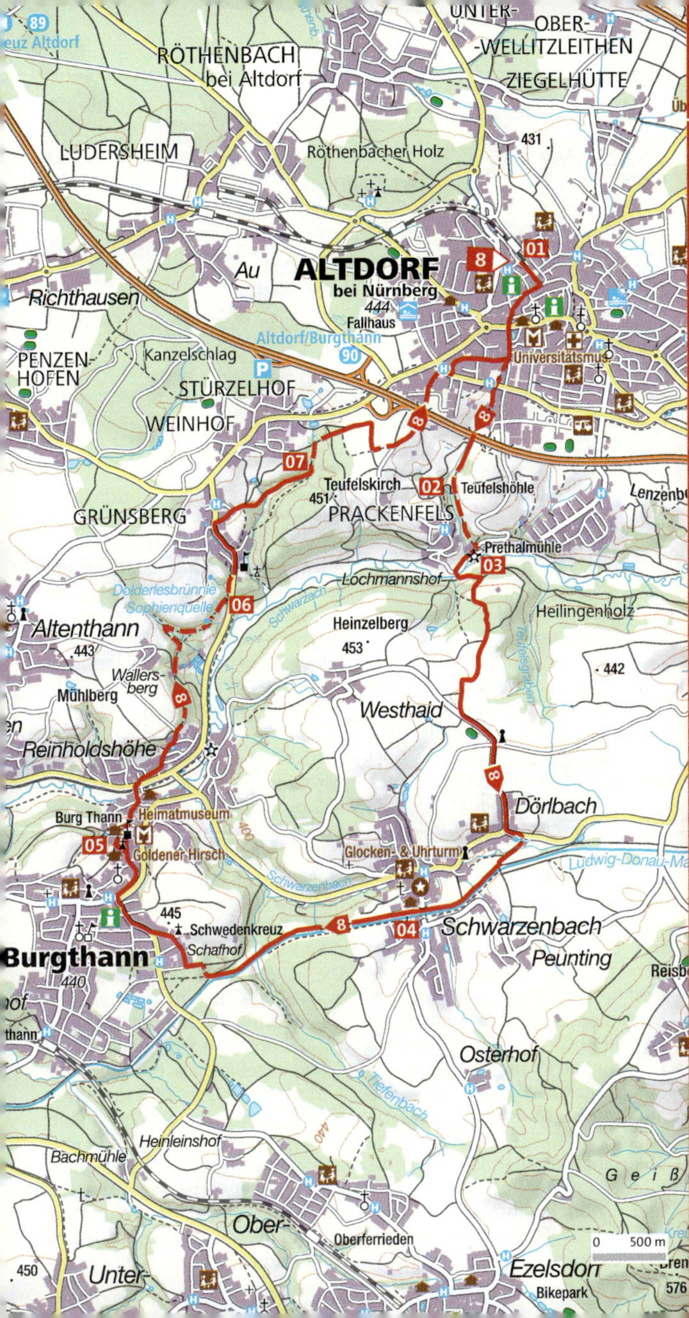

89
Kreuz Altdorf
RÖTHENBACH bei Altdorf
UNTER-
OBER-
-WELLITZLEITHEN
ZIEGELHÜTTE
LUDERSHEIM
Röthenbacher Holz
431
8
01
ALTDORF
bei Nürnberg
444
Fallhaus
Au
Richthausen
PENZEN-HOFEN
Kanzelschlag
Altdorf/Burgthann
90
STÜRZELHOF
WEINHOF
Universitätsmus.
07
Teufelskirch
451
02
Teufelshöhle
PRACKENFELS
Lenzenberg
GRÜNSBERG
Prethalmühle
03
Dolderlesbrünnle
Sophienquelle
06
Lochmannshof
Schwarzach
Heilingenholz
Altenthann
443
Heinzelberg
453
Teufelsgraben
442
Wallers-berg
Mühlberg
Westhaid
Reinholdshöhe
Dörlbach
Burg Thann
Heimatmuseum
05
Goldener Hirsch
Glocken- & Uhrturm
Ludwig-Donau-Main
Schwarzenbach
445
Schwedenkreuz
Schafhof
04
Schwarzenbach
Peunting
Burgthann
440
Reisberg
Osterhof
Tiefenbach
Heinleinshof
Bachmühle
440
Geiß
Ober-
Oberferrieden
0 500 m
450
Unter-
Ezelsdorf
Bikepark
576

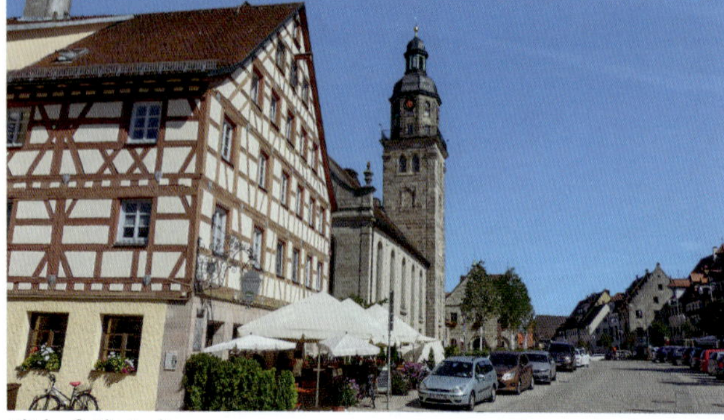

Altdorf, Altstadt

gen. Durch die Straße „Kanalweg" gelangen wir zur Bergstraße, der wir rechts hinab bis zur Straßenkreuzung am Rathaus folgen. Hier führt uns die Burgstraße in einem weitreichenden Linksbogen bis zur **Burg Burgthann** 05.

Ein weiterer Aufstieg auf den Burgbergweg führt uns zu einem Aussichtspunkt mit einer Ruhebank, die den Blick über das Schwarzachtal freigibt. Von dieser Aussicht geleitet uns der Weg hinab unterhalb der Burg, bis wir schließlich den ehemaligen Gasthof Grünes Tal erreichen. Nach links biegen wir ab, in die Schwarzachstraße, und überqueren die Schwarzach sowie die Ochenbrucker Straße. Hier verlässt uns das „Rotkreuz" und wir richten unseren Fokus nun auf das „Blaukreuz". Dieses führt uns halb rechts in die Straße „Am Hammerberg", durch Siedlungen und vorbei am **Schloss Günsberg** 06, stetig aufwärts. An der Bushaltestelle oben angekommen leitet uns die Straße „Auf der Röth" nach rechts und weiter hinaus aus dem Ort. Entlang des Waldrands folgen wir der Straße, bis wir nach rechts abbiegen und einem Pfad durch die beeindruckende Teufelsschlucht folgen. Über einen Steg überqueren wir den Bach und setzen unseren Weg entlang der Oberkante der Schlucht fort. Ein Wegweiser lädt uns rechts hinunter zur **Teufelskirche** 07, wo ein Wasserfall an der Felswand hinabstürzt, die von einem Wasserfall geschmückt ist.

Zurück auf unserem Pfad, biegen wir beim Wegweiser rechts ab in Richtung Altdorf, überqueren einen Steg und setzen unseren Weg fort bis zu einem Querweg. Hier biegen wir links ab und folgen beim nächsten Abzweig einem Pfad und den Stufen hinauf an den Waldrand und in die offene Feldflur. Die „4 auf Grün" und das „Gelbe Wallenstein" leiten uns zuverlässig über die Hochfläche hinunter zur A 3 und unter ihr hindurch ins Gewerbegebiet am Ortsrand von Altdorf. Wir folgen der Prackenfelser Straße für wenige Meter, dann rechts in die Pfaffentalstraße und erreichen erneut den Feuerweg. An der Feuerwache angekommen, biegen wir links ab und kehren auf unserem Weg zurück zum **S-Bahnhof Altdorf** 01.

DÜNENWANDERUNG ZWISCHEN ALTDORF UND WEISSENBRUNN

Strand ohne Meer

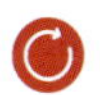 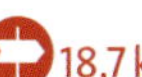 18,7 km  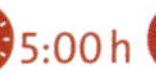 5:00 h 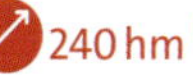 240 hm 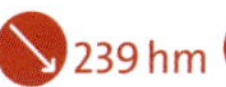 239 hm  163

START | S-Bahnhof Altdorf (S2 Linie Nürnberg–Altdorf). Kostenlose Parkmöglichkeiten beim Bahnhof. [GPS: UTM Zone 32 x: 670.825 m y: 5.473.381 m]
CHARAKTER | Sowohl auf geschotterten, als auch naturnahen (sandigen) Wegen u. Pfaden. Moderate An- und Abstiege, mit Ausnahme des Aufstiegs auf den Ernhofer Berg.

Vom **S-Bahnhof Altdorf** 01 aus startet unsere Wandertour, wo wir uns an der Markierung des Main-Donau-Wegs orientieren. Hier halten wir uns am Parkplatz links und biegen erneut nach links in die Straße „Am Berglein" ein. An der Riedener Straße treffen wir auf den Frankenweg, dessen Markierung wir zusätzlich beachten und halten uns wieder links. Am Ortsausgang biegen wir links in einen Schotterweg ein und halten uns an der nächsten Gabelung rechts. Nachdem wir den Röthenbach überquert haben steuern wir die Unterführung der A 6 an und halten uns auf einem Schotterweg links aufwärts. Recht bald biegen wir rechts ab und folgen dem Weg durch Streuobstwiesen hinauf bis nach Hegnenberg. Von dort bietet sich uns ein herrlicher Blick auf Altdorf und den Dillberg. Wir setzen unseren Weg auf der Hauptstraße fort, biegen am Ortsende nach links in einen unbefestigten Weg ab und steuern auf den Wald

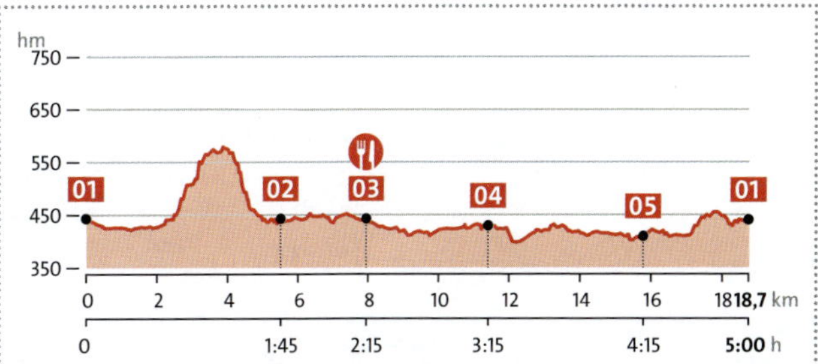

01 S-Bhf Altdorf, 439 m; 02 Oberer Egelsee, 426 m; 03 Weißenbrunn, 441 m; 04 Sanddüne, 416 m; 05 Abzw. Röthenbachklamm, 399 m;

zu. Dort geht es vorbei an alten Felsenkellern und in einem Hohlweg stetig bergauf. Oben angekommen halten wir uns an einer Wegkreuzung halb links und biegen am nächsten Querweg wieder nach links ab. Nach Querung einer kurzen Lichtung tauchen wir wieder in den Wald ein. Bei der nächsten Wegkreuzung folgen wir nun dem Fränkischen Dünenweg links, zunächst nur etwas abwärts, in Folge dann jedoch steiler werdend bis zu einem Querweg. Diesem folgen wir nach links und biegen circa 200 m weiter rechts ab. Bevor wir die A 6 erreichen, geht es weiter abwärts. An der Autobahn halten wir uns rechts auf einem Pfad und folgen diesem bis kurz vor der St 2240, der dann in einen Schotterweg mündet. Hier biegen wir nach rechts, passieren den **Oberen Egelsee** 02 und wandern weiter auf dem Fränkischen Dünenweg. Am unteren Egelsee biegt der

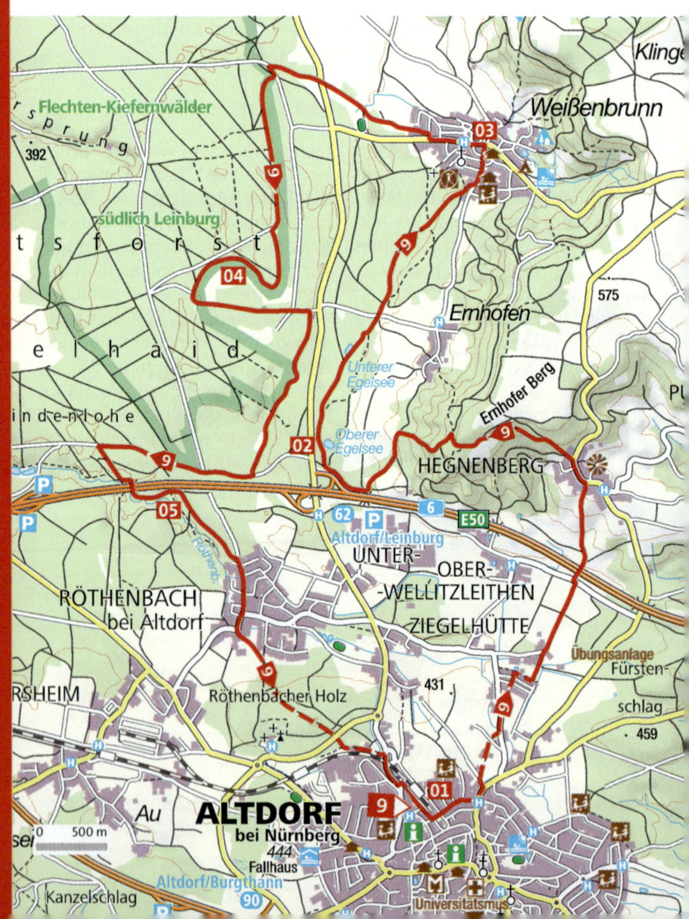

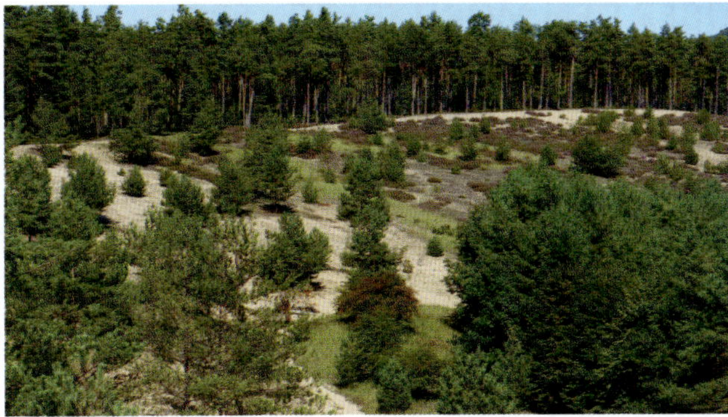

Sanddüne, Sebalder Reichswald

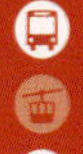

Fränkische Dünenweg nach links ab, wir halten uns jedoch weiter geradeaus durch den Wald bis nach **Weißenbrunn** 03. Ab hier orientieren wir uns am „Rotkreuz“. Im Ort gehen wir links in die Hauptstraße und orientieren und jetzt an der Rotpunkt-Markierung. Diese führt uns rechts in die Föhrenstraße, dann links in den Lehmweg und hinaus aus dem Ort. Im Anschluss durch das Sportgelände und über Wiesen bis zur St 2240. Diese überqueren wir (Achtung, stark befahren!), dann in den Wald hinein, wo der Weg in einen breiten Forstweg mündet. Der „Rotpunkt“ verläuft an dieser Stelle geradeaus weiter, jedoch biegen wir ohne Markierung links und in etwa 100 m rechts ab.

Sofort geht es links auf einen Pfad, der sich oberhalb einer längeren **Sanddüne** 04 durch den Kiefernwald streckt. Wir halten uns auf einem Pfad rechts und erreichen nun ein großes Dünenfeld, das Teil eines der größten Dünenfelder in Bayern ist. Wem danach ist, läuft fortan mit nackten Füßen weiter. In den Dünen herrschen vor allem während heißer Sommermonate extreme Bedingungen, die wiederum eine besondere Flora und Fauna hervorbringen. An der Ruhebank zweigt der Weg nach links ab, steil den Hang hinunter und geradeaus auf einem Forstweg in Richtung St 2240. An der Staatsstraße stoßen wir wieder auf den Fränkischen Dünenweg, dem wir nach rechts folgen.

Zunächst geht es weiter durch den Wald und später entlang einer Hochspannungstrasse weiter bis zur A 6. Dort biegen wir rechts in einen Forstweg und folgen dem Fränkischen Dünenweg links auf einen Pfad, der uns in das Tal des Röthenbachs führt. Die A 6 unterqueren wir und überqueren den Bach, halten uns parallel zur **Röthenbachklamm** 05, bis wir den Ort Röthenbach erreichen. Wir überqueren dort die Straße „Zur Röthenbachklamm“ und die Röthenbacher Straße und folgen weiterhin dem Dünenweg, der am Ortsausgang in ein Waldgebiet führt. In Altdorf angekommen unterqueren wir die Bahngleise und steuern auf unseren ursprünglichen Ausgangspunkt am **S-Bahnhof Altdorf** 01 zu.

ÜBER DEN MORITZBERG • 598 m UND SCHERAU NACH LEINBURG

Nürnberg im Blick

 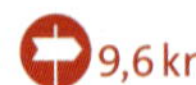 9,6 km  3:15 h 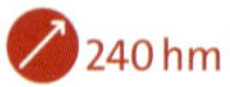 240 hm 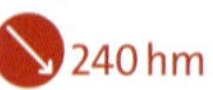 240 hm  163

START | Leinburg, Marktplatz. Anreise ÖPNV: Haltestelle „Leinburg, Marktplatz"; Parkmöglichkeiten am Kornmarkt.
[GPS: UTM Zone 32 x: 667.304 m y: 5.480.031 m]
CHARAKTER | Meist auf geschotterten oder asphaltierten Forst- und Feldwegen. Der Aufstieg auf den Moritzberg verläuft auf Pfaden und ist recht steil

Startpunkt dieser Wandertour ist der Marktplatz in **Leinburg** 01, wo uns die Markierung „Rotpunkt" als Orientierung dient. Vorbei an der Brauerei Bub geht es nach etwa 100 Metern links in die Fenngasse, danach rechts in die Lange Austraße und mit dem Hinweis „Fußweg zum Moritzberg" biegen wir links in die Lindenstraße ein. Am Ortsrand halten wir uns geradewegs und wandern dem Moritzberg leicht hangaufwärts entgegen, bis wir einen querenden Flurweg erreichen. An diesem biegen wir rechts ab und folgen in einer Linkskehre den Hang hinauf. Am nächsten Querweg halten wir uns rechts in Richtung Waldrand, bei der Ruhebank dann links und sofort wieder rechts auf einen Pfad einbiegen, der uns hangaufwärts in den Wald führt. Auf einem erneuten Querweg geht es nach rechts, und bei erster Gelegenheit wieder links. Der Weg führt uns nun etwas steiler nach oben, bis wir einen weite-

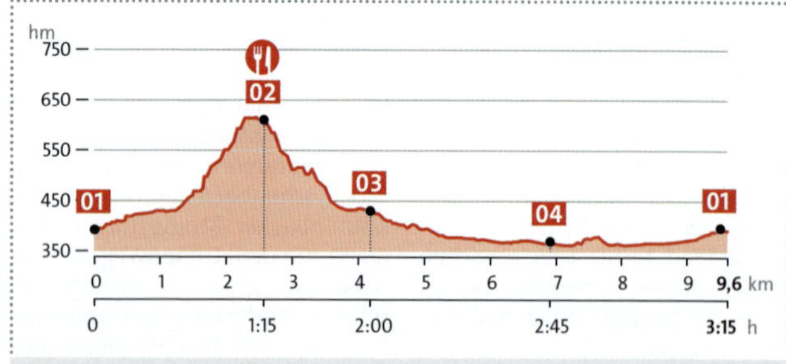

01 Leinburg, 398 m; 02 Moritzberg, 598 m; 03 Haimendorf, 431 m;
04 Scheerauer Weiher, 368 m;

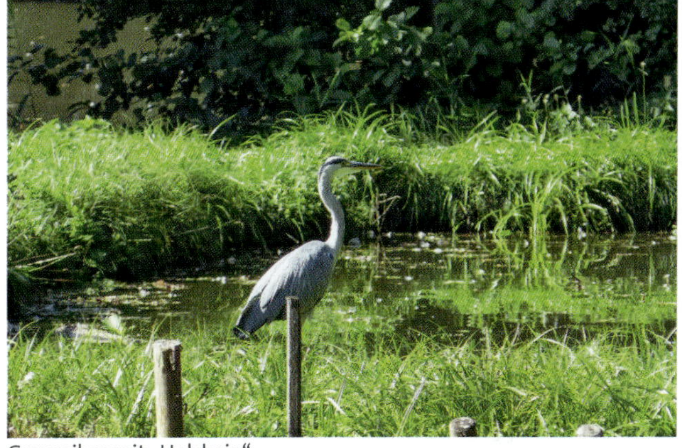

Graureiher mit „Holzbein"

ren querenden Weg erreichen. Die Zügel werden weiter angezogen, denn ab hier wird es noch steiler! Schritt für Schritt arbeiten wir uns den steilen Hang hinauf und freuen uns, oben am Plateaurand anzukommen. Wir setzen unseren Weg in einer leichten Rechtsbiegung weiter leicht aufwärts fort, bis wir zu einer großen Wegspin-

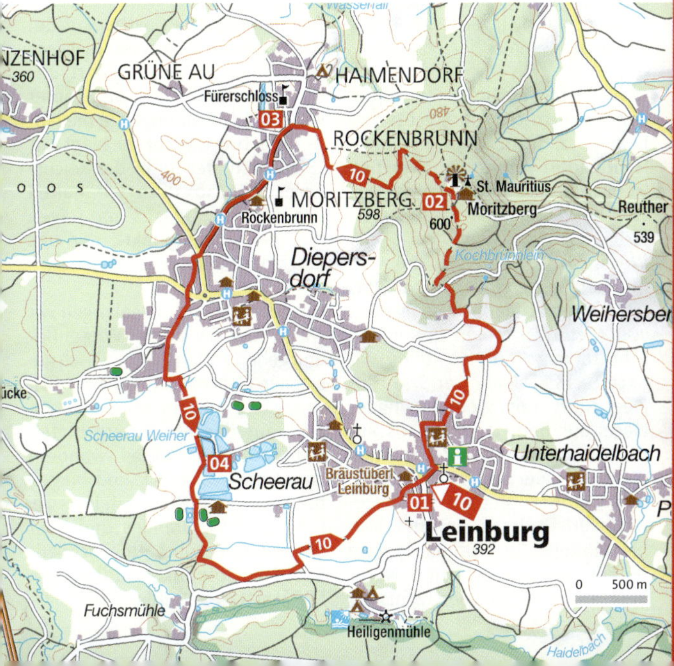

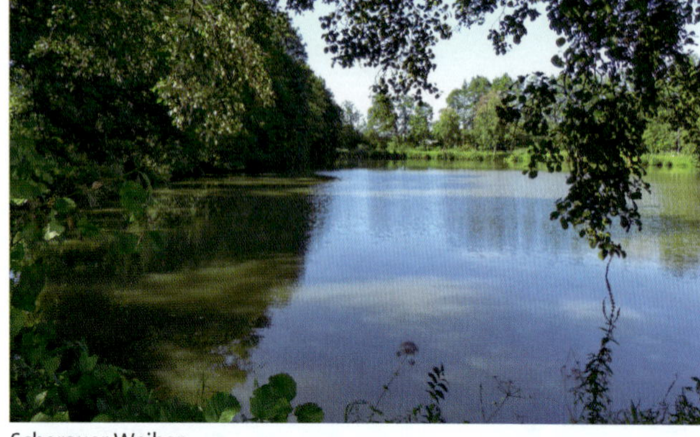

Scherauer Weiher

ne gelangen. Von hier aus geht es nur noch mit mäßiger Steigung weiter geradeaus in Richtung Gipfel. Auf dem 603 m hohen und bewaldeten Gipfel des **Moritzbergs** 02 erwartet uns ein Berggasthof, eine Kapelle und ein 30 m hoher Aussichtsturm (jeweils Öffnungszeiten beachten).

Den Abstieg nehmen wir über den „Grünstrich", der rechts neben dem Turm hinunter nach Haimendorf führt. Durch einen Hohlweg führt der Weg halbwegs steil bergab, begleitet von ockerfarbenem Sandstein. Bei einer Wegspinne biegen wir links ab und setzen den Abstieg fort, bis unser Weg schließlich nach etwa 300 Metern in einen querenden Schotterweg mündet, dem wir nach rechts folgen. Der Schotterweg führt uns weiter hangabwärts aus dem Wald hinaus auf die Wiesenflur, bis wir auf einen weiteren Querweg mit Schotterbelag stoßen. Bei klaren Witterungsverhältnissen eröffnet sich hier ein toller Blick auf das in rund 16 km Luftlinie entfernte Nürnberg. Dann biegen wir rechts ab und wandern entlang von Pferdekoppeln nach **Haimendorf** 03, wo wir mit dem „Blaustrich" links in die Diepersdorfer Straße abbiegen. Die Diepersdorfer Straße führt uns leicht abwärts nach Rockenbrunn, wobei wir linker Hand das historische Gasthaus Zum Rockenbrunn passieren. In Diepersdorf angekommen, führt uns der „Blaustrich" über den Laufer Weg und den Mühlweg in die lange Industriestraße. Hier biegt der „Blaustrich" rechts in die Reichswaldstraße ab, doch wir halten uns weiter geradeaus und folgen nun dem „Grünpunkt", der uns durch das Industriegebiet leitet.

Über die Kitzengasse gelangen wir wieder auf die offene Wiesenflur und gehen entlang des idyllisch gelegenen **Scheerauer Weihers** 04, von wo aus sich immer wieder ein Blick auf den Moritzberg bietet. Am Sportplatz vorbei wandern wir in ein Waldstück und biegen bei einem Querweg nach links ab. Längs des Waldrandes und über die Feldflur führt uns schließlich der „Rotpunkt" zurück zum Marktplatz von **Leinburg** 01.

KIRCHEN UND SCHLUCHTEN

Sandsteinschluchten und Sandsteinburg

   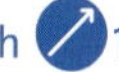 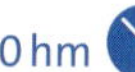 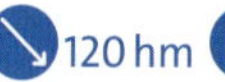 

13,4 km | 3:30 h | 110 hm | 120 hm | 163

START | Bahnhof Eschenau (Mittelfranken), RB21.
Kostenlose Parkmöglichkeiten beim Bahnhof (Neunkirchener Str.).
[GPS: UTM Zone 32 x: 658.987 m y: 5.493.727 m]
CHARAKTER | Überwiegend geschotterte Forst- oder Feldwege, in den Schluchten naturnahe Pfade (bei Nässe dort zum Teil rutschig), nur geringe Auf- und Abstiege.

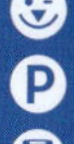
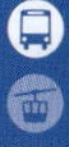
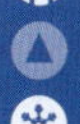

Unsere Wanderung startet am **Bahnhof Eschenau** 01, wo uns das „Gelbkreuz“ zunächst auf die Bahnhofstraße und anschließend zur Hauptstraße führt. Nach circa 100 m biegen wir rechts in die Laufer Straße ein, folgen erneut rechts in die Tauchersreuther Straße, die uns durch eine Neubausiedlung zum Ortsrand führt. An der Kreuzung setzen wir unseren Weg geradeaus fort, der uns in einen Wald führt. Nach Durchqueren des Walds erreichen wir Beerbach, wo wir uns in der Ortsmitte an der Kreuzung links in die Egidienstraße halten und auf der wir die **St.-Egidien-Kirche** 02 erreichen. Vermutlich gilt die Gemeinde als die bislang älteste nachweisbare evangelisch-lutherische Gemeinde in Bayern, da sie bereits im Jahr 1521 den protestantischen Glauben annahm. Wir folgen nun der „Rotpunkt“-Markierung, verlassen den Friedhof durch den Hinterausgang und steigen über Treppen in einen schluchtartigen Graben des Angerbachs hinab. Beim Aufstieg aus dem Graben weist uns der

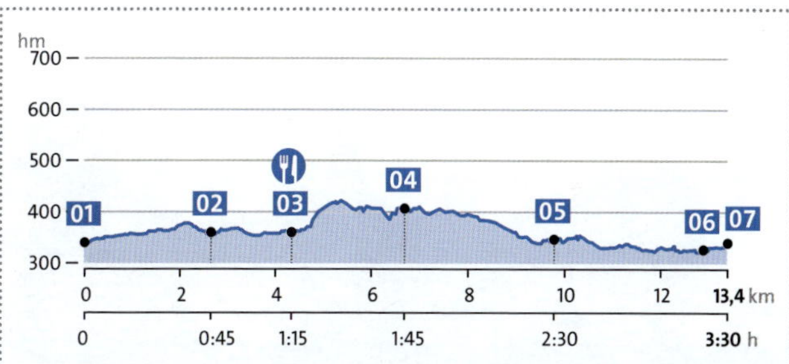

01 Bhf. Eschenau, 345 m; 02 St. Egidien-Kirche, 351 m; 03 Neunhof, 368 m; 04 Nuschelberg, 406 m; 05 Bitterbachschlucht, 332 m; 06 Wenzelburg, 320 m; 07 Bhf. Lauf rechts d. Pegnitz 327 m;

„Rotpunkt" halb links auf einen Feldweg, dem wir bis nach **Neunhof** 03 folgen. Hier lohnt sich ein Abstecher zur einstigen Wehrkirche St. Johannis mit der Weisergruft. Von der Kirche aus gehen wir etwa 100 Meter zurück bis zur Wegtafel „Am Brunngraben". Hier übernimmt die Markierung „Rotkreuz" bis nach Lauf die Führung und weist uns nach links. Der Weg steigt langsam an und an der Verzweigung nach dem Eintritt in den Wald folgen wir dem „Rotkreuz" weiter bergauf. Der Brunngraben verwandelt sich nun allmählich in eine Schlucht und wir erreichen nach kurzer Zeit die Straße Neunhof–Günthersbühl. Dort halten wir uns rechts, biegen nach knapp 50 Metern gleich wieder links in einen Forstweg ein, der uns nach **Nuschelberg** 04 führt.

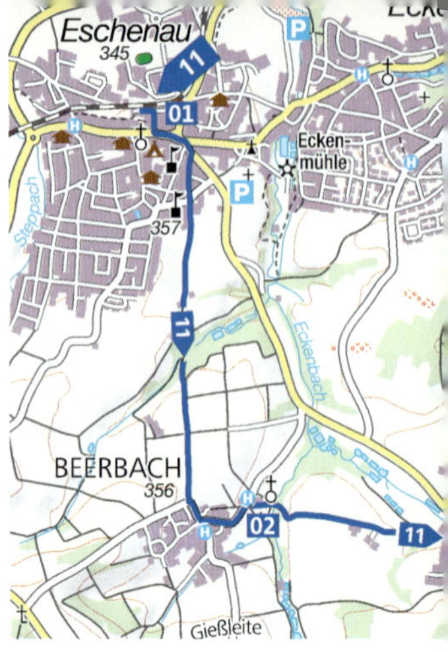

Am Ortsende stoßen wir auf das Hallerschlösschen und folgen zunächst der Hauptstraße, wechseln jedoch in der Haarnadelkurve links auf einen Waldweg. Dort biegen wir nach rechts auf einen Wurzelpfad ab, der uns in einem Linksbogen auf die Straße Neunhof–Lauf (St 2240) führt. Wir setzen unseren Weg auf der anderen Seite fort, überqueren im Tal erstmals den Bitterbach und durchqueren eine Wiese. Beim Pumpwerk Rudolfshof betreten wir erneut den Wald. Nun nähern wir uns allmählich der **Bitterbachschlucht** 05, wo wir an einigen Stellen direkt ans Wasser gelangen, ansonsten ist die Schlucht durch Holzstege erschlossen. Über eine Brücke steigen wir aus der Schlucht und erreichen bald in der Daschstraße die ersten Häuser von Lauf. Dort halten wir uns rechts bis zur Eschenauer Straße, die wir überqueren. Ohne Markierung folgen wir der Einfahrt rechts hinunter und biegen vor der

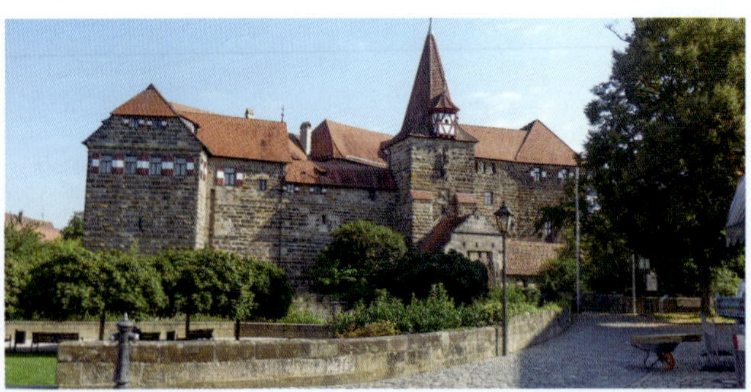

Wenzelburg bei Lauf

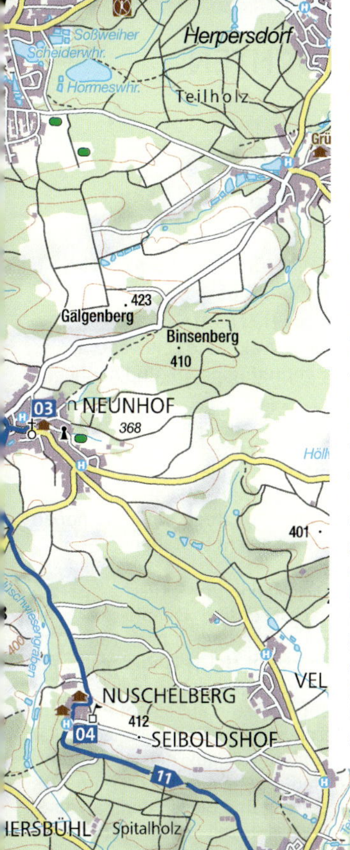

Brücke links auf den geschotterten Weg zum Ufer des Bitterbachsees ein, an dessen Ende wir die Stufen wieder hochsteigen, uns nach rechts wenden und über Stufen zum Talgrund gelangen, dem wir bis zum Bahndamm folgen. An der Bahn rechts und circa 100 Meter weiter links durch den Viadukt.

Dort überqueren wir die Nürnberger Straße und biegen kurz danach links in die Sichartstraße ein. Noch vor dem Industriemuseum geht es rechts über den Steg über die Pegnitz und gleich wieder links. Jetzt folgen wir der Markierung der Goldenen Straße („Weißer Löwe auf rotem Schild") immer geradeaus, vorbei am Barth-Park, bis zur **Wenzelburg** 06. Den Namen „Wenzel" erhielt die Burg, weil Lauf der westlichste Stützpunkt der Besitzungen Karls IV. war. Wir gehen durch den Schlosshof, über die Pegnitz durch die Burggasse zum Marktplatz. Von hier aus geht es links durchs Nürnberger Tor zum Bahnhof Lauf rechts der **Pegnitz** 07.

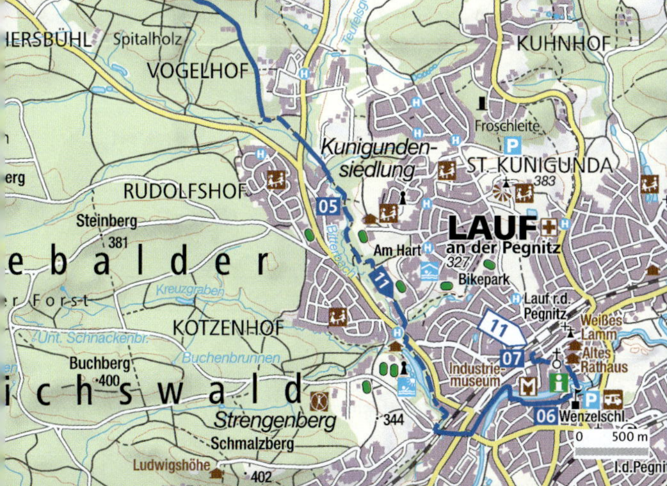

12

KIRSCHEN UND SCHLUCHTEN

Süße Sünden und Dürer

  10,4 km  2:45 h  80 hm  140 hm  163

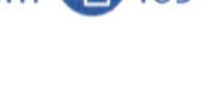

START | Bahnhof Kalchreuth, RB21 (Linie Nürnberg-Nordost–Gräfenberg); Kostenlose Parkplätze beim Bahnhof.
[GPS: UTM Zone 32 x: 654.721 m y: 5.491.737 m]
CHARAKTER | Überwiegend geschotterte Wald- und Feldwege, in den Schluchten naturnahe Pfade, nur geringfügige An- und Abstiege

Unsere Wandertour beginnt am **Bahnhof Kalchreuth** 01, von wo aus wir rechts in die Bahnhofstraße einbiegen und an der Schulstraße nach links. Wir folgen der „Gelbpunkt-Markierung" über die Weißgasse zum Dorfplatz. Geradeaus geht es nun in eine enge Gasse namens Rosenwinkel in Richtung Ortsausgang, wo sich ein guter Ausblick in die Fränkische Schweiz bietet.

Wir wandern weiter auf einem Lehrpfad, der uns die feinen Kalchreuther-Kirschen schmackhaft macht. Wer hier etwa ab Mitte April unterwegs ist, kann die Kirschbäume in ihrer wunderschönen Blütenpracht bestaunen.

Die Markierung „Kirsche" ist zunächst unsere Orientierung und wir gehen biegen nach ca. 100 m an einem Holzgeländer rechts ab, stiegen zunächst wenige Stufen auf, um dann auf einem Pfad zum **Sklavensee** 02 abzusteigen. Hier stoßen wir auf den „Fisch-Lehrpfad", gehen zunächst am See entlang und biegen dann an einer Wegtafel mit „Grünring-Markie-

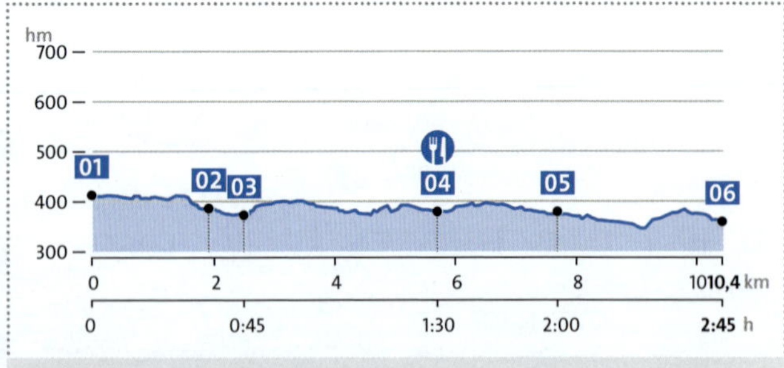

01 Bhf. Kalchreuth, 413 m; 02 Sklavensee, 384 m; 03 Dürerquelle, 349 m; 04 Felsenkeller, 378 m; 05 Stettenbergschlucht, 358 m; 06 Bhf. Heroldsberg, 350 m;

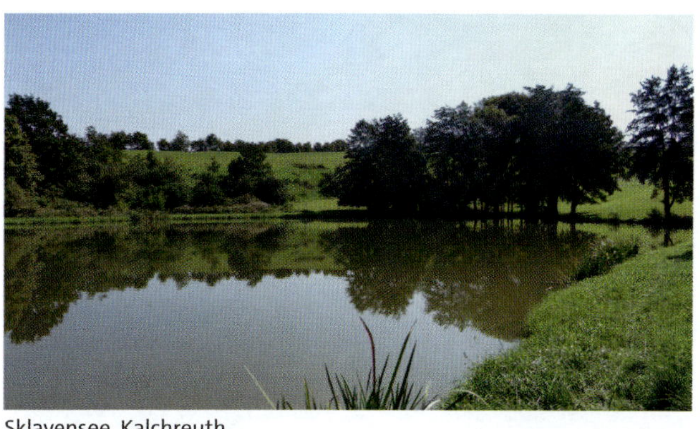

Sklavensee, Kalchreuth

rung“ der Kalchreuther Panoramarunde Richtung Felsenkeller ab. Zunächst ist der Weg geschottert und wird später zu einem Pfad, der uns den Eingang in die Schlucht und die **Dürerquelle** 03 weist. Die Quelle erhielt ihren Namen in Anlehnung an den Nürnberger Maler Albrecht Dürer. Gemäß der Überlieferung fand Dürer an diesem Ort im Jahr 1502 Inspiration für seine Federzeichnung „Quelle im Wald mit Antonius und Paulus“. Wir verlassen nun die Quelle

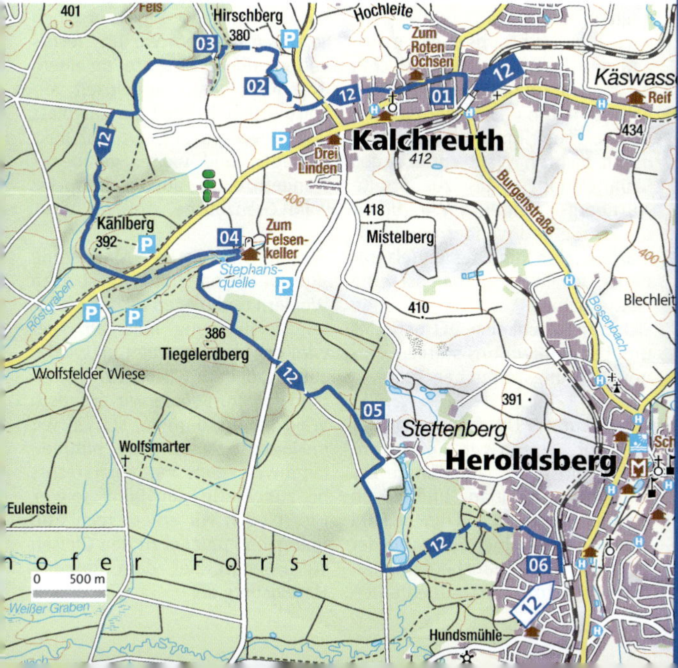

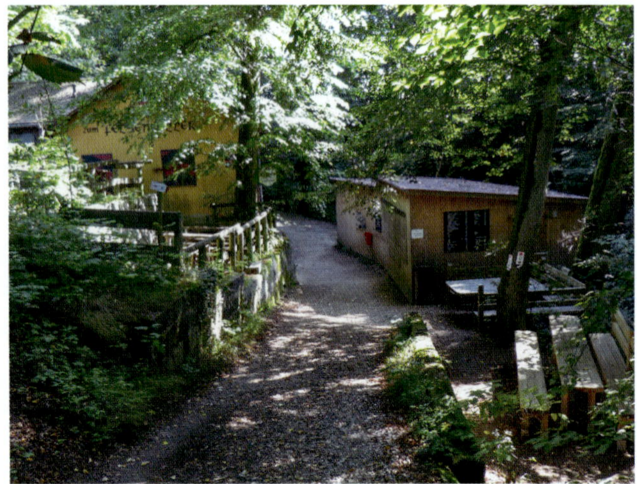

Felsenkeller Teufelsgraben

und halten uns von nun an den „Rotpunkt“ bis nach Heroldsberg. Am nächsten Querweg gehen wir nach links, hier steigt der Weg etwas an und führt uns in einem Bogen um die Untere Heide. Rechts biegen wir am nächsten Forstweg ab und halten uns an der zweiten Abzweigung links. Hier geht es durch dichten Wald entlang des Säuerlesgrabens bis zur Straße Nürnberg–Kalchreuth. Wir queren die Straße und wandern nun aufwärts an den Rand des Teufelsgrabens. Der Teufelsgraben ist eine kleine Schlucht, an dessen Ende sich der **Felsenkeller** 04 befindet und bei dem wir uns stärken können (Öffnungszeiten beachten).

Nach kurzer Durchquerung der Schlucht, steigen wir auf der anderen Seite hoch, halten uns rechts am Waldrand entlang und biegen dann links in den Wald hinein. Bald stoßen wir auf einen Forstweg, der uns zur Straße Buchenbühl-Kalchreuth führt. Diese überqueren wir und biegen nach etwa 300 Meter in einen Pfad, der uns zur **Stettenbergschlucht** 05 führt. Weiter leitet uns der Pfad auf einen Forstweg, an dem wir uns rechts halten und wenig später an einem Grabhügel der Urnenfeldzeit vorbeikommen. Es folgt ein Rastplatz und eine Kreuzung, wo wir links abbiegen und weiter geradeaus wandern, bis wir auf die eindrucksvolle „Grenzbuche“ stoßen.

Hier folgen wir der Markierung „Rotpunkt“ nach links, vorbei an Weihern und biegen an der nächsten Verzweigung links ab. Hier wird der breitere Weg nun wieder zum Pfad, dem wir bis zum Waldrand folgen. Sobald wir aus dem Wald herauskommen, stoßen wir in Heroldsberg auf den Schimmelleitenweg, dem wir nach rechts bis zur Straße „Am Bühl“ folgen. Hier biegen wir erneut rechts ab und gehen parallel zu den Gleisen zu unserem Ziel, dem Bahnhof **Heroldsberg** 06

ZWISCHEN KNOBLAUCHSLAND UND SEBALDER REICHSWALD

Von Poeten und Adligen

  12,6 km  3:15 h 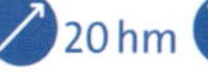 20 hm  19 hm  163

START | Nürnberg, Gemeindeteil Kraftshof, Bushaltestelle „Kraftshof"; Im Ort kaum Parkplätze, kostenlose Parkmöglichkeiten beim Friedhof (Lachfelder Str.).
[GPS: UTM Zone 32 x: 648.338 m y: 5.486.304 m]
CHARAKTER | Überwiegend befestigte Wald- und Feldwege sowie naturnahe Pfade, ohne große An- und Abstiege.

Unsere Wanderung startet an der Bushaltestelle **Kraftshof** 01 und bevor wir richtig losgehen, wenden wir unseren Blick zunächst auf die Wehrkirche St. Georg. Die denkmalgeschützte und im gotischen Stil erbaute Kirche gilt als beispielhaft für eine mittelalterliche Kirchenburg in Franken. Von der Kirche geht es nun links in die Schiestlstraße, der wir bis zu einer Verzweigung in die Lachfelderstraße vorbei beim Friedhof folgen und an der dritten Abzweigung links abbiegen. Hier geht es zunächst ohne Markierung in einem Bogen in Richtung Irrhain. Wir stoßen kurz davor auf ein Portal mit der Inschrift „Irrhain 1676". Der **Irrhain** 02 dient als Versammlungsort des Pegnesischen Blumenordens, einer Sprach- und Literaturgesellschaft, die seit 1644 bis heute aktiv ist. Ursprünglich war dieser Ort als ein irrgartenähnlicher Wald gestaltet und hat eine

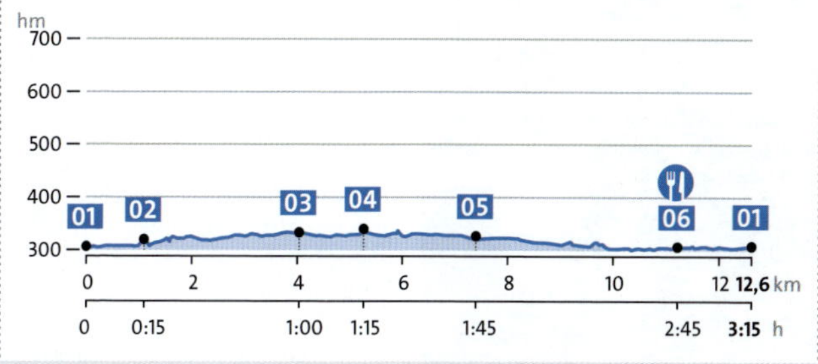

01 Kraftshof, 308 m; 02 Irrhain, 306 m; 03 Lohenbrücke, 319 m; 04 Frauenkreuz, 320 m; 05 Damwildgehege, 311 m; 06 Jagdschloss Neunhof, 305 m;

bewegte Geschichte hinter sich. Bis heute finden hier gelegentlich Freiluft-Veranstaltungen statt. Mit dem Eremit-Käfer ist in den alten Bäumen zudem eine echte faunistische Rarität beheimatet. Nachdem wir den Hain verlassen haben, gelangen wir auf einen Forstweg, biegen dort rechts ab, gehen weiter zur nächsten Kreuzung und halten uns an dieser erneut rechts. Hier stoßen wir nun auf die „Grünstrich-Markierung", der wir für eine Zeit lang folgen. Links biegen wir an der nächsten Kreuzung ab und halten uns sofort wieder rechts in einen Pfad, der sich parallel zum Kothbrunngraben schlängelt. An der Hermesbrücke gehen wir weiterhin entlang des Grabens bis zur **Lohenbrücke** 03.

Dort treffen wir auf einen Forstweg an dem es ohne Markierung nach links abgeht. Hörbar nähern wir uns der A3, die wir überqueren und weiter bis zum **Frauenkreuz** 04 wandern. Von hier aus weist uns das „Rotkreuz" den weiteren Weg und wir halten uns links, bis wir zur Gründlachbrücke und später zur Straße Nürnberg-Kalchreuth stoßen. Diese überqueren wir und erreichen dann das **Damwildgehege** 05.

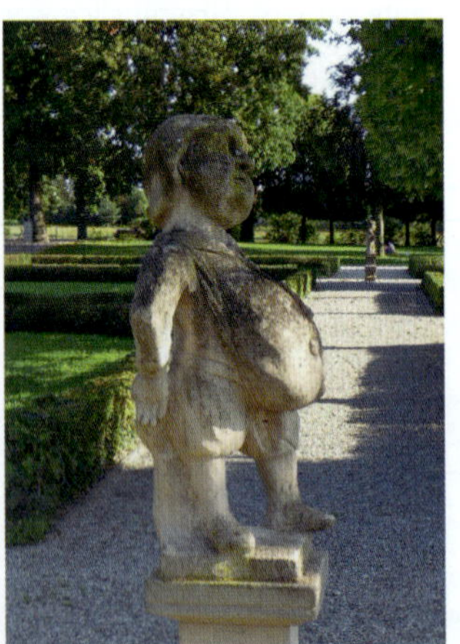

Figuren, Jagdschloss Neuenhof

Wir folgen weiter dem „Rotkreuz" bis zu einer Kreuzung, an der wir auf den „Grünstrich" treffen. Diesem folgen wir nach links, überqueren erneut die Autobahn und stoßen nun am Waldrand auf die Kreuzäckerstraße, die uns nach Neunhof führt. Im Ort stoßen wir auf die Untere Dorfstraße, der wir nach links folgen und uns in Richtung Dorfplatz zubewegen. Etwas versteckt zwischen den Häusern entdecken wir gegenüber des Platzes den Eingang zum Barockgarten des **Jagdschlosses Neunhof** 06. Es handelt sich um einen ehemaligen Herrensitz, der als regionaltypisches Weiherhaus (wie das Pellerschloss in Tour Nr. 5) um das Jahr 1500 herum errichtet wurde. Es beheimatet ein Schloss- und Jagdmuseum und gilt zudem als Zweigstelle des Germanischen Nationalmuseums.

Auf dem Rückweg nach Kraftshof gehen wir ohne Markierung und so halten wir uns am Ausgang des Barockgartens auf der Oberen Dorfstraße links bis zum Neunhofer Schlossplatz, dort erneut links und geradeaus auf dem Feldweg an der Südmauer des Schlosses vorbei bis zu einer Kreuzung. An dieser biegen wir kurz nach links und sofort wieder rechts ab. Bei der nächsten Kreuzung dann rechts und sofort links. Die Wehrkirche in Kraftshof zeigt sich nun von der Rückseite und wir gehen weiter in Richtung Friedhof. Dort rechts und wieder zurück in die Ortsmitte zur **Bushaltestelle Kraftshof** 01.

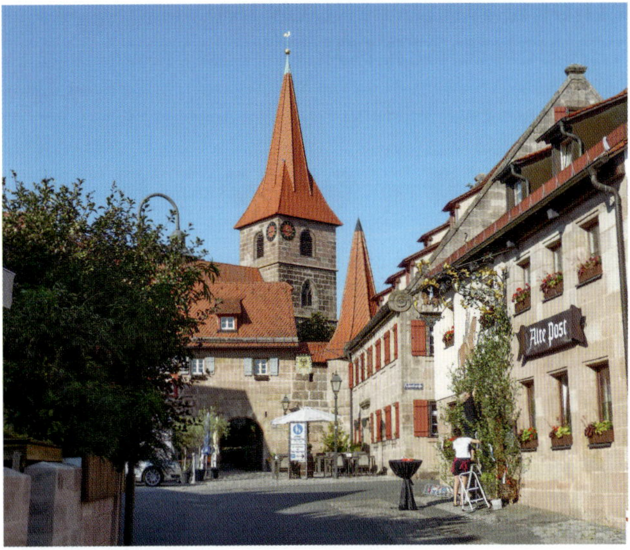

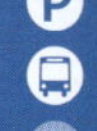

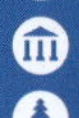

Kraftshof, Wehrkirche

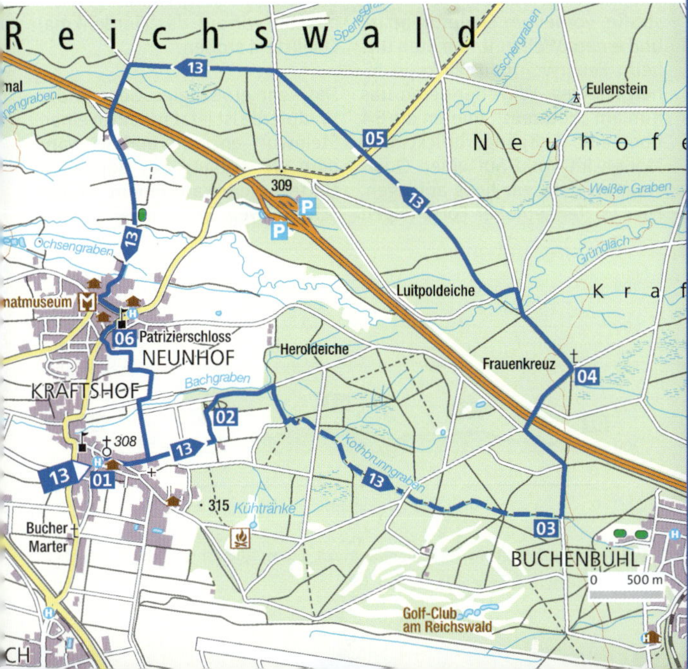

Reichswald
Neuhof
Kraf
Eulenstein
Weißer Graben
Gründlach
Eschergraben
Luitpoldeiche
Frauenkreuz
Heroldeiche
Ochsengraben
Patrizierschloss
NEUNHOF
KRAFTSHOF
Bachgraben
Kothbrunngraben
Kühtränke
Bucher Marter
BUCHENBÜHL
Golf-Club am Reichswald
309
308
315
0 500 m
01
02
03
04
05
06

ZU DEN WILDPFERDEN IM TENNENLOHER FORST

Wildnis aus zweiter Hand

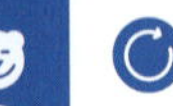 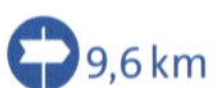   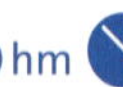 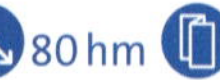 

9,6 km | 2:30 h | 80 hm | 80 hm | 163

START | Erlangen, Tennenlohe, Bushaltestelle „Skulpturenpark". Kostenlose Parkmöglichkeiten gegenüber vom Sportheim (Sebastianstr.).
[GPS: UTM Zone 32 x: 646.904 m y: 5.490.878 m]
CHARAKTER | Überwiegend befestige Waldwege, naturnaher Pfad auf dem Kugelfangwall, ohne großen An- und Abstiege.

An der **Bushaltestelle Tennenlohe-Skulpturenpark** 01 beginnen wir unsere Wandertour, gehen zunächst für einige Meter in südliche Richtung auf der Sebastianstraße, vorbei am Skulpturenpark und einem Weiher und halten uns beim Feuerwehrhaus links in einen Fußweg. Wir orientieren uns nun am „Rotkreuz", queren die B4 über eine Fußgängerbrücke und stoßen im Wald auf einen Querweg, an dem wir links abbiegen. Hier im Tennenloher Forst folgen wir jetzt dem „Grünkreuz" und einer Infotafel zu den Wildpferden links. Bei einem Stahlkunstwerk gehen wir rechts und auf einem breiten Forstweg weiter geradeaus, bis wir auf das Flurdenkmal Quellstein stoßen.

Das sehr großzügige Gehege der Wildpferde ist jetzt nur noch einen Steinwurf entfernt und so wandern wir entlang des doppelten Gatters weiter auf einem breiten Schotterweg, dem Heuweg. Viel-

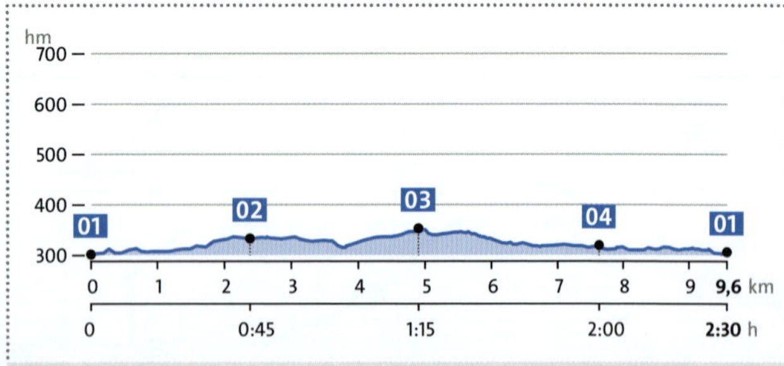

01 Tennenlohe, 292 m; 02 Kugelfangwall, 340 m; 03 Ohrwaschl, 338 m; 04 Gründlacher Moor, 304 m;

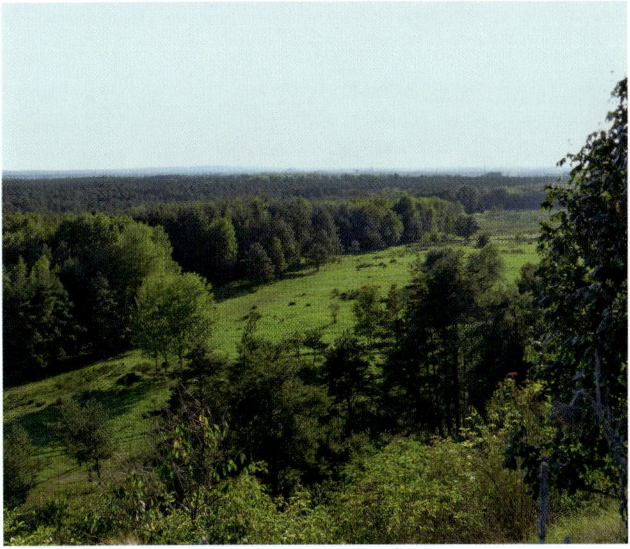

Aussicht Kugelfangwall

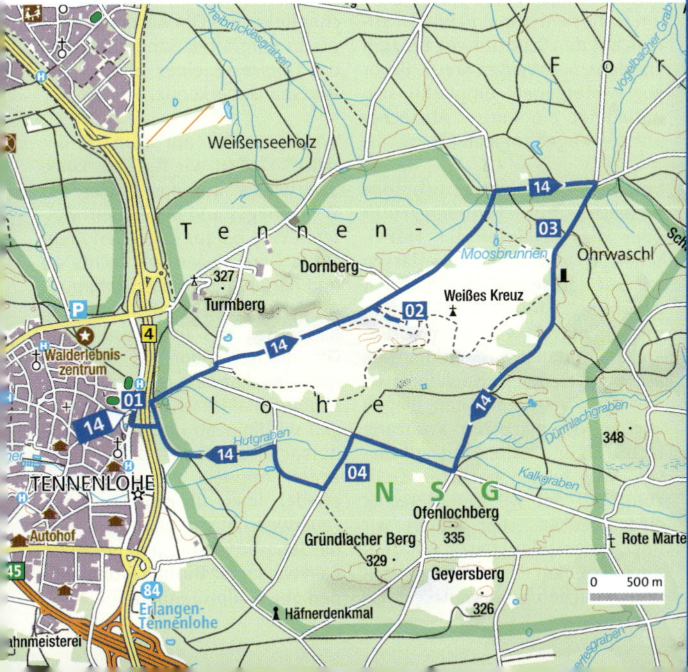

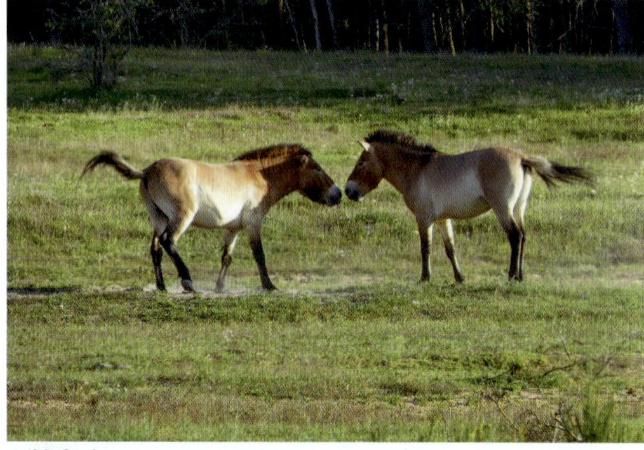

Wildpferde

leicht sind hier bereits die ersten Pferde zu entdecken! Wir bleiben zunächst auf dem Heuweg bis zur Infotafel der Deutschen Bahn, dort etwas rechts in einen Pfad, weiter am Gatter entlang und wieder zurück auf den Schotterweg bis zum Flurdenkmal Weißes Kreuz. Bevor wir weitergehen, empfiehlt sich unbedingt ein kurzer Abstecher auf den **Kugelfangwall** 02.

Von hier oben bieten sich tolle Ausblicke auf Nürnberg/Fürth oder die Ausläufer der Fränkischen Schweiz. Den Wall verlassen wir auf demselben Pfad, den wir gekommen sind und orientieren uns von nun an wieder am „Grünkreuz“ entlang des Wildgatters auf dem Heuweg. Nachdem wir den Wald betreten haben, biegen wir an der nächsten Kreuzung rechts ab und halten uns auf diesem Weg bis zur nächsten Kreuzung, auf der wir erneut rechts einschwenken. Hier halten wir uns an das „Blaukreuz“, wandern am Flurdenkmal Hundstein vorbei und erreichen eine weitere Infotafel zu den Wildpferden an einer Kreuzung. Dort biegen wir rechts ab, orientieren uns nun am „Grünstrich“ und machen nach wenigen Minuten einen erneuten Abstecher links zum **Ohrwaschl** 03, wo wir in dem alten Sandsteinbruch die Überreste eines ehemaligen Wirtshauses erkennen.

Wieder zurück auf dem „Grünstrich“ stoßen wir für eine kurze Zeit wieder auf das Gatter des Wildgeheges und folgen dem weiteren Weg bis zur folgenden Kreuzung. Dort biegen wir rechts ab und halten uns an das „Rotkreuz“. An der darauffolgenden Kreuzung halten wir uns links, vorbei am **Gründlacher Moor** 04 und am nächsten Abzweig rechts bis zum Flurdenkmal Hirschstein. Dort biegen wir links ab und nähern uns hörbar wieder der B 4, die wir beim ersten Abzweig (Infotafel Wildpferde) links überqueren. Beim Feuerwehrhaus stoßen wir auf die Sebastianstraße und erreichen bald wieder die **Bushaltestelle Tennenlohe-Skulpturenpark** 01.

AUSSICHTEN UND SCHLÖSSER UM MARLOFFSTEIN

Eine aussichtsreiche Tour mit kulinarischen Genüssen

 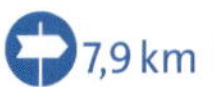 7,9 km 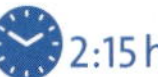 2:15 h  180 hm  180 hm  163

START | Marloffstein, „Am alten Brunnen“, Anreise ÖPNV: Bushaltestelle „Marloffstein, Feuerwehrhaus“; nur wenige Parkmöglichkeiten. [GPS: UTM Zone 32 x: 649.056 m y: 5.498.104 m]
CHARAKTER | Überwiegend befestigte Wald- und Feldwege, ohne größeren An- und Abstiege.

Bei dieser Wanderung starten wir „Am alten Brunnen“ in **Marloffstein** 01 und folgen dem „Berg- und Talpfad“ über eine Treppe zur Wassergasse. Dort halten wir uns links, gehen durch ein Wohngebiet und am Ortsausgang auf einem asphaltierten Weg leicht aufwärts in Richtung St 2242.

Parallel zur Straße geht es nach **Spardorf** 02, dort rechts in die Rathsberger Straße, die uns aus dem Ort hinaus leicht bergaufwärts in Richtung Wald führt. Für eine erste Rast bietet sich die dortige Bank an, ansonsten setzen wir unseren Weg nach rechts fort und biegen bei der nächsten Gabelung erneut rechts ab. Für ein kurzes Stück geht es nun in den Wald hinein, bevor wir dann entlang des Waldrandes wandern. Über einen kleinen Holzsteg überqueren wir den Talgrund des Hirschtals, steuern wieder auf den Wald zu und biegen bei der nächsten Weggabelung links ab. Etwas steiler steigen wir den Hang hinauf bis wir auf einen Querweg sto-

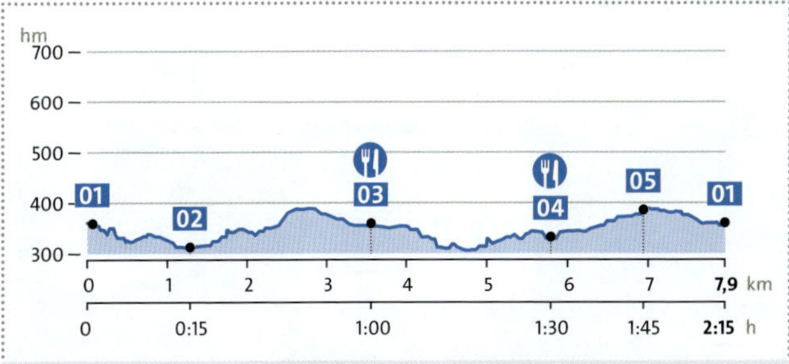

01 Marloffstein, 358 m; 02 Spardorf, 311 m; 03 Schloss Atzelsberg, 349 m; 04 Adlitz, 340 m; 05 Pass Marloffstein, 390 m;

ßen, dort links abbiegen und gehen weiter in Richtung Hochfläche. Wir verlassen den Wald und steuern nun auf das Schloss **Atzelsberg** 03 zu. Bevor wir dieses erreichen, überqueren wir die Straße und den Parkplatz. Besichtigt werden kann das Schloss nicht, steht jedoch Heiratswilligen (angesiedeltes Standesamt), Restaurantgästen oder als Eventlocation zur Verfügung. Im Sommer steht ein großer Biergarten zur Verfügung.

Weiter geht es an der Bushaltestelle rechts auf einem Fußweg am Ortsrand entlang und vorbei an Obstbäumen in Richtung Wald. Dort nehmen wir in einer Linkskurve eine kleine Schleife zu einer Quellfassung und kommen kurze Zeit später wieder auf unseren ursprünglichen Weg zurück. Diesem folgen wir bis zum nächsten Querweg, dort rechts und an der Schutzhütte links in eine weitere Schleife um die romantisch gelegenen Schwanenweiher. Wir folgen weiter dem Berg- und Talpfad und kommen nach **Adlitz** 04, dort vorbei beim Schloss, und im Gasthaus „Zur Ludwigshöhe" besteht die Möglichkeit zur Einkehr. Die Aussicht in die Fränkische Schweiz vom Biergarten aus rundet die kulinarischen Genüsse mehr als ab. Danach geht es auf gleichem Weg wieder zurück und an der folgenden Kreuzung noch im Ort links etwas hangaufwärts. An einer Gabelung halten wir uns links, folgen diesem Weg bis zur Kapelle „Zur Heiligen Familie". Dort haben wir erneut eine schöne Aussicht auf die umliegende Landschaft. Es geht weiter bergan, bis wir an der (eingezäunten) ehemaligen Tongrube von Marloffstein auf einen Querweg stoßen, dem wir nach links bis zum Wanderparkplatz folgen. Wir überqueren die Straße (Achtung, stark befahren!) und steuern auf den nahen Wasserturm zu. Jetzt haben wir den Pass **Marloffstein** 05 erreicht und genießen erneut die tolle Aussicht.

Im Anschluss geht es über einen Schotterweg hinab nach Marloffstein. Am Ortsrand gelangen wir auf die Wasserturmstraße, der wir bis zur Rosenbacher Straße folgen. Hier ein kurzes Stück links und am Ortsende sofort wieder rechts bis zu einem kleinen Wäldchen. Auf einem Pfad geht

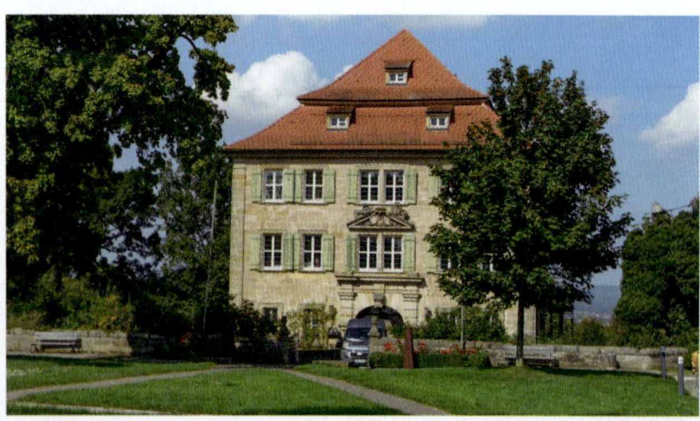

Schloss Atzelsberg

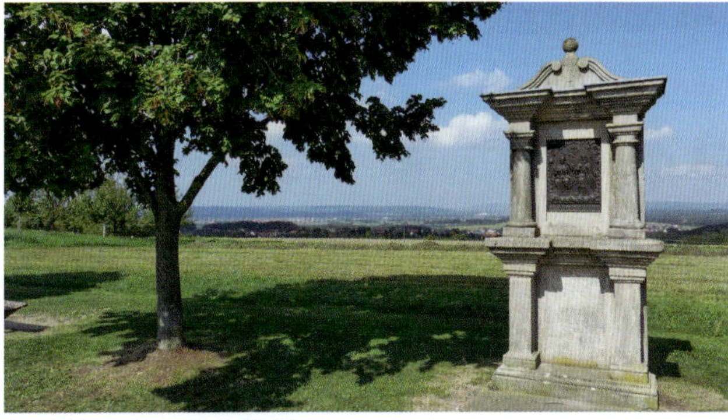

Aussicht am Pass Marloffstein

es nun steil bergab in die Uttenreuther Straße. Empfehlenswert ist hier ein kurzer Abstecher nach links zu den Sandsteinfelsen unterhalb von Wunderburg. Ansonsten geht es kurz auf der Uttenreuther Straße bis zur ersten Einmündung weiter, dort links in die Schloßstraße und bei einer alten Scheune rechts hoch bis zum Schlossgarten. Über eine Treppe verlassen wir diesen wieder und erreichen schließlich die Ortsmitte von **Marloffstein** **01**.

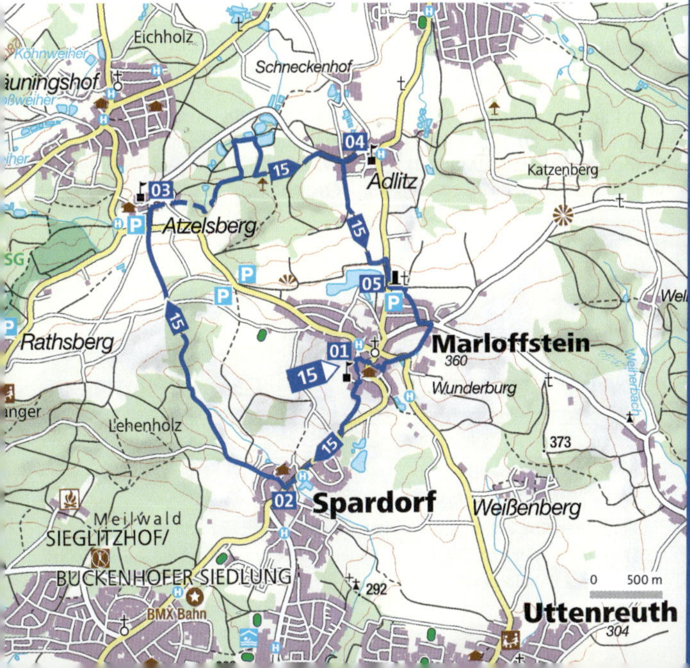

16 DIE MÖHRENDORFER SCHÖPFRÄDER

Alles rund ums Wasser

 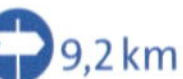   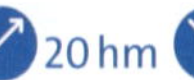  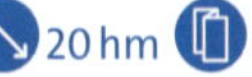

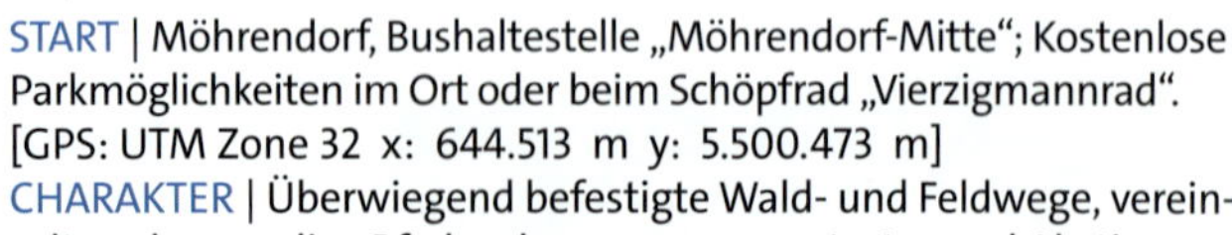

START | Möhrendorf, Bushaltestelle „Möhrendorf-Mitte"; Kostenlose Parkmöglichkeiten im Ort oder beim Schöpfrad „Vierzigmannrad". [GPS: UTM Zone 32 x: 644.513 m y: 5.500.473 m]
CHARAKTER | Überwiegend befestigte Wald- und Feldwege, vereinzelt auch wurzelige Pfade, ohne nennenswerte An- und Abstiege.

Startpunkt dieser Wanderung ist die Ortsmitte in **Möhrendorf** 01, von der wir in Richtung Osten zur Regnitzbrücke gehen und dort zunächst am Parkplatz rechts abbiegen. Eine Infotafel lässt dort staunen: Wir stehen hier eigentlich im Tal des Urmains, der nach Süden(!) bis kurz vor dem heutigen Augsburg floss und dort in die Urdonau mündete.

Vom Parkplatz aus sind es nur wenige Schritte zu unserem ersten **Schöpfrad (Vierzigmannrad)** 02. Wir folgen nun demselben Weg wieder zurück und biegen nach Überquerung der Regnitzbrücke links in die Ringstraße ein. Dieser folgen wir, biegen am „Gäßlein" rechts ein und an der nächsten Einmündung links in die Wiesenstraße. Linker Hand führt uns nun ein Wiesenweg („Oberndorfer Kichweg") aus dem Ort in Richtung Oberndorf hinaus. Das nächste **Schöpfrad (Schlossangerrad)** 03 lasst sich durch einen kurzen Abstecher kurz vor Oberndorf erreichen. Richtung links ist das Wasserrad nach rund 250 Metern erreichbar.

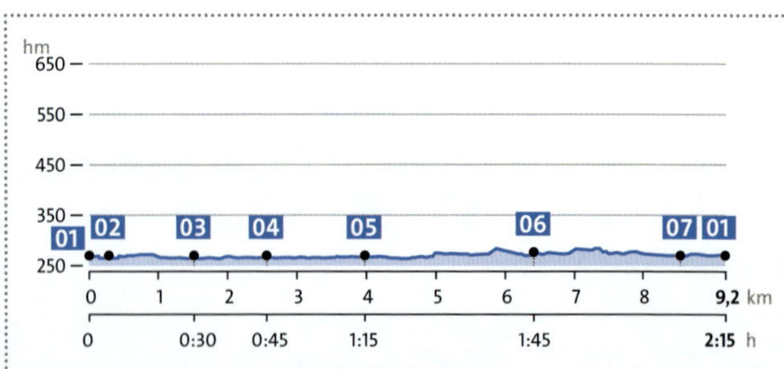

01 Möhrendorf, 272 m; 02 Vierzigmannrad, 266 m; 03 Schlossangerrad, 267 m; 04 Schäferrad, 266 m; 05 Bauernrad, 267 m; 06 Schleuse Erlangen, 280 m; 07 Kanalbrücke, 268 m;

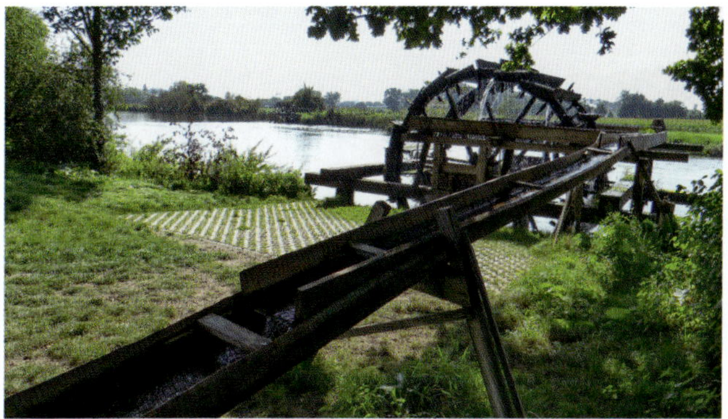

Schöpfrad Regnitz

Zurück auf dem Weg erreichen wir Oberndorf mit dem ehemaligen Tucherschen Herrenhaus sowie dem ehemaligen Patrimonialgericht der Oberndorfer Grundherren. Auf dem Schotterweg nach einer Scheune links erreichen wir das kleine **Schäferrad** 04 mit Rastmöglichkeit. Um unsere Wanderung fortzusetzen, gehen wir denselben Weg zur Scheune zurück und nach circa 200 Meter an der Kreuzung nach links, vorbei an einem Weiher und an der Gabe-

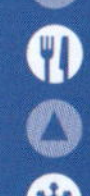

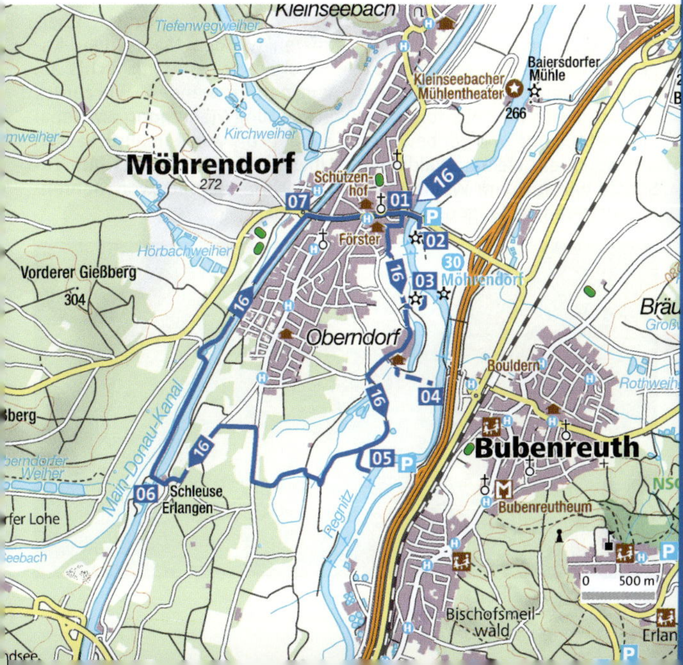

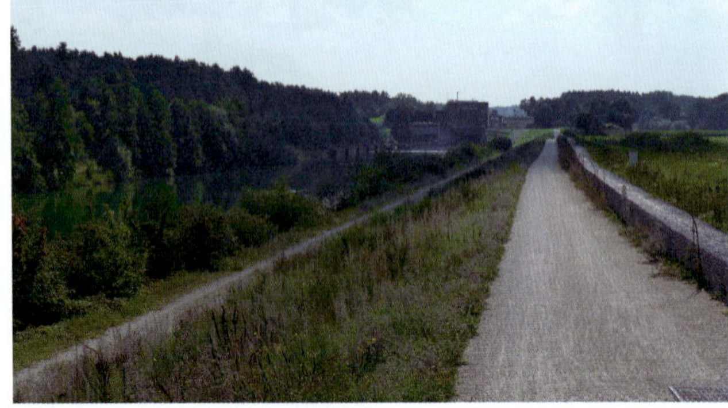

Main Donau Kanal, Schleuse Erlangen

lung geradeaus. Zum **Bauernrad** 05 gelangen wir, wenn wir an der Infotafel links abbiegen. Es ist das südlichste der Möhrendorfer Wasserschöpfräder. Zurück geht es wieder an der Infotafel vorbei und dort an einer Hecke nach links auf einen Pfad vorbei an Äckern und Wiesen, bis wir auf einen geschotterten Querweg stoßen. Hier biegen wir nach rechts, gehen bis zur nächsten Verzweigung und halten uns an dieser links. Es folgt eine leichte Steigung und wir bewegen uns durch ein kleines Waldstück. Sobald wir aus dem Wald wieder hinaustreten, gelangen wir bald auf einen asphaltierten Weg, dort rechts und etwa 300 Meter weiter nach links auf einen sandigen Weg. Dieser führt durch lichten Nadelwald zu einer Weggabelung, an der wir uns links halten und am nächsten Abzweig rechts zur **Schleuse Erlangen** 06 abbiegen. Über die Schleusenbrücke überqueren wir den Main-Donau-Kanal und zweigen dann rechts ab. Von nun an wandern wir zurück in Richtung Möhrendorf am Kanal entlang bis zur **Kanalbrücke** 07. Über die Brücke geht es nun zurück in die Ortsmitte von **Möhrendorf** 01.

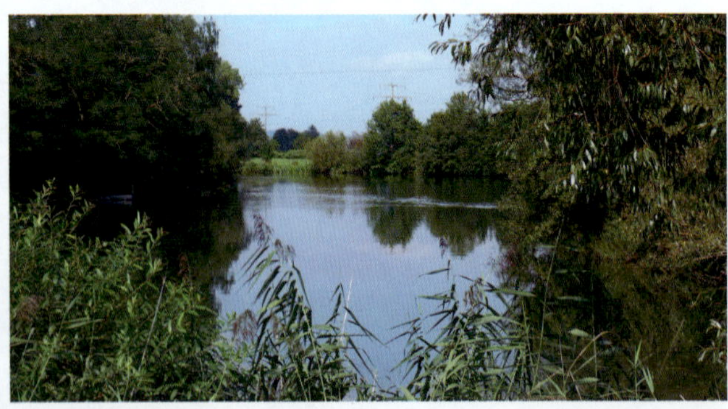

Oberndorfer Weiher

ÜBER DEN HETZLESER BERG INS KOPFEICHEN LAND

Abwechslungsreiche Wanderung zu und auf einem Hochplateau

  13,5 km  4:00 h  340 hm  340 hm  163

START | Hetzles, „Am Kirchplatz“, dort auch Parkmöglichkeiten vorhanden; ÖPNV: Haltestelle „Schule, Hetzles“ (Wochenende und Feiertage nur Anrufsammeltaxi).
[GPS: UTM Zone 32 x: 653.629 m y: 5.499.938 m]
CHARAKTER | Überwiegend befestigte, zum Teil auch asphaltierte Wald- u. Feldwege sowie naturnahe Wege. Moderate An- u. Abstiege.

Unsere Wanderung beginnt zunächst mit dem Jakobsweg „Am Kirchplatz“ in **Hetzles** 01 auf der Hauptstraße in den Ort hinein. Ab der Einmündung „Honingser Weg“ folgen wir dem „Blaukreuz“ auf der Hauptstraße bis zur Straße „Zum Streitbaum“, biegen in diese ein und wandern aus dem Ort hinaus in die Streuobstwiesenlandschaft von Hetzles. Die kleine Straße steigt den Hetzleser Berg stetig aufwärts, bis wir die **Waldschänke am Streitbaum** 02 erreichen (nur sonn- u. feiertags geöffnet). Vorbei an der Infotafel zum Streitbaum erreichen wir wenige Meter bergwärts an einer Kreuzung die Hochfläche des Hetzleser Bergs. An der Kreuzung rechts ab und dem Sträßchen nach Pommer folgen. Neben den beeindruckenden Solitärbäumen am Straßenrand können wir immer wieder Aussichten in die Fränkische Schweiz genießen. Wir erreichen nun eine

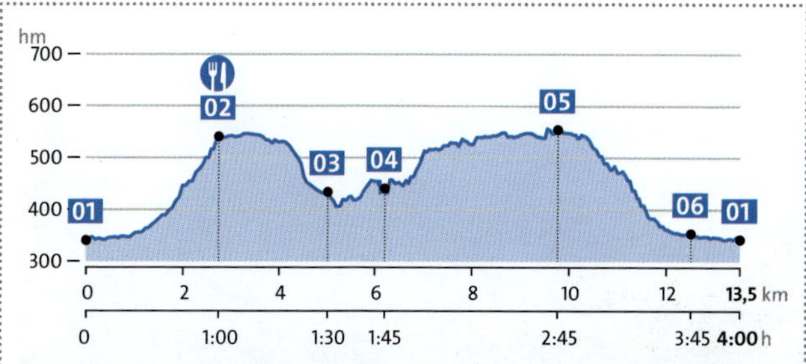

01 Hetzles, 340 m; 02 Waldschänke am Streitbaum, 527 m; 03 Pommer, 434 m; 04 Waldlucke, 444 m; 05 Burgstall, 541 m; 06 Geotop, 349 m;

Siedlung und wandern weiter die Straße „Am Steinbruch“ und später die Bergstraße hinab nach **Pommer** 03. Dort in einer scharfen Rechtskurve nach links und dem „Gelbpunktweg“ folgen. An Einzelgehöften vorbei geht es in den Wald und stetig aufwärts in Richtung St 2236. Für wenige Meter halten wir uns auf der Straße, bevor es links zum **Wanderparkplatz Waldlucke** 04 geht.

Wer sich hier etwas streckt, erhält eine gute Aussichtsmöglichkeit auf das Walberla. Weiter geht es auf dem „Rotstrich“ vom Parkplatz aus etwas ansteigend in den Wald hinein und im Wechsel von Wiesen, Wald und Lichtungen zurück auf die Hochfläche des Hetzleser Bergs. Am zweiten Abzweig geradeaus und ab hier orientieren wir uns am Markierungszeichen „Ammonit“, das zunächst immer wieder am Waldrand entlangführt und etwas später in den Wald eintaucht. Wir wandern an der Hangkante entlang, bis wir uns an einer Gabelung am Ende des Bergsporns rechts halten und so den **Burgstall** 05, eine ehemalige Befestigungsanlage, überqueren. An der nächsten Weggabelung informiert uns eine Tafel über diese Anlage. Wir wandern weiter mit dem „Ammoniten“ aus dem Wald hinaus und biegen nach rechts hangabwärts durch den Wald ab. Der Laubmischwald ist Naturschutzgebiet und zeigt seine besondere Pracht im Frühjahr zur Bärlauchblüte. Nach dem Wald ist vor dem Wald und so geht es vorbei an Feldhecken und Aussichten ins Nürnberger Land und Nürnberg in ein weiteres großes Waldstück. An der nächsten Gabelung verlassen wir den „Ammoniten“, halten uns hier links und wandern vorerst ohne Markierung weiter.

Abwärts durchschreiten wir einen Hohlweg, gehen an dessen Ende weiter bergab und erreichen nach dem Wald Wiesen und Obstbäume. Wir halten uns auf den Sportplatz von Hetzles zu, biegen dort links ab, vorbei an einem **Ölschiefer-Aufschluss** 06 und über die „Kohlenplatte“ und auf der Hauptstraße zurück zu unserem Ausgangspunkt „Am Kirchplatz“ in **Hetzles** 01.

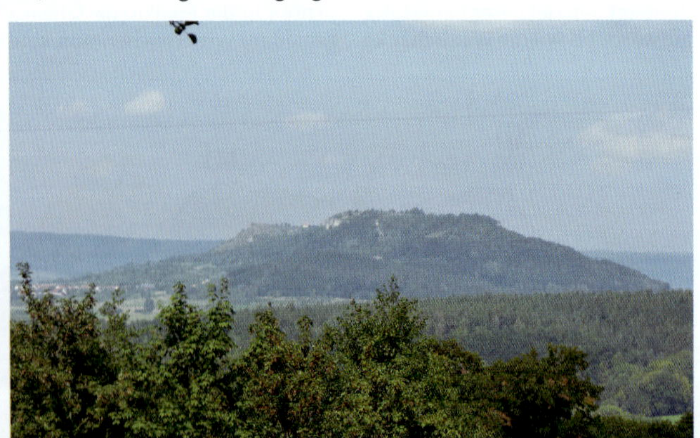

Blick auf das Walberla

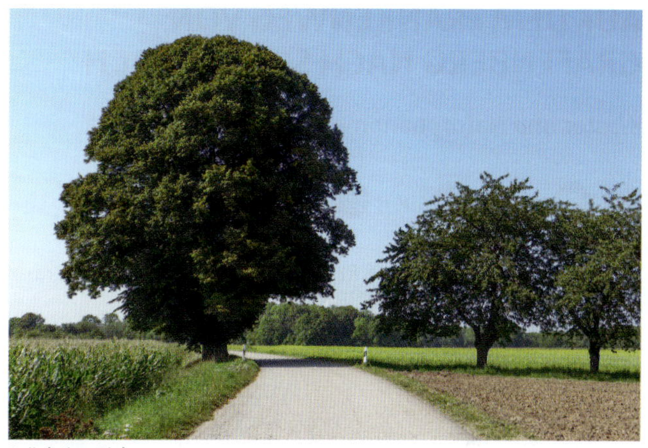

Prächtige Eiche

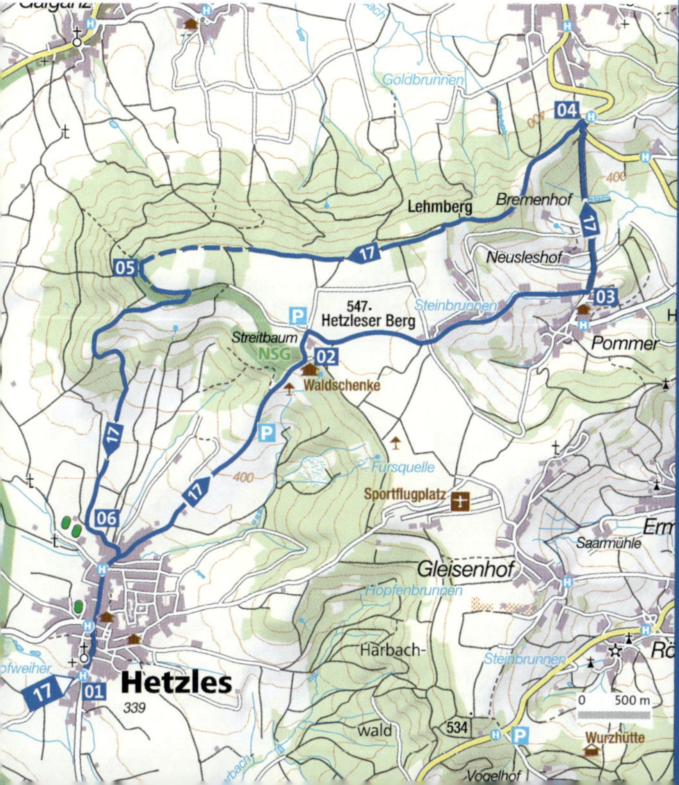

18

AUF DEM FRANKENWEG VON GRÄFENBERG NACH SCHNAITTACH

Kloster und Naturphänomen

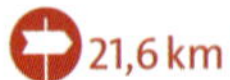

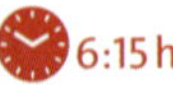

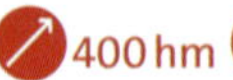

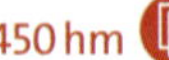

START | Gräfenberg, Bahnhof, RB21 (Linie Nürnberg-Nordost–Gräfenberg); Kostenlose Parkmöglichkeiten beim Bahnhof. [GPS: UTM Zone 32 x: 662.528 m y: 5.501.215 m]

CHARAKTER | Überwiegend befestigte Wald- und Feldwege sowie wurzelige Pfade. Zum Teil steile Auf- und Abstiege, gute Kondition empfehlenswert.

Vom **Bahnhof Gräfenberg** 01 beginnen wir unsere Wandertour, halten uns für ein kurzes Stück auf der Bahnhofstraße, überqueren diese und steuern auf das Friedhofsgäßchen zu. Angekommen in der Bayreuther Straße biegen wir rechts ab und folgen dieser bis zur Ampel ab der B 2.

Von nun an orientieren wir uns an der Markierung des Frankenwegs, überqueren die Straße, gehen leicht rechts und dann rechts hoch in die Sollenberger Straße. Dort halten wir uns rechts, weiter bis zum Ortsausgang, durch ein Wäldchen und vorbei an kleineren Obstwiesen bis zu einer Kreuzung, an der wir nach rechts abbiegen. Wir folgen weiter dem Frankenweg, der uns durch ein kleines Waldstück hinab nach Fuchsberg und anschließend nach Weißenohe führt. Wir stoßen nun wieder auf die Sollenberger Straße

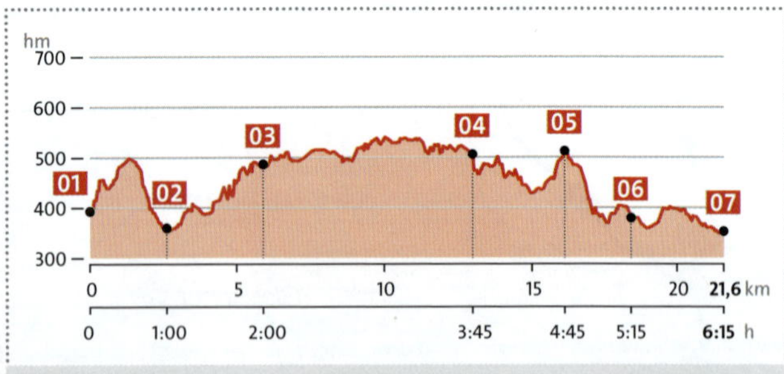

01 Bhf. Gräfenberg, 390 m; 02 Kloster Weißenohe, 354 m; 03 Lillachquelle, 469 m; 04 Kapelle S. Martin, 467 m; 05 Alter Rotenberg, 505 m; 06 Abzw. Kleinbellhofen, 366 m; 07 Bhf. Schnaittach, 346 m;

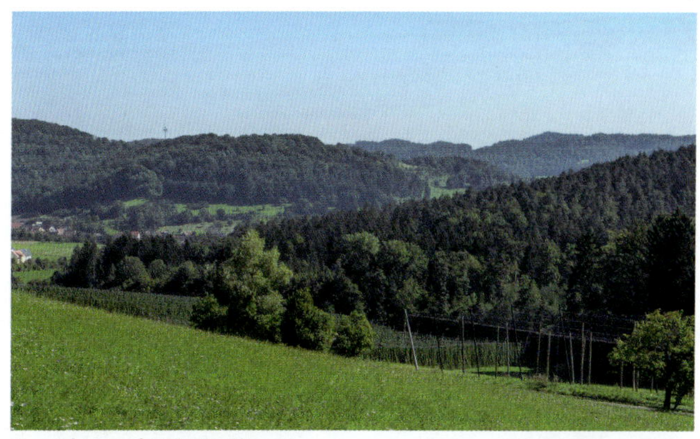

Aussichtspunkt St. Martin

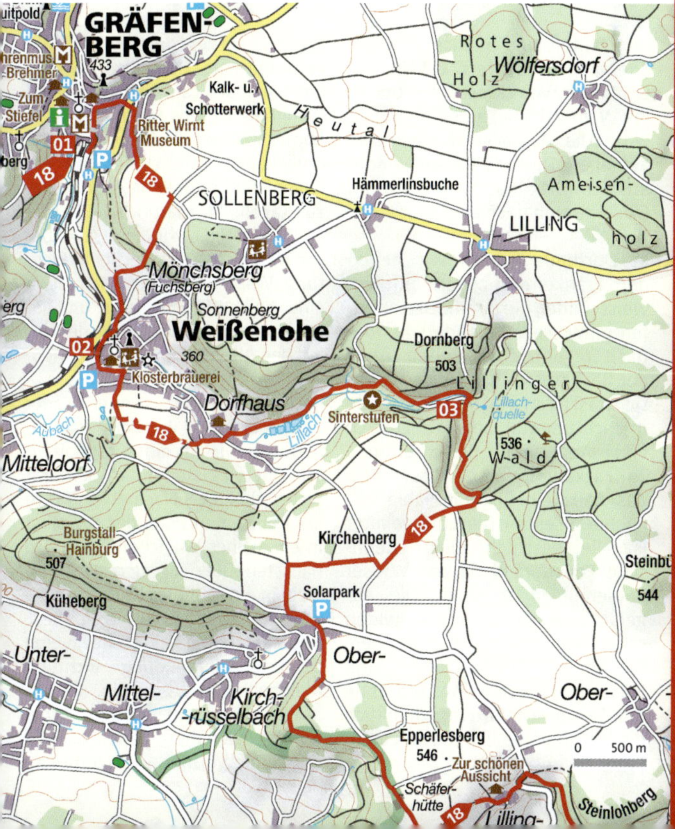

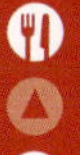
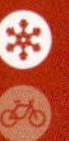
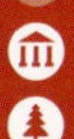

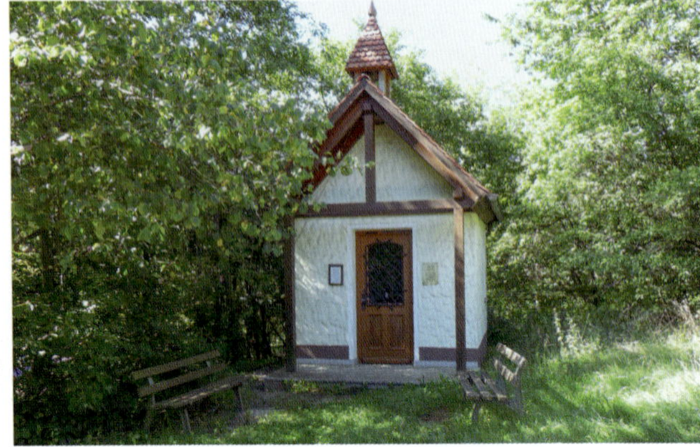

Kapelle St Martin

und halten uns in Richtung des ehemaligen **Klosters** 02 in der Ortsmitte. Vom Kloster geht es in die Weiherstraße, an dessen Ende wir in die Mühlackerstraße rechts abbiegen. Diese führt uns wieder aus dem Ort hinaus und vorbei an Obstbäumen nach Dorfhaus.

In Dorfhaus achten wir neben dem Frankenweg zudem auf Hinweisschilder, die auf die Sinterstufen hinweisen. Besonders in oder nach regenreichen Zeiten führt der Bach ausreichend Wasser, das sich kaskadenartig von der Quelle in Richtung Tal bewegt. Einfach erklärt entstehen diese seltenen Tuffkaskaden, wenn Wasser Kalk aus Kalkstein löst und ablagert, nachdem es an die Luft gelangt ist. Dies geschieht durch chemische Reaktionen, da das Wasser Kohlendioxid freisetzt. Die abgelagerten Kalkschichten bilden schließlich Kalktuffformationen, die oft in Höhlen, Quellen und Flüssen zu finden sind. Am Ende des Tals erreichen wir schließlich die **Lillachquelle** 03, die an einem Felsstein entspringt.

Weiter geht es durch den Wald und über die Hochfläche, vorbei am Flugplatz Lauf-Lillinghof nach Lillinghof. Unterwegs bieten sich immer wieder tolle Ausblicke in die umgebende Landschaft. Von Lillinghof geht es über die Martinleite zur **Kapelle St. Martin** 04. Ein kurzes Stück folgen wir der Straße, bevor wir an der Kurve rechts in Richtung Wald abbiegen. Nach etwa einer halben Stunde, führt uns der Weg auf einen steilen Pfad, der uns auf den **Alten Rotenberg** 05 führt.

Recht steil geht es nun wieder bergab und bald aus dem Wald hinaus, bis wir auf einen asphaltierten Querweg stoßen, an dem wir rechts abbiegen. Nach etwa 100 m links auf einen Pfad, der zunächst in ein kleines Wäldchen führt. Am nächsten Querweg, dem Frankenweg, in ein größeres Waldstück bis zur Staatsstraße 2236 folgen. Diese überqueren und halb rechts in eine **geteerte Einmündung Richtung Kleinbellhofen** 06 hinein, die uns am Waldrand entlangführt. Vorbei an einem Weiher, stoßen wir auf ein kleine Verbindungsstraße, an der wir rechts nach Kleinbellhofen abbiegen. Am Ortsrand halten wir uns links und steuern auf die Tennisplätze zu, gehen durch den Wald und überqueren danach unüberhörbar die A9.

Nach der Brücke dem weiteren Wegverlauf folgen, zunächst durch etwas Wald, dann am Waldrand entlang, über eine Wiese, anschließend kommen wir auf die Erlanger Straße. Diese überqueren wir, halten uns kurz links und sofort wieder rechts und wieder rechts, sodass wir parallel entlang des Friedhofs und der Erlanger Straße unterwegs sind. Dann erreichen wir Schnaittach, folgen dem Frankenweg auf dem Krankenhausweg durch eine Siedlung und vorbei am Jüdischen Friedhof. Im Anschluss steuern wir den Marktplatz an und erreichen über die Marktgasse unser Ziel, den **Bahnhof Schnaittach 07**.

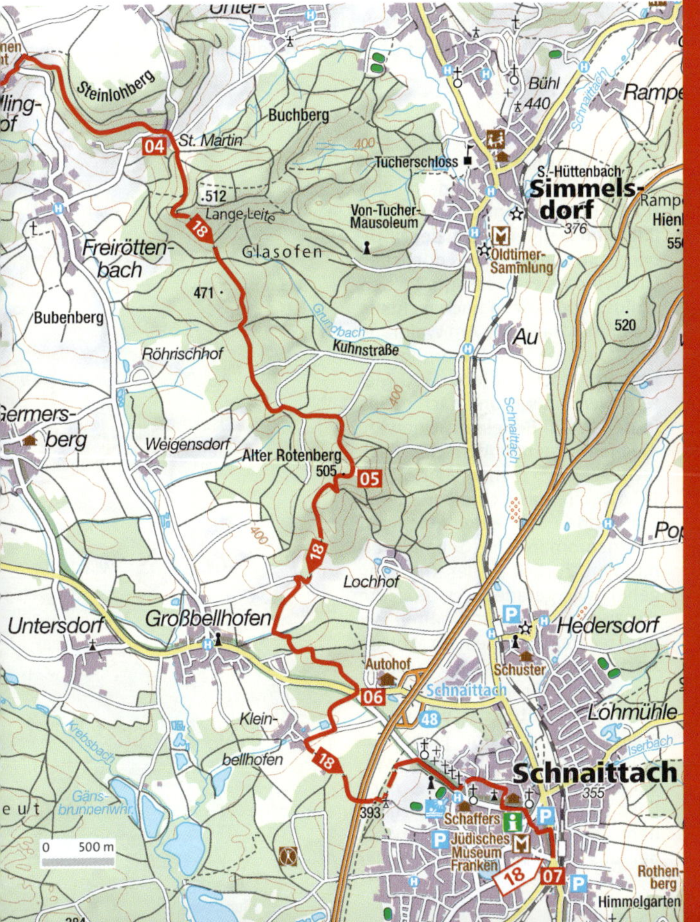

AUF DEN SPUREN DER FAMILIE TUCHER

Reizvolle Wanderung zu einer einflussreichen Patrizierfamilie

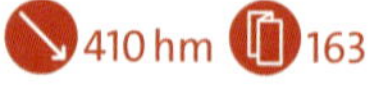

START | Simmelsdorf, Bahnhof Simmelsdorf-Hüttenbach, RB31 (Nürnberg-Simmelsdorf–Hüttenbach). Kostenlose Parkmöglichkeiten beim Bahnhof [GPS: UTM Zone 32 x: 669.180 m y: 5.496.642 m]
CHARAKTER | Überwiegend befestigte Wald- und Feldwege, teils steilere An- und Abstiege, gute Kondition empfehlenswert.

Vom **Bahnhof Simmeldorf-Hüttenbach** 01 folgen wir dem „Rotring" auf der Bahnhofstraße nach links und wenden uns in der Nürnberger Straße nach links durch den Ort. Wir passieren das Alte Tucherschloss und biegen nach rechts in die Brandstraße ein. Am Waldrand führt sie um einen Bauernhof herum und nach weiteren 300 Metern wenden wir uns nach rechts in den Wald. Bei einem Querweg machen wir einen Abstecher nach rechts zum **Tucher-Mausoleum** 02. Durch das schmiedeeiserne Tor können wir einen Blick auf das neoromanische Gebäude erhaschen. Zurück an der Kreuzung gehen wir geradeaus weiter. An der zweiten Kreuzung halten wir uns rechts. Nach einem kurzen Anstieg beschreibt der Pfad eine Linkskurve. Wir kommen zu einer Steinbank, hinter der wir rechts abbiegen und dann geradeaus am sogenannten Russengrab vorbeigehen. Der Hangkante nach links folgend kommen wir zu einem kreuzenden Schotterweg, der uns nach rechts zum Weiler

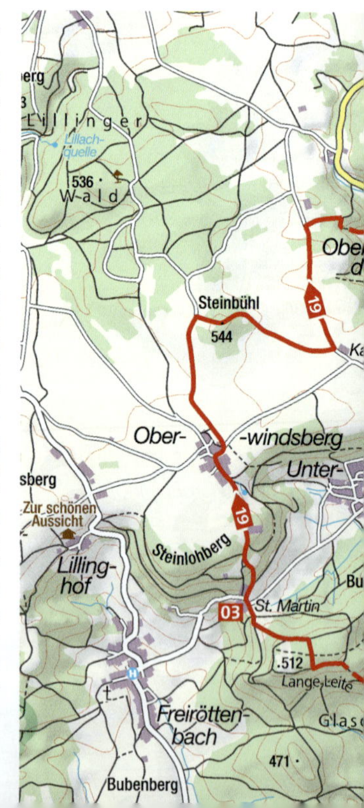

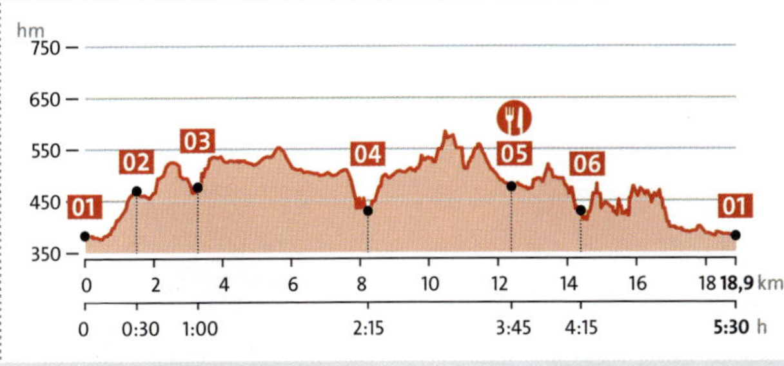

01 Bhf. Simmelsdorf, 376 m; 02 Tucher-Mausoleum, 456 m; 03 Kapelle St. Martin, 467 m; 04 Oberndorf, 419 m; 05 Sankt Helena, 472 m; 06 Utzmannsbach, 412 m;

St. Martin 03 bringt. Hinter der Kapelle rechts und dann links auf einen Trampelpfad. Er mündet in ein Sträßchen in Richtung Ober-

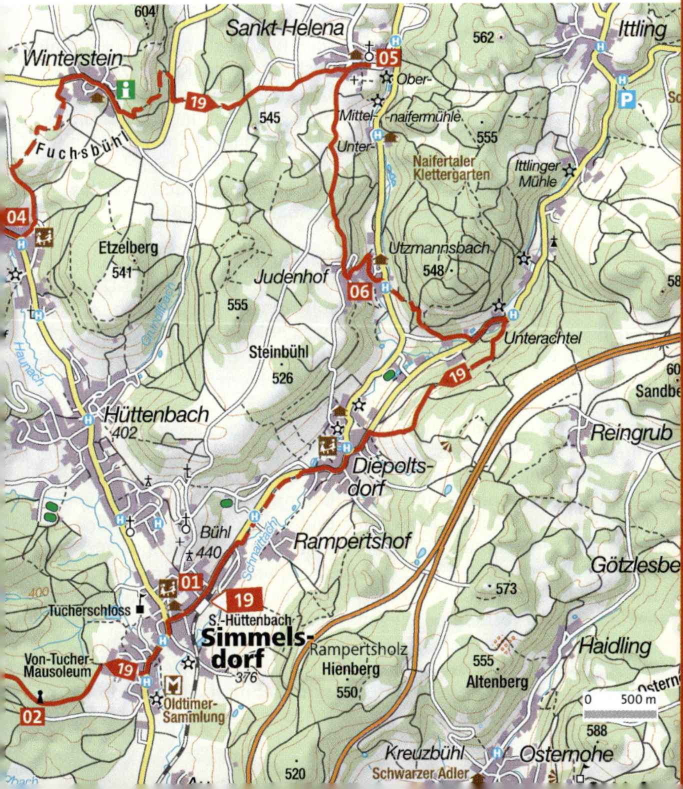

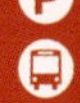
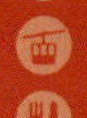
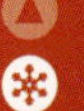

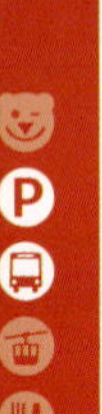
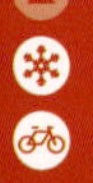
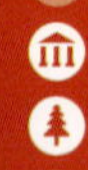

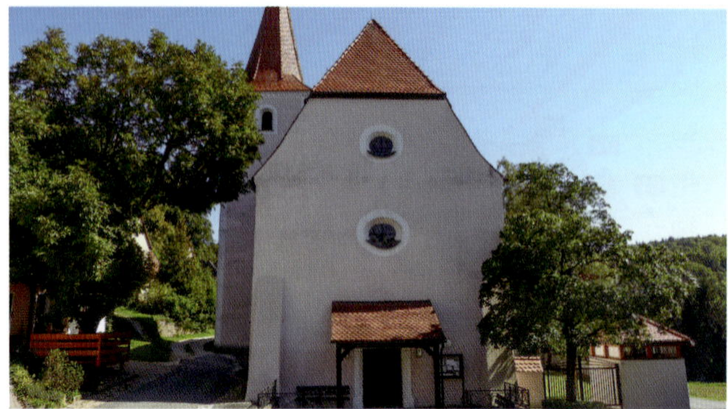

Sankt Helena

windsberg. Am Dorfweiher rechts und dann vor dem Ortsende links auf einen Schotterweg abzweigen. Nach rund einem Kilometer folgen wir dem „Rotring" nach rechts bis zu einer Kreuzung mit einem einzelnen Haus. Wir halten wir uns links, bis nach etwa 900 Metern ein Feldweg nach rechts führt. Im Wald stoßen wir auf einen Zaun, den wir rechts umgehen und im Anschluss auf einem Pfad in das Fachwerkdorf **Oberndorf** 04 gelangen.

Wir biegen rechts ab und verlassen den Ort wieder nach links auf dem Breitensteinweg. Ein kurzes Waldstück ist schnell durchquert und danach wenden wir uns nach rechts bis Winterstein. Der Ort wird nach rechts durchquert und wir passieren dabei das Torhaus eines ehemaligen Ritterguts aus dem 14. Jahrhundert Rund 300 Meter nach dem Ortsende zweigt nach links ein schmaler Pfad ab, der uns an mächtigen Dolomitfelsen vorbeiführt. Wir queren die LAU 3 nach rechts und biegen dann nach links auf einen Feldweg ab. Weitere Dolomitfelsen flankieren unseren Weg durch das Kappenholz. Danach geht es über Streuobstwiesen weiter zum Ortsrand von **Sankt Helena** 05, einst ein Patronat der Familie Tucher. Ein Abstecher lohnt sich sowohl wegen einer Einkehr als auch wegen der Kirche. Zurück am Ortsrand folgen wir dem Flurweg in Richtung Süden und erreichen nach etwa 1,4 Kilometer Judenhof. Wir folgen der Straße nach links und erreichen den Nachbarort **Utzmannsbach** 06.

Nachdem der Ort durchquert ist, kreuzen wir die LAU 2 und folgen dem ansteigenden Pfad nach links in den Wald. Am Wachsteinhaus halten wir uns rechts bis zu einem Sträßchen, dem wir nach links folgen. Entlang der LAU 2 erreichen wir Unterachtel und wenden uns nach rechts auf einen Flurweg. An einer Gabelung gehen wir links weiter und verlassen an der nächsten Kreuzung den „Rotring", um dem „Blaupunkt" nach rechts zu folgen. Er bringt uns hinunter nach Diepoltsdorf. Wir folgen der Achtelstraße durch den Ort und kehren auf dem Fußweg an der LAU 2 zum **Bahnhof Simmelsdorf-Hüttenbach** 01 zurück.

VON SCHNAITTACH ZUR BURG HOHENSTEIN

Erlebnistour auf den höchsten Punkt der Hersbrucker Alb

  15,1 km 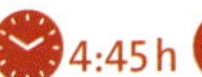 4:45 h 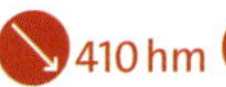 430 hm  410 hm 163

START | Bahnhof Schnaittach, RB31 (Linie Nürnberg–Simmelsdorf-Hüttenbach); Kostenlose Parkmöglichkeiten beim Bahnhof. [GPS: UTM Zone 32 x: 669.520 m y: 5.492.067 m]
CHARAKTER | Überwiegend befestigte Wald- und Feldwege sowie naturnahe Pfade. Steilere An- und Abstiege, gute Kondition empfehlenswert.

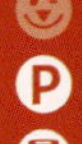
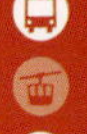

Am **Bahnhof Schnaittach** 01 folgen wir dem Gleis in Fahrtrichtung Simmelsdorf, überqueren die Bahnstecke und biegen mit dem „Roten X" halb rechts auf die Bergstraße ab. Kurz darauf zweigt ein Pfad nach links ab, der uns an Obstbäumen vorbeiführt. Nach rund 20 Minuten erreichen wir den Fürstenweg. Rechts liegt der **Berggasthof Rothenberg** 02, doch wir halten uns links auf dem „Blaustrich". Wir durchqueren den Buchenwald und treffen an der Straße Schnaittach-Rabenshof wieder auf das „Rote X". Es bringt uns entlang der Straße hoch nach **Enzenreuth** 03. Wir gehen zum Ortsende, anschließend biegen wir rechts ab und folgen dem „Roten X". Es führt uns zuverlässig über die Felder und durch den Wald. Bald können wir in der Ferne unser Ziel erkennen: Burg Hohenstein, die exponiert auf dem höchsten Berg der Hersbrucker

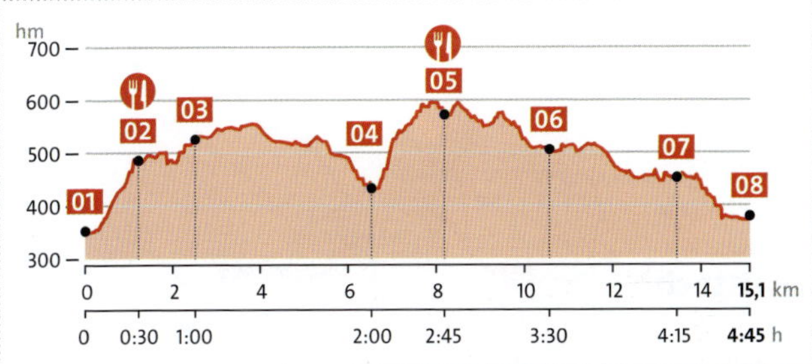

01 Bhf. Schnaittach, 346 m; 02 Gasthof Rothenberg, 489 m; 03 Enzenreuth, 520 m; 04 Algersdorf, 423 m; 05 Burg Hohenstein, 634 m; 06 Kreppling, 499 m; 07 Andreaskirche, 435 m; 08 Bhf. Rupprechtstegen, 372 m;

Alb thront. Doch zunächst überqueren wir die Straße Bondorf–Morsbrunn und wandern dann weiter bis nach **Algersdorf** 04.

Unten im Sittenbachtal verläuft die St 2404, die wir überqueren und dann unseren Weg nach rechts in den Wald fortsetzen. Hier beginnt der Aufstieg nach Hohenstein, der um die 30 Minuten in Anspruch nehmen wird. Schließlich sehen wir die Burg links von uns und wir folgen der Hauptstraße, vorbei am Abzweig zum Hohensteiner Hof, bis wir nach links zur **Burg Hohenstein** 05 abbiegen.

Wenn die deutsche und die fränkische Fahne gehisst sind, dann ist die Burg geöffnet. Ansonsten

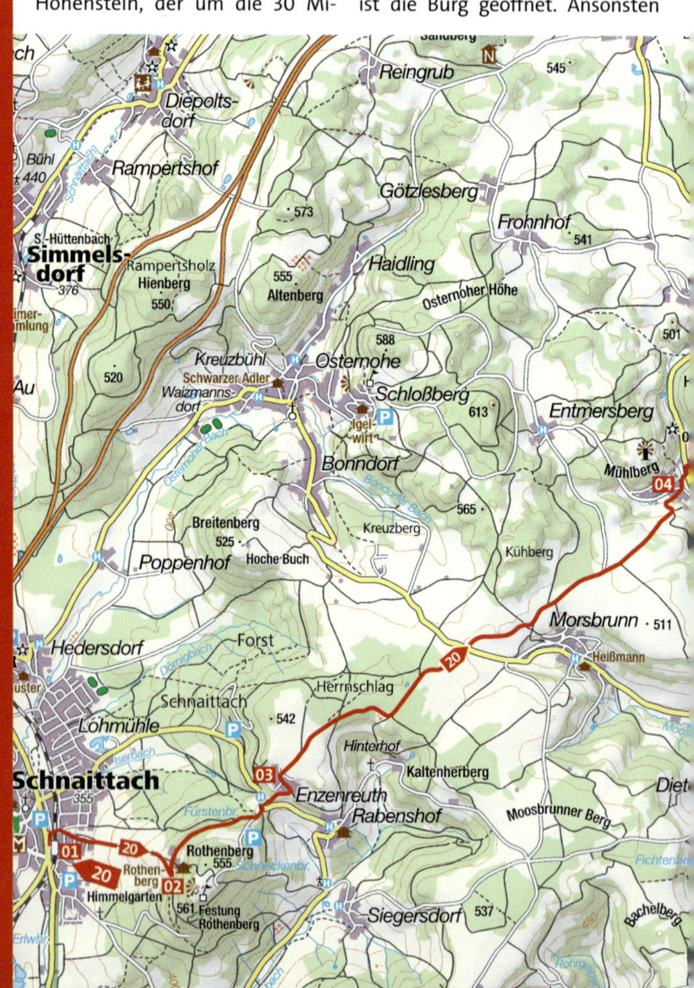

können wir zumindest den Blick von den Felsen genießen. Zurück auf der Hauptstraße folgen wir ihr in einer Rechtskurve aus dem Ort. Nach rund 150 Metern weist uns das „Rote X“ nach links in den Wald, wir überqueren die Straße Hohenstein–Wallsdorf und wandern dann an alten Buchen und Dolomitfelsen vorbei nach **Krepping** 06. Dort halten wir uns in der Ortsmitte rechts und im Anschluss nach links in Richtung einer kleinen Baumgruppe. Dahinter führt der Weg weiter über die Felder in den Wald. Auf der anderen Seite des Waldstücks folgen wir der Straße weiter nach Raitenberg, queren die Straße Rupprechtstegen–Wallsdorf und wählen an der Gabelung den linken Weg. Bevor wir die Talsohle

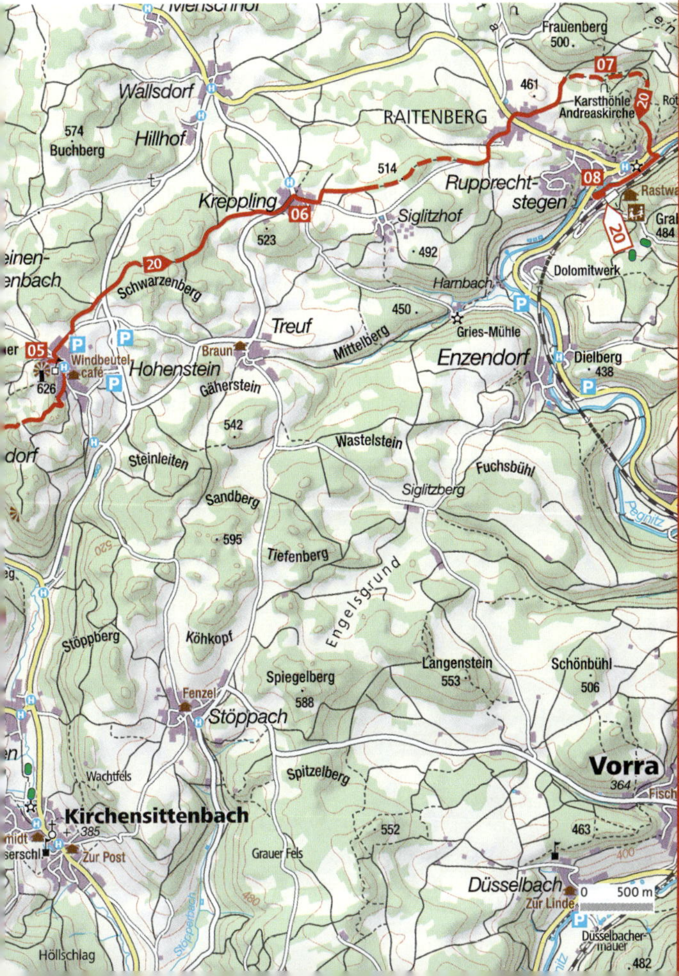

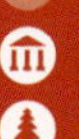

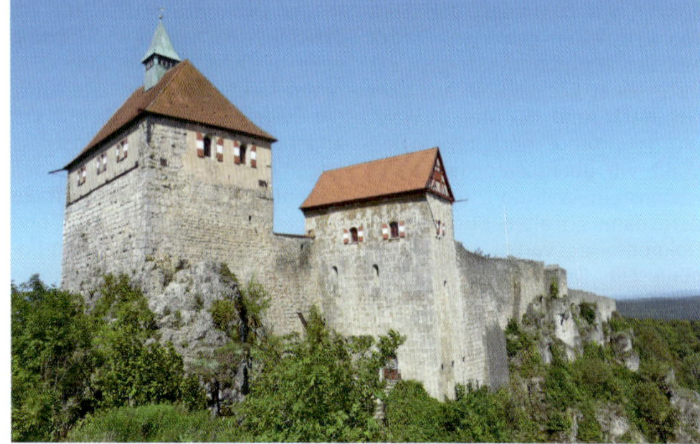

Burg Hohenstein

des Ankatals erreichen, folgen wir einem Pfad nach rechts in den Wald. Dort erwartet uns nach rund 150 Metern eine Felshalle mit dem Namen **Andreaskirche** 07. Sie ist 10 Meter breit, 4 Meter hoch und 50 Meter lang und wurde vermutlich bereits in der Bronzezeit genutzt, später von den Kelten und schließlich von den Christen. Letztere gaben ihr wahrscheinlich ihren Namen. Wir gehen leicht bergab durch die Schlucht weiter, während die Felsen neben uns immer höher aufragen. Die Straße Rupprechtstegen–Velden wird überquert und eine Holzbrücke führt uns über die Pegnitz. Dann wenden wir uns nach rechts und wandern an der Bahnstrecke weiter bis zum **Bahnhof Rupprechtstegen** 08.

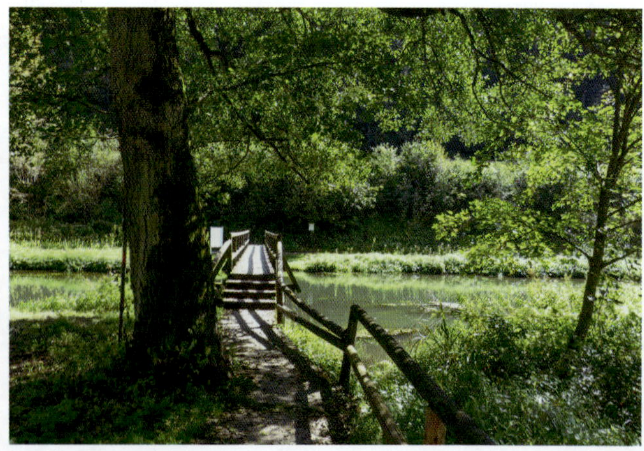

Pegnitz Rupprechtstegen

VIER-GIPFEL-WANDERUNG NACH HERSBRUCK

Sportliche Tour mit vielen Höhenmetern

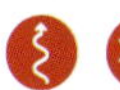  14,5 km 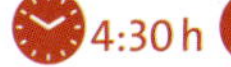 4:30 h 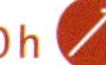 570 hm  580 hm 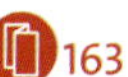 163

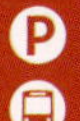
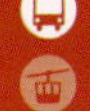
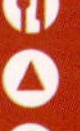
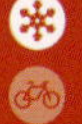
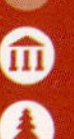

START | Bahnhof Schnaittach, RB31 (Linie Nürnberg–Simmelsdorf-Hüttenbach); Kostenlose Parkmöglichkeiten beim Bahnhof. [GPS: UTM Zone 32 x: 669.519 m y: 5.492.067 m]
CHARAKTER | Sowohl geschotterte Wege als auch naturnahe Wege/Pfade, steile Passagen. Gute Kondition und etwas Trittsicherheit empfehlenswert.

Vom **Bahnhof Schnaittach** 01 gehen wir 150 Meter zum Bahnübergang und treffen auf der anderen Seite auf den Frankenweg. Wir folgen ihm die Bergstraße hinauf und wechseln dann auf einen Pfad nach links.

Vorbei an Streuobstwiesen kommen wir zu einer Gabelung nahe dem Waldrand und halten uns links und erreichen den Berggasthof Rothenberg. Eine Treppe führt uns weiter hinauf in den Wald und rechtshaltend stoßen wir direkt auf die **Festungsruine Rothenberg** 02.

Wir kehren zur letzten Kreuzung zurück und orientieren uns am Wegweiser „Glatzenstein 2,8 km". Es geht den Abhang hinunter und dann scharf links weiter auf einem besonders reizvollen Wegabschnitt. An der Abzweigung halten wir uns links und an der nächsten biegen wir ohne

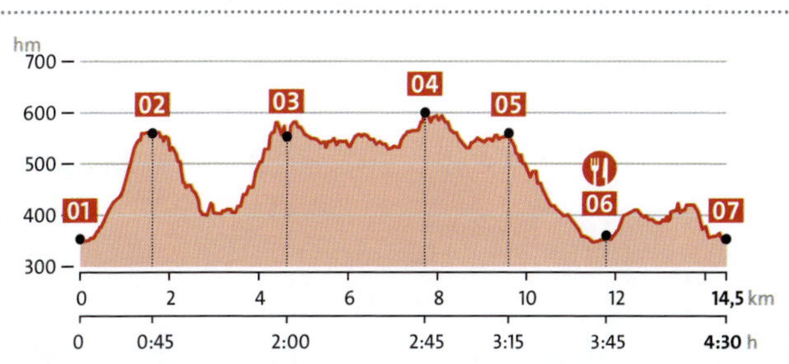

01 Bhf. Schnaittach, 346 m; 02 Festung Rothenberg, 588 m; 03 Glatzenstein, 572 m; 04 Gr. Hansgörgel, 601 m; 05 Kl. Hansgörgel, 533 m; 06 Kühnhofen, 366 m; 07 Bhf. Hersbruck rechts d. Pegnitz, 341 m;

Markierung nach rechts auf einen Pfad ab. Wir verlassen den Wald und gehen an dessen Rand entlang bis zur Landstraße. Auf dieser durchqueren wir Siegersdorf und halten am Ende auf den bewaldeten Glatzenstein zu. Der Weg wird steiler, während wir erst links und dann nach rechts auf einen schmalen Hohlweg abbiegen. Dem nächsten Querweg folgen wir nach links und halten uns im Anschluss wieder rechts in Richtung des Gipfels. Vorbei an einem alten Kalkbrennofen kommen wir an eine Abzweigung und verlassen den Frankenweg. Der „Grünpunkt" führt uns geradeaus weiter durch ein beeindruckendes Felsenlabyrinth. Dann haben wir den Aussichtsfelsen des **Glatzensteins** **03** erreicht.

Wir gehen zurück zur Wegkreuzung und folgen dem Frankenweg nach rechts. Wald, Waldrand und Felder wechseln sich ab und die Straße Weißenbach–Oberkrum-

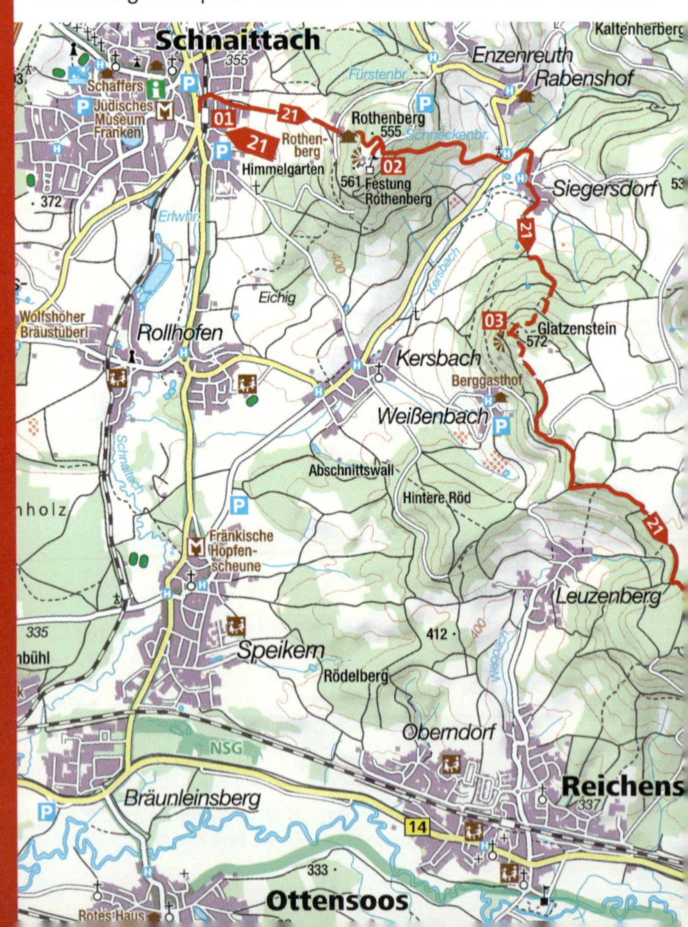

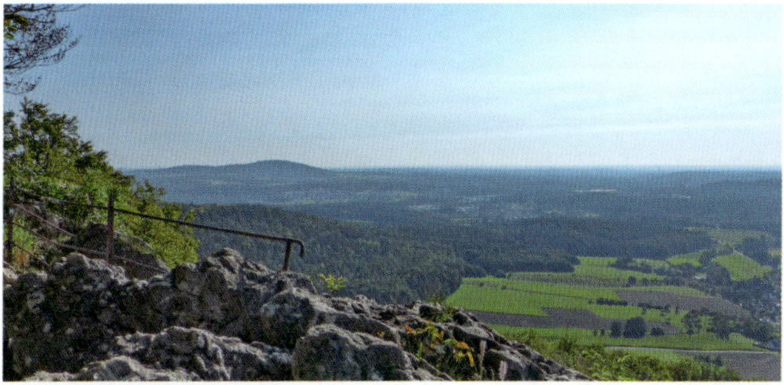

Aussicht vom Glatzenstein

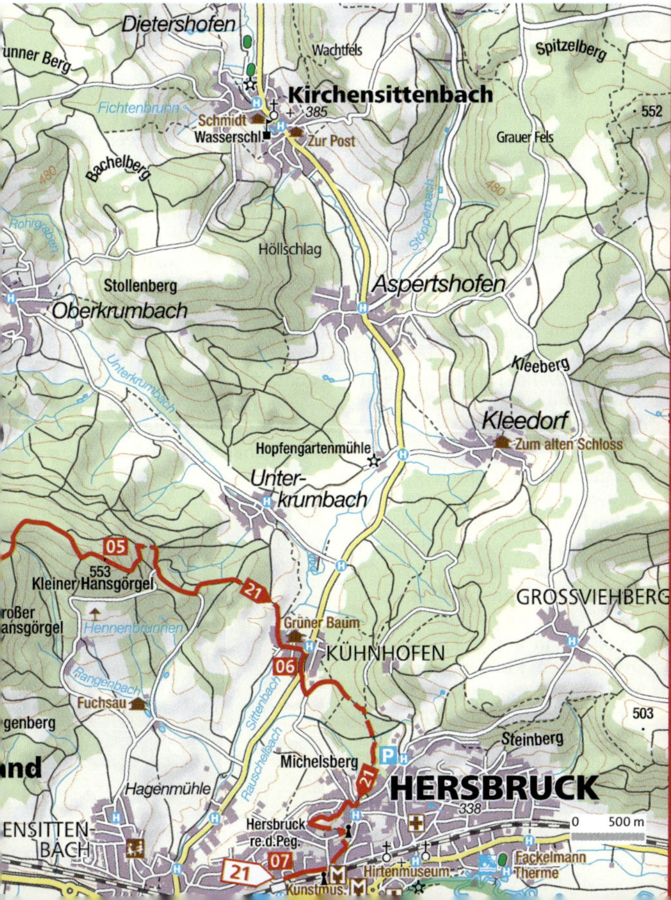

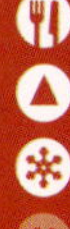

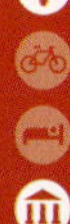

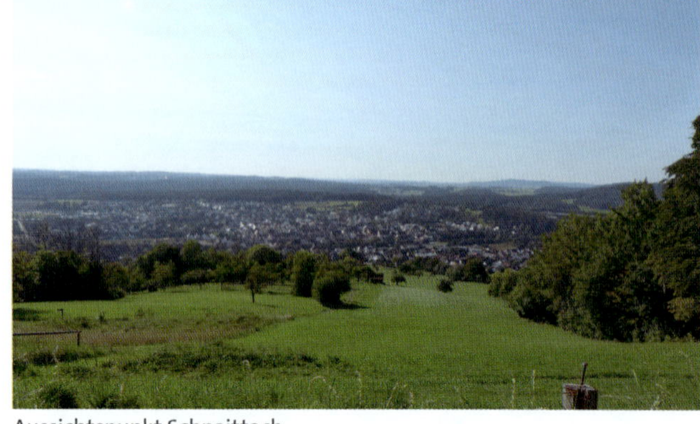

Aussichtspunkt Schnaittach

bach wird gekreuzt. Wenig später biegen wir nach rechts zu einer Wandertafel ab. Für eine Einkehr im Leuzenberger Hof biegen wir nach rechts ab, ansonsten folgen wir dem Verlauf des Waldrands, mal im Wald und mal entlang der Felder. Wir nähern uns dem Großen Hansgörgel und ein ansteigender Pfad führt uns stetig nach oben. Wir passieren Dolomitfelsen, moosbedeckte Felsen und eine Wandertafel. Kurz darauf erreichen wir das Gipfelkreuz des **Großen Hansgörgel** 04.

Wir gehen weiter und folgen dem Wegweiser „Kleiner Hansgörgel 1,9 km". An der nächsten Kreuzung wenden wir uns nach links und kommen an einem Holzkruzifix mit Bank und einem Gedenkstein vorbei. Der Weg führt abwärts, bevor wir in einem kurzen Steilanstieg den **Kleinen Hansgörgel** 05 erklimmen. Danach machen wir uns vorsichtig an den Abstieg über ein Schotterfeld. Der Markierung des Frankenwegs weiter folgend erreichen wir **Kühnhofen** 06 und gelangen über den Sittenbach hinweg zur Hauptstraße. Wir folgen ihr nach rechts und wenden uns am Ortsende nach links auf einen Flurweg. Einer weiten Linkskurve folgend biegen wir nach rechts ins Schwarzholz ab. Der Frankenweg führt uns hindurch an den Ortsrand von Hersbruck. Höhenweg, Hohensteinstraße und Max-Reger-Straße bringen uns zu einem Fußweg auf den Michelsberg. Von dort folgen wir der Albrecht-Dürer-Straße, der Straße „Zolltafel" und der Gartenstraße, bis wir nach rechts zum **Bahnhof Hersbruck rechts der Pegnitz** 07 abbiegen.

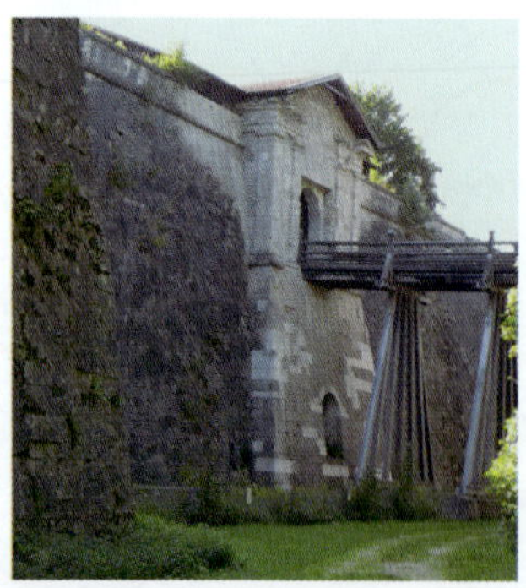

Festung Rothenberg

PEGNITZTAL-AUSBLICKE UND RUINE LICHTENSTEIN

Aussichtsreiche Tour von Vorra nach Pommelsbrunn

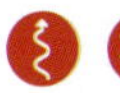  12,9 km 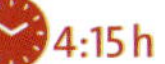 4:15 h 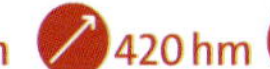 420 hm 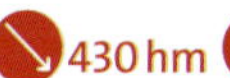 430 hm  163

START | Bahnhof Vorra (Pegnitz), RB30 (Nürnber–Neuhaus (Pegnitz)) Kostenlose Parkmöglichkeiten beim Bahnhof.
[GPS: UTM Zone 32 x: 680.381 m y: 5.493.073 m]
CHARAKTER | Überwiegend befestigte Wald- und Feldwege sowie naturnahe Wege. Steile Auf- und Abstiege. Gute Kondition und etwas Trittsicherheit empfehlenswert.

Ab dem **Bahnhof Vorra** 01 halten wir uns rechts und folgen dem „Gelbpunkt" in die Ortsmitte von Vorra. Nach rund 200 Metern biegen wir ohne Markierung zu einer Holzbrücke über die Pegnitz ab und wenden uns an der Hauptstraße nach rechts. Am früheren Schloss biegen wir mit dem „Grünstrich" links ab und dann gleich wieder rechts auf den Fischbrunner Weg. Es geht geradeaus auf „Am Schlosspark" weiter, bis wir erst links in den Pfarrerbergweg und dann rechts in den Eschernbacher Weg abzweigen. Nach dem letzten Haus folgen wir dem Weg bergauf weiter und gehen rechts in den Wald. Bergauf erreichen wir nach rund 10 Minuten eine Wandertafel und wir orientieren uns ab hier am „Rotring". Wir folgen

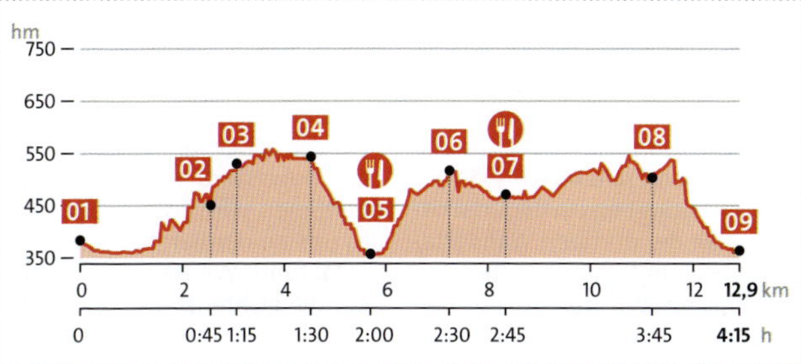

01 Bhf. Vorra, 365 m; 02 Düsselbacher Wand, 466 m; 03 Abzw. Geiskirche, 504 m; 04 Geiskirche, 517 m; 05 Eschenbach, 351 m; 06 Wachtfels, 510 m; 07 Hubmersberg, 462 m; 08 Burgruine Lichtenstein, 507 m; 09 Bhf. Pommelsbrunn, 358 m;

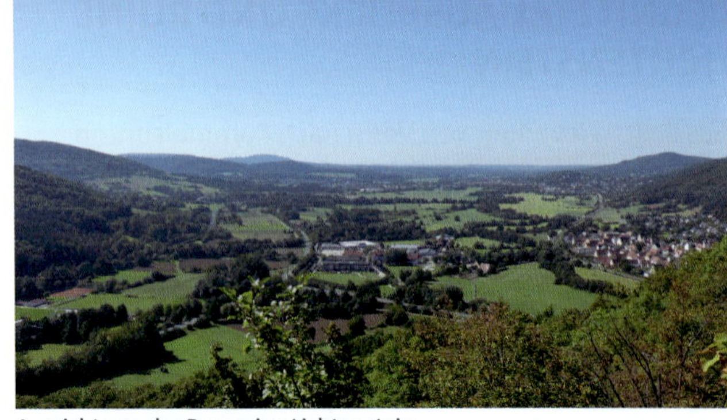

Aussicht von der Burgruine Lichtenstein

der Markierung, bis ein Pfad nach rechts zum Aussichtspunkt der **Düsselbacher Wand** 02 führt. Vor uns breiten sich das Pegitztal und die Landschaft rund um Hersbruck aus. Wir verlassen die Felsgruppe wieder und kehren zum „Rotring" zurück. Der Weg steigt zunächst weiter an. Sobald es bergab geht, **biegen wir nach rechts ab** 03.

Damit wir den richtigen Weg einschlagen, werfen wir einen Blick auf die Tafel und entscheiden uns für „Geiskirche (1,4 km)" und „Eschenbach (2,7 km)". Wir folgen weiter dem „Rotring" und erreichen die Felsengruppe **Geiskirche** 04. Von hier haben wir erneut einen schönen Blick hinunter ins Pegnitztal. Nun folgt der teils steile Abstieg nach **Eschenbach** 05. Der „Rotring" bringt uns in die Ortsmitte, und an der dortigen Wandertafel übernimmt das „Gelbkreuz" die Führung. Wir überqueren den Hirschbach und gehen geradeaus weiter bis zum Café Jakobsklause. Dahinter wenden wir uns nach links und gehen über einen Pfad geradeaus in den Wald. Am kreuzenden Waldweg halten wir uns rechts und der Weg steigt bis zu einer Lichtung an. Auf der anderen Seite weist uns der „Grünpunkt" nach rechts. Der Weg ist zunächst eben, wird dann aber zu einem ansteigenden Pfad, bis erst die Reste der Windburg und kurz danach der **Wachtfels** 06 erreicht sind. Auch von hier können wir wieder eine eindrucksvolle Aussicht genießen. Der „Grünpunkt" führt uns durch den Laubwald hinunter nach **Hubmersberg** 07, wo wir im Lindenhof einkehren können. Im Anschluss gehen wir wieder ein Stück auf der Straße zurück und folgen dem „Gelbkreuz" nach links auf einen Feldweg. Entlang der bewaldeten Flanke des Pleßelbergs erreichen wir nach knapp 3 Kilometer die **Burgruine Lichtenstein** 08, die erneut mit einer fantastischen Aussicht begeistert. Für den Abstieg orientieren wir uns am „Roten K", das uns an der Bergflanke entlang ins Tal führt. Wir erreichen den Ort über die Fichtenstraße und gehen geradeaus bis zur Eichenstraße. Wir folgen ihr und dem „Roten K" bis zur Kirche St. Laurentius, halten uns geradeaus und überqueren die B 14. Auf der anderen Seite bringt uns die Arzloher Straße zum **Bahnhof Pommelsbrunn** 09.

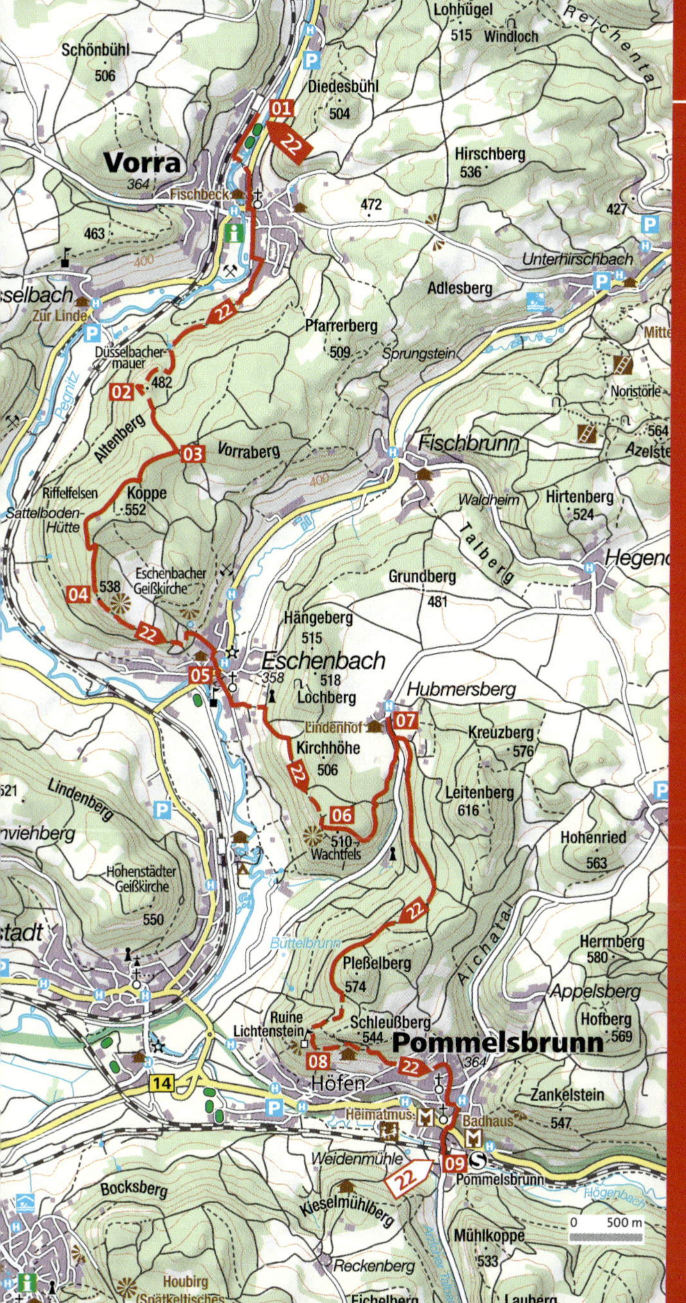

Vorra
Pommelsbrunn
Eschenbach
Fischbrunn
Schönbühl
Lohhügel
Windloch
Diedesbühl
Hirschberg
Unterhirschbach
Adlesberg
Pfarrerberg
Sprungstein
Altenberg
Vorraberg
Koppe
Riffelfelsen
Sattelboden-Hütte
Eschenbacher Geißkirche
Hängeberg
Lochberg
Kirchhöhe
Lindenhof
Hubmersberg
Kreuzberg
Leitenberg
Grundberg
Talberg
Hirtenberg
Waldheim
Wachtfels
Hohenried
Herrnberg
Appelsberg
Hofberg
Pleßelberg
Schleußberg
Ruine Lichtenstein
Höfen
Zankelstein
Heimatmus.
Badhaus
Weidenmühle
Kieselmühlberg
Bocksberg
Mühlkoppe
Reckenberg
Houbirg
Lindenberg
Hohenstädter Geißkirche
Aichatal
Reichental
Pegnitz
Noristörle
0 500 m

ABENTEUER HIRSCHBACHTAL

Ein echtes Eldorado für Wanderbegeisterte

  10,9 km 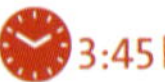 3:45 h  370 hm   370 hm 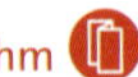 163

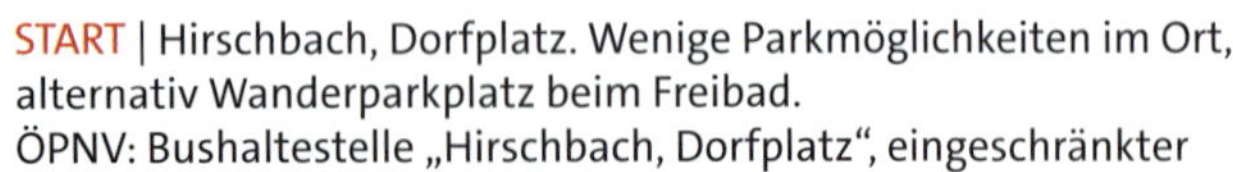

START | Hirschbach, Dorfplatz. Wenige Parkmöglichkeiten im Ort, alternativ Wanderparkplatz beim Freibad.
ÖPNV: Bushaltestelle „Hirschbach, Dorfplatz“, eingeschränkter Verkehr an Wochenenden und Feiertagen.
[GPS: UTM Zone 32 x: 683.428 m y: 5.492.328 m]
CHARAKTER | Überwiegend naturnahe Wege u. Pfade, einige steilere An- und Abstiege, Trittsicherheit empfehlenswert

Ab dem Dorfplatz von **Hirschbach** 01 folgen wir der Markierung „Weiße 2 auf Grün“ in die Straße „Am Schmiedberg“. Diese führt uns gleich zu Beginn über den Hirschbach und rechts am Waldrand entlang nach Unterhirschbach. Wir bleiben auf unserem Weg und halten uns bei einer Abzweigung links. Der Weg steigt an und nach einem Querweg erreichen wir die steile Mittelbergwand. Ein unmarkierter Pfad bringt uns zum Gipfelkreuz der **Mittelbergwand** 02 und die Landschaft des Hirschbachtals breitet sich vor uns aus. Wir kehren zum Hauptweg zurück und biegen nach links ab. Im Anschluss halten wir uns erst rechts und dann sofort wieder links. Bei der Castellwand folgen wir einer ansteigenden Rechtskurve, gehen rechts an der Steilwand vorbei und halten uns am Abzweig zum Franke-Kamin links. Wir passieren eine markante Felsnadel und erreichen den malerischen, torähnlichen Felsenbogen **Noristörl** 03. Dem Abhang nach rechts folgend

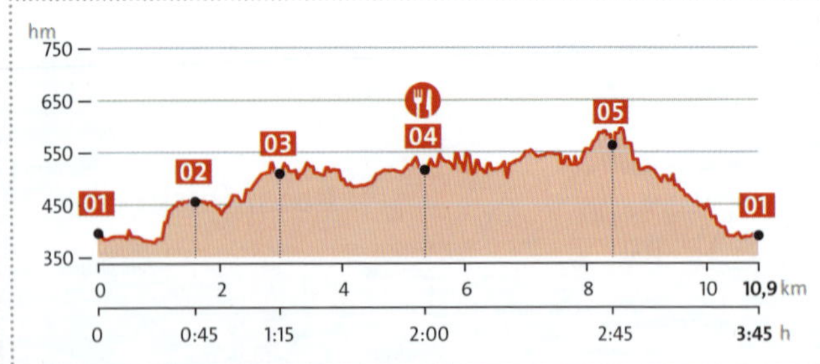

01 Hirschbach, 379 m; 02 Mittelbergwand, 427 m; 03 Noristörl, 527 m; 04 Neutras, 507 m; 05 Aussichtspunkt Himmel, 576 m;

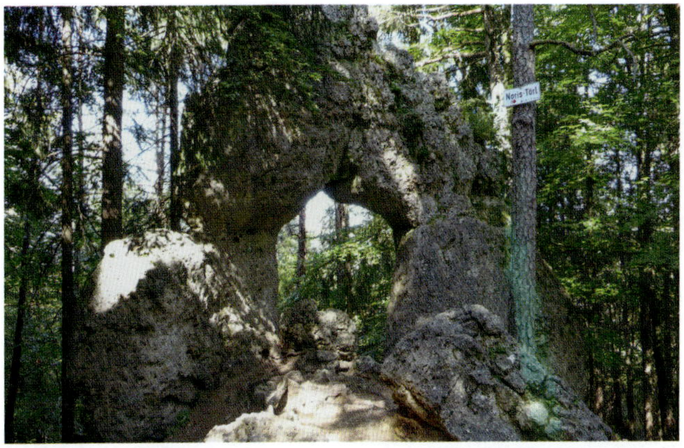

Noristörl

wenden wir uns an der nächsten Kreuzung nach links. Eine Felswand flankiert unseren Weg. Geradeaus in Richtung des Wegweisers „Neutras 2,1 km“ geht es steil bergab weiter. Dann treffen wir bergauf auf einen Querweg, dem wir nach rechts aus dem Wald folgen. Lassen wir den Blick auf dem Weg über die Felder schwei-

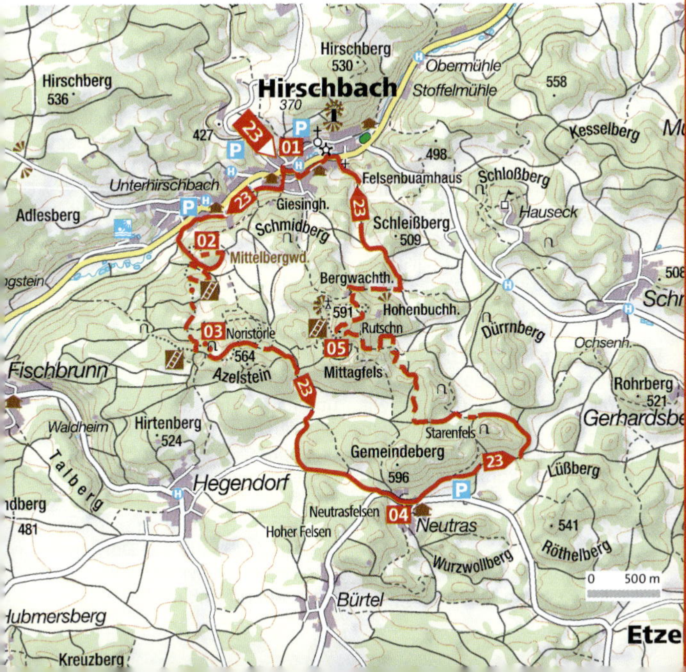

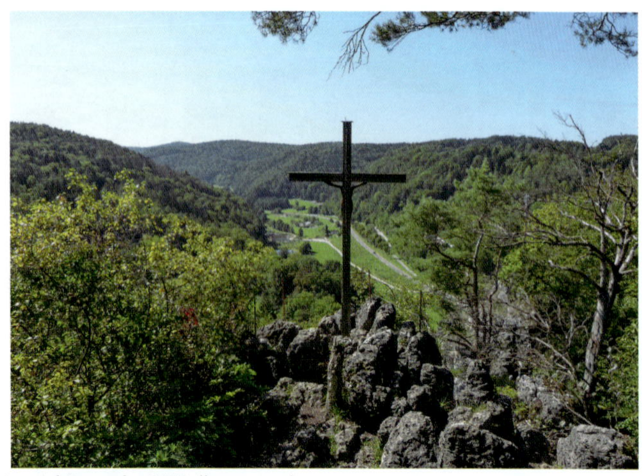

Aussicht von der Mittelbergwand

fen, entdecken wir rechts den Hohen Fels bei Hohenstadt, vor uns den Neutrasfelsen und links den Schwarzen Brand. Wir erreichen wieder den Wald und halten uns rechts, bis wir einem kreuzenden Weg nach links in Richtung **Neutras** 04 folgen.

Hier besteht die Gelegenheit für eine Einkehr. Am Ortsende halten wir uns links am Waldrand entlang und biegen schließlich in den Wald ab. Nach einer Linkskurve folgen wir dem Wegweiser „Prellstein" nach links und passieren den Starenfels und das Schöpfental.

Dann steigen wir hoch auf den Bodenberg und halten uns rechts. Über die Westflanke erreichen wir den höchsten Punkt und folgen dem Weg hinunter zu einem Querweg. Nach links kommen wir zum Sattel zwischen Rutschen und Mittagsberg und folgen der „Weiße 2 auf Grün" nach rechts. Nach rund 100 Metern halten wir uns links und erreichen entlang der Hangkante den **Aussichtspunkt Himmel** 05. Von hier breitet sich ein unvergleichliches Panorama aus und wir sehen unter anderem Burg Hohenstein, den Glatzenstein, den Großen Hansgörgl, den Nürnberger Fernsehturm, den Moritzberg, den Arzberg bei Hersbruck, den Hohen Fels bei Hohenstadt und Burg Lichtenegg. Ein ansteigender Weg nach rechts bringt uns zu einem Querweg, dem wir steil bergab nach links folgen. Auf der rechten Seite ist ein weiterer Aussichtspunkt, der den Blick nach Osten in Richtung Ossinger, Hohe Zant und das Fichtelgebirge erlaubt.

Wir kommen an den Prellstein und halten uns rechts bis zu einer Abzweigung. Dieser folgen wir nach links und gehen bald durch Streuobstwiesen und weiter bis zu einem Flurweg. Er bringt uns an den Ortsrand von Hirschenbach und über die Alte Dorfstraße erreichen wir wieder den Dorfplatz von **Hirschbach** 01.

FELSENLABYRINTHE UM NEUKIRCHEN

Naturerlebnis und geheimnisvolle Pfade

 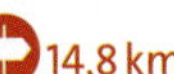 14,8 km 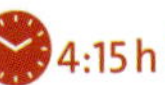 4:15 h 330 hm 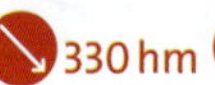 330 hm  163

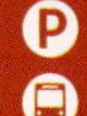
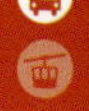

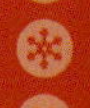
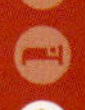

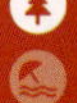

START | Bahnhof Neukirchen (bei Sulzbach), RE40/41 (Linie Nürnberg–Schwandorf); Kostenlose Parkmöglichkeiten beim Bahnhof. [GPS: UTM Zone 32 x: 689.684 m y: 5.489.029 m]
CHARAKTER | Sowohl befestigte Wald- und Feldwege als auch naturnahe, wurzelige/steinige Pfade. Moderate An- und Abstiege.

Am **Bahnhof Neukirchen** 01 starten wir und folgen dem Pendelino-Wanderweg, dessen Markierung ein „Grün-weißer Zug" ist. Er führt uns auf der Bahnhof- und der Hauptstraße in die Ortsmitte. In einer Linkskurve biegen wir nach links auf „Am Anger" ab und bleiben auf der Straße bis zum Wald.

Rechtshaltend steigt der Weg sofort an und geht dann in den Gratweg über. Moosbedeckte Felsen säumen unseren Pfad und bieten bei Bedarf Halt. An einem Querweg folgen wir diesem nach rechts teilweise über Stufen hinweg nach oben. Wo die Stufen dann enden, erhebt sich das Tor von Schloss Neidstein, das nicht zugänglich ist. Der Weg führt uns stattdessen bergab nach **Tabernackel** 02.

Unten gehen wir links und gleich darauf wieder links in einen Feldweg. Danach wenden wir uns sofort nach rechts und folgen dem „Blaustrich" durch den Wald. Der Weg bringt uns direkt nach **Etzelwang** 03.

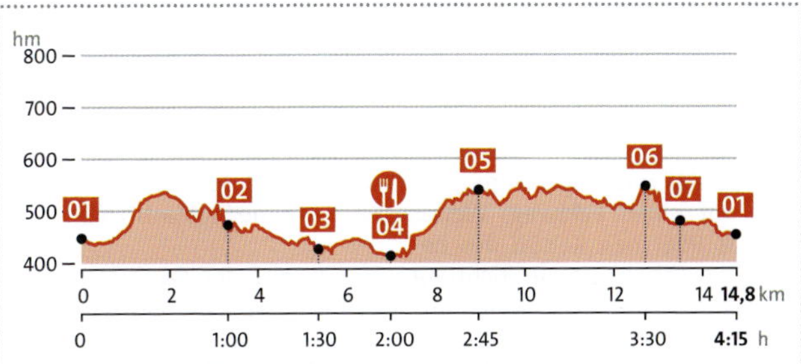

01 Bhf. Neukirchen, 449 m; 02 Tabernackel, 474 m; 03 Etzelwang, 420 m; 04 Lehendorf, 410 m; 05 Abzw. Ernhüll, 521 m; 06 Buchenberg, 556 m; 07 St. Martin, 477 m;

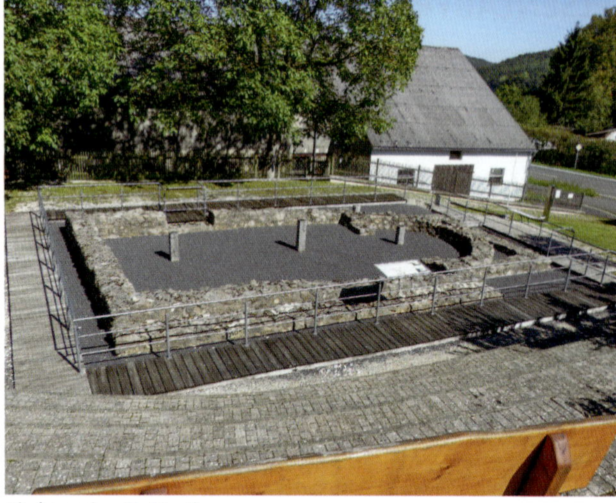

Kirchenruine St. Martin

An der Hauptstraße wenden wir uns nach rechts, am Ortsrand nach links und dann wieder nach rechts auf den Wiesenweg. Er führt immer geradeaus bis an die Kreuzung nördlich von Lehendorf. Wir biegen links nach **Lehendorf** 04 ab und können im Landgasthof Peterhof einkehren. Anschließend bringt uns der „Rotpunkt" über die Bahnstrecke. Hier halten wir uns rechts und an der nächsten Kreuzung im Wald erneut rechts.

Kurz nach dem Waldrand orientieren wir uns vorübergehend am „Blaupunkt" und folgen ihm nach links auf einen Feldweg. Weiter geht es über den Kamm des bewaldeten Lehenbergs in Richtung Ernhüll. Vor dem Ort weist uns der „Blaupunkt" **nach links** 05 und dann übernimmt wieder der „Rotpunkt" die Führung am Waldrand entlang. An der Straße Ernhüll–Erkelsdorf wenden wir uns nach links und folgen nach rund 200 Metern dem Feldweg erneut nach links. Über den Flurberg gelangen wir nach Erkelsdorf. Am anderen Ortsende folgen wir nun dem „Rotstrich". Dieser biegt nach rechts ab in Richtung einer Bank am Waldrand und führt uns dann auf einem Wurzelweg auf den **Buchenberg** 06. Wir durchqueren ein abenteuerliches Felsenlabyrinth und steigen dann vorsichtig ab, vor allem bei nassem Untergrund. Unten angekommen führt uns ein Feldweg nach Ermhof und wir können von der Hauptstraße einen Abstecher machen zur 200 Meter entfernten Informationsstätte der Kirchenruine **St. Martin** 07.

Zurück auf der Hauptstraße folgen wir dieser weiter bis zu einem Feldweg nach rechts, der zum Wald führt. Dahinter liegt ein Reiterhof und nach links kommen wir zur Erkelsdorfer Straße. Wir folgen ihr nach rechts und erreichen wieder den **Bahnhof Neukirchen** 01.

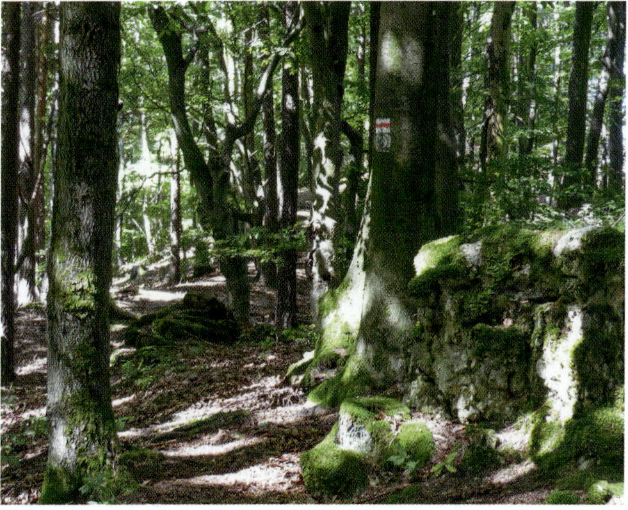

Uriger Pfad am Buchenberg bei Ermhof

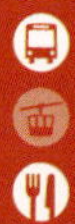

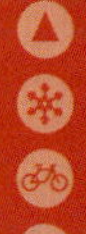

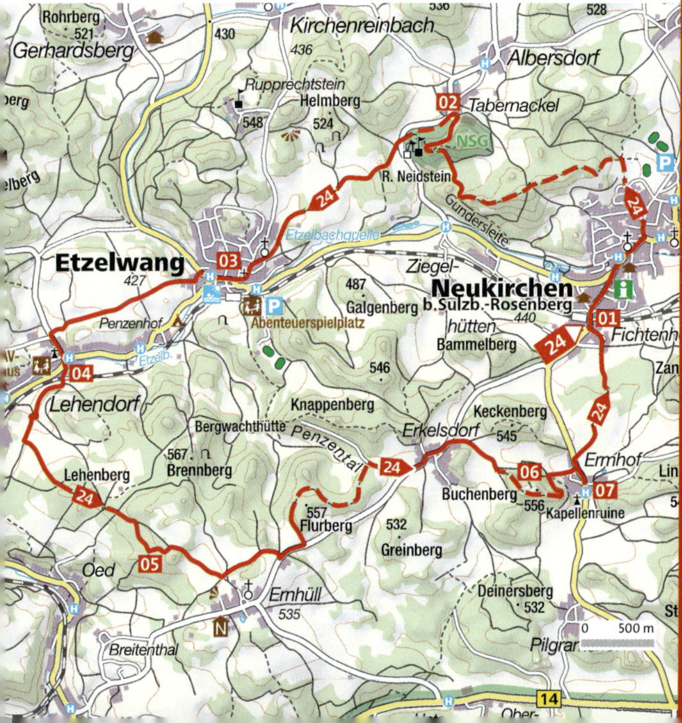

Rohrberg
521
Gerhardsberg
430
Kirchenreinbach
436
528
Albersdorf
Rupprechtstein
Helmberg
548
524
02 Tabernackel
NSG
R. Neidstein
24
Etzelbachquelle
Gundersleite
Etzelwang
427
03
Ziegel-
hütten
487
Galgenberg
Abenteuerspielplatz
Neukirchen
b. Sulzb.-Rosenberg
440
Bammelberg
01
Fichtenh
Penzenhof
Etzelb.
04
Lehendorf
546
Knappenberg
Keckenberg
545
Bergwachthütte
Penzental
Erkelsdorf
567
Brennberg
Lehenberg
24
06
Buchenberg
556
Ermhof
07
Kapellenruine
557
Flurberg
532
Greinberg
05
Oed
Ernhüll
535
Deinersberg
532
Breitenthal
Pilgrar
0 500 m
14

DIE HAPPURGER KELTEN • 619 m

Vorgeschichtliche Tour mit traumhaften Ausblicken

START | Bahnhof Happurg, RE41 (Linie Nürnberg–Schwandorf); Kostenlose Parkmöglichkeiten beim Bahnhof.
[GPS: UTM Zone 32 x: 678.684 m y: 5.485.960 m]
CHARAKTER | Sowohl befestigte Wald- und Feldwege als auch naturnahe, wurzelige/steinige Pfade. Steilere An- und Abstiege.

▶ Der Markierung „Geo" folgend verlassen wir den **Bahnhof Happurg** 01 auf der Hohenstädter Straße in Richtung Happurg. Die Houbirgstraße zweigt nach rund 500 Metern nach links ab und unser Weg führt nach einem Zickzack über die Schulstraße auf dem Pommelsbrunner Weg in derselben Richtung weiter. Wer den **KZ-Dokumentationsort Hersbruck/Happurg** 02 besuchen möchte, folgt dem Südring rund 500 Meter nach rechts und kehrt im Anschluss wieder an die Kreuzung zurück.

Nun biegen wir nach rechts ab zum Wasserwerk und folgen dann nach links einem Hohlweg bergauf. Er führt uns in einem weiten Bogen zur Houbirg hinauf. An einer T-Kreuzung weist uns der „Grünpunkt" den Weg nach links und rund 200 Meter später dann nach rechts. Hier stoßen wir auf einen Ringwall mit einer beachtlichen Gesamtlänge von 4,5 Kilometer und einer Höhe von heute noch 6 Meter. Die nächste Stunde werden wir fast durchgängig auf dem beeindruckenden Bauwerk wandern. Am Ende erreichen wir

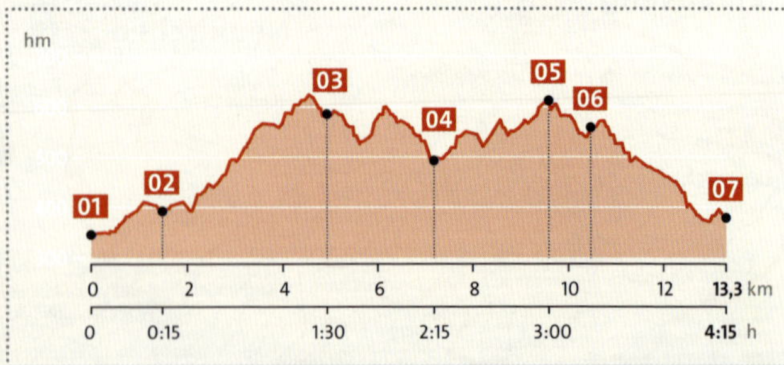

01 Bhf. Happurg, 350 m; 02 KZ-Gedenkstätte, 396 m; 03 Hohler Fels, 547 m; 04 Kapellenruine, 493 m; 05 Hochberg, 619 m; 06 Mittelburger Schulweg, 533 m; 07 Bhf. Hartmannshof, 376 m;

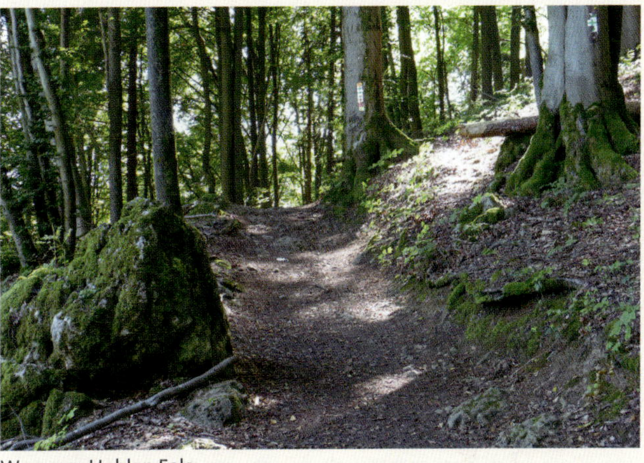
Weg zum Hohlen Fels

den Aussichtspunkt über dem **Hohlen Fels** 03 und können den Ausblick auf Happurg und den Happurger See genießen. Die Höhle selbst erreichen wir über Stufen östlich des Aussichtspunkts.

Der „Rotpunkt" bringt uns zurück auf unseren Weg und wir halten uns rechts, wobei wir dem „Grünstrich" folgen. Zunächst geht es durch den Laubwald bergab. Dann wandern wir über den Kupfer und kommen zu einer Kreuzung. Hier wenden wir uns mit dem „Gelbkreuz" nach links und verlassen den Wald. Wir stoßen auf eine T-Kreuzung und halten uns rechts,

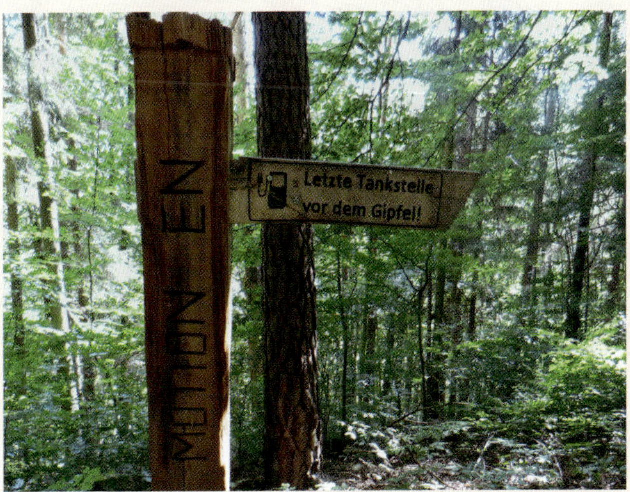

Service im Wald

um kurz darauf die **Kapellenruine Zum heiligen Baum** **04** zu erreichen. Nun nehmen wir den Hochberg in Angriff und orientieren uns am „Roten H“. Entlang der Flanke des Laubergs kommen wir zu einem Fahrweg und folgen unserer Markierung nach rechts zum Gipfel des **Hochbergs** **05**. Funde belegen, dass dieser Ort bereits im 3. Jahrtausend v. Chr. besiedelt war. Im 6. bis 8. Jh. v. Chr. ließen sich dann die Kelten nieder.

Für den Abstieg nutzen wir wieder das „Roten H“. An einem breiten Waldweg wenden wir uns mit dem „Gelbpunkt“ nach rechts und kommen zum Ortsrand von Mittelburg. Vor dem ersten Haus halten wir uns links und folgen dem früheren **Mittelburger Schulweg** **06** in den Wald. Sobald wir den Wald wieder verlassen haben, halten wir uns halb rechts und gehen über die Wiese in Richtung der Straße Stallbaum–Waizenfeld.

Das Ziel ist der Feldweg auf der anderen Straßenseite, der uns zum Waldrand führt. Wir folgen dem Weg weiter durch den Wald und erreichen Hartmannshof. Hier wenden wir uns nach links auf die Feilenbrunnenstraße und biegen nach rechts auf die Hersbrucker Straße ab. Die Bahnhofstraße bringt uns dann nach links zum **Bahnhof Hartmannshof** **07**.

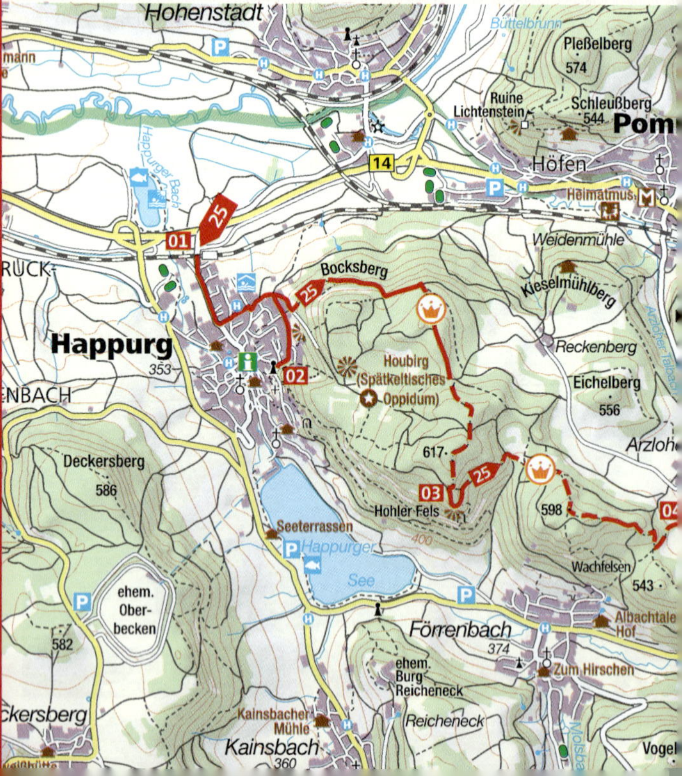

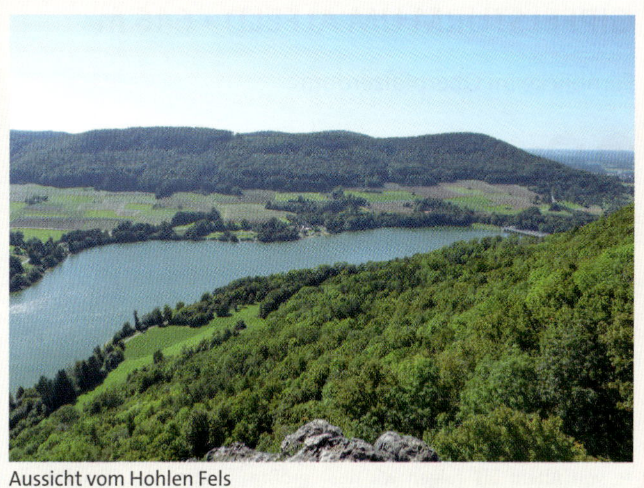

Aussicht vom Hohlen Fels

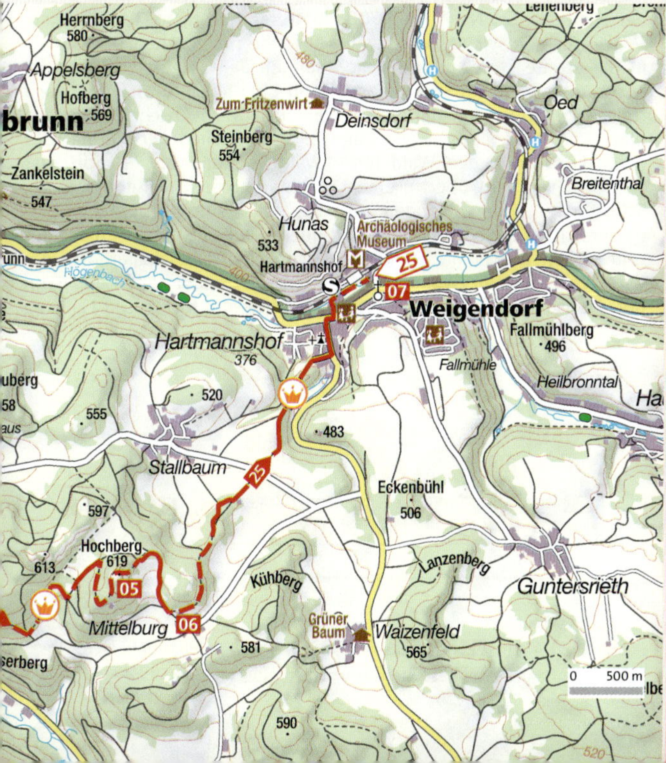

GIPFELSTURM UM ALFELD • 646 m

Fernblicke im Oberpfälzer Jura

  18,6 km  5:30 h  440 hm  440 hm 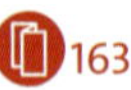 163

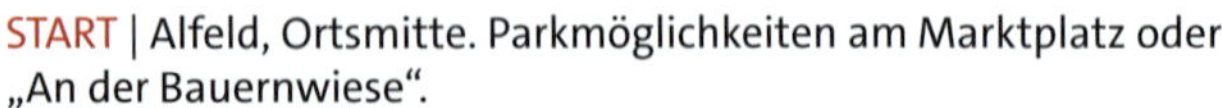

START | Alfeld, Ortsmitte. Parkmöglichkeiten am Marktplatz oder „An der Bauernwiese“.
ÖPNV: Bushaltestelle „Ortsmitte, Alfeld (Mittelfranken)“.
[GPS: UTM Zone 32 x: 684.478 m y: 5.478.389 m]
CHARAKTER | Überwiegend befestigte Wald- und Feldwege sowie naturnahe Pfade. Moderate An- und Abstiege.

Von der Kirche in der Ortsmitte von **Alfeld** 01 folgen wir der Markierung „Blaupunkt“ entlang der Hauptstraße. Nach rund 700 Metern biegen wir nach links ab in die Straße „Am Kühberg“, die leicht ansteigend zur Sportanlage führt. Wir umrunden den Sportplatz und halten uns rechts auf einen Flurweg in den Wald hinein. Der Weg geht über in einen Schotterweg und wir wenden uns nach rechts, folgen dem Waldrand und biegen wieder nach links in den Wald ab. Wir wandern an der Flanke des Schwarzenbergs entlang und passieren die zweitgrößte Höhle der Frankenalb, das **Alfelder Windloch** 02. Das Betreten ist nicht ungefährlich, aber die malerischen Dolomitfelsen auf dem folgenden Abschnitt sind ohnehin interessanter. Nach einem kurzen Abschnitt über die Felder erreichen wir das nächste Wäldchen und biegen dort erst rechts und anschließend links ab. Die Straße Alfeld–Poppberg überqueren wir nach rechts, biegen in Richtung des Aussiedlerhofs Ödamershüll ab und halten uns dann gleich wieder rechts. Der Feldweg

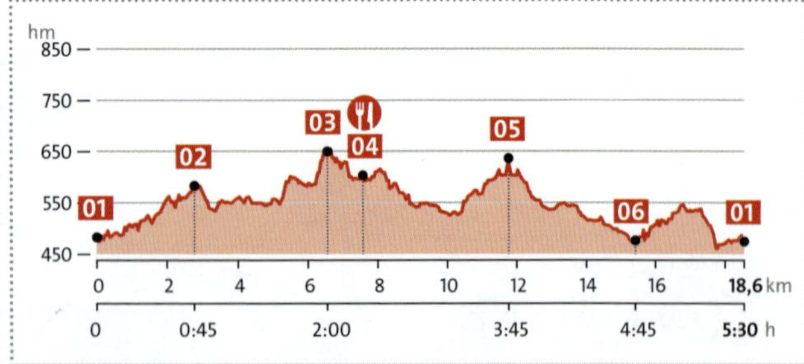

01 Alfeld, 474 m; 02 Alfelder Windloch, 561 m; 03 Ruine Poppberg, 653 m; 04 Poppberg, 597 m; 05 Bärenfelsen, 646 m; 06 Talaue, 459 m;

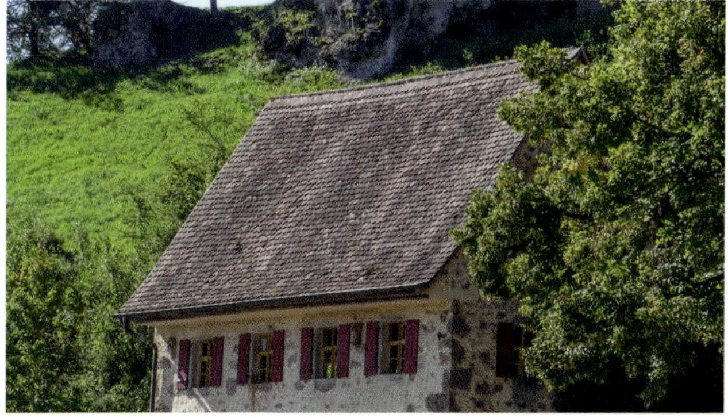

Alfeld, Steinhaus aus Dolomitfelsen

führt in den Wald und wir folgen dem „Blaupunkt“ zweimal nach rechts. Vor uns liegt nun der Poppberg. Wir beginnen den Aufstieg nach links und kommen zu einem Querweg mit einem „Gelbkreuz“. Diesem folgen wir nach rechts und halten uns direkt im Anschluss erneut rechts. Der Pfad führt uns steil bergauf zur **Ruine Poppberg** **03**. Eine kleine Erkundung sollte man sich nicht entgehen lassen. Von der Ruine führt dann ein breiter Forstweg bergab.

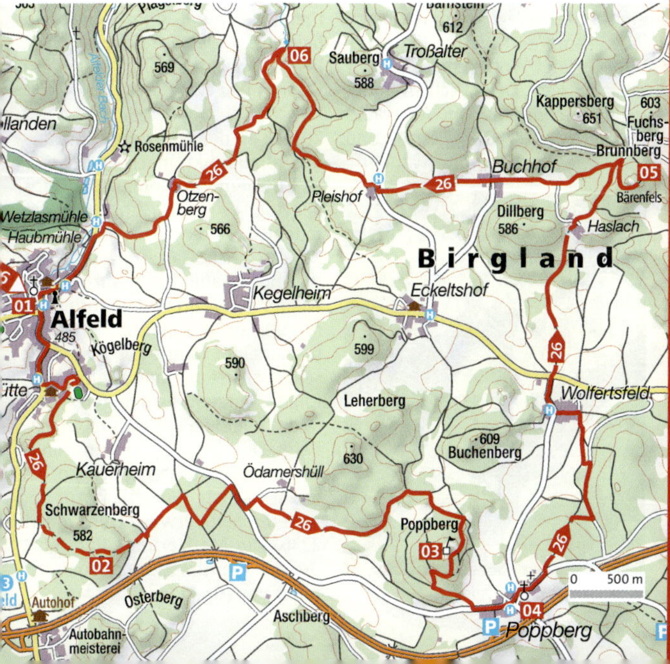

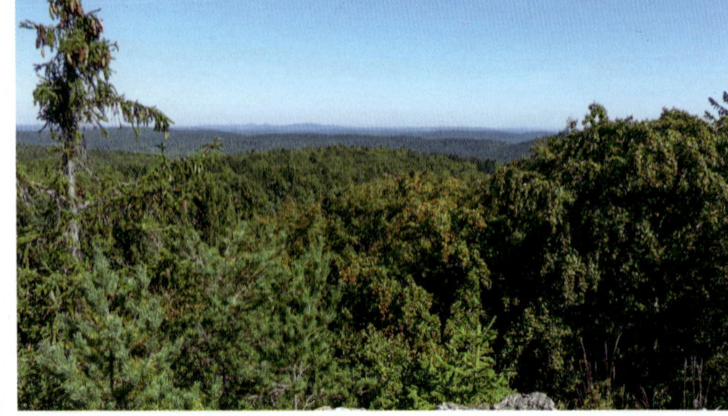

Aussicht vom Bärenfelsen

An der Abzweigung halten wir uns links und erreichen entlang der Straße den Ort **Poppberg** 04. Ab hier folgen wir der Markierung „Gelbstrich", die uns aus dem Ort hinausführt. Nach dem Ortsende biegen wir links in den Wald ab. Wenige Minuten später kreuzt ein breiter Weg, dem wir nach links bis an den Waldrand folgen. Vor uns liegt Wolfertsfeld, das wir entlang der „Gelbstrich"-Markierung durchqueren, im Anschluss die Landstraße AS 36 kreuzen und über die Felder weiterwandern.

Wald beim Bärenfelsen

Ein kleines Waldstück und den Weiler Haslach lassen wir hinter uns. Nun liegt der Brunnberg vor uns und der „Gelbstrich" führt uns steil nach oben. An einer Kreuzung wechseln schwindelfreie Wanderer auf das „Blaukreuz", um den **Bärenfelsen** 05 zu erklimmen. Die Mühe lohnt sich, denn bei gutem Wetter reicht der Blick bis zum Fichtelgebirge und dem Oberpfälzer Wald.

Zurück an der Kreuzung führt uns der „Blaupunkt" nach links bergab aus dem Wald hinaus. Vor uns liegt der Weiler Buchhof und geradeaus weiter nach der Straße Eckeltshof–Troßalter das Gehöft Pleishof. Dahinter erwartet uns wieder der Wald und wir orientieren uns am „Gelbkreuz". Es bringt uns zu einer **Talaue** 06, in der wir scharf nach links dem „Gelbkreuz" folgen. Auf den Wald folgen Felder und schließlich das Gehöft Otzenberg. Dort halten wir uns links und rund 150 Meter später rechts in das nächste Waldstück. Auf der anderen Seite erwartet uns die St 2236. Die Markierung „PP" führt uns an ihr entlang zurück zur Ortsmitte von **Alfeld** 01.

ENTLANG DES HAMMERBACHTALS

Mühlen, Hutanger und eine steinerne Rinne

  13,3 km 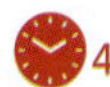 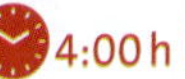 4:00 h  300 hm  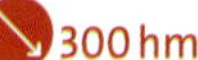 300 hm 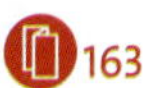 163

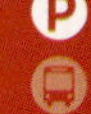

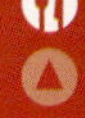
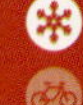
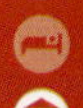

START | Engelthal, Hauptstraße/Ortsmitte, (begrenzte) Parkmöglichkeiten in der Ortsmitte.
ÖPNV: Haltestelle „Gasthof Grüner Baum, Engelthal", begrenzte Verbindungen.
[GPS: UTM Zone 32 x: 673.650 m y: 5.482.664 m]
CHARAKTER | Überwiegend befestigte Wald- und Feldwege sowie naturnahe Pfade. Steilere Anstiege, Kondition empfehlenswert.

Vom Parkplatz in **Engelthal** 01 gehen wir über die Reschenbergstraße die wenigen Meter zur Hauptstraße. Hier halten wir uns rechts und dann geradeaus in die Mühlstraße. Die Markierung „Blaukreuz" weist uns geradeaus weiter auf einen Pfad, der an einer T-Kreuzung endet.

Nach rechts überqueren wir den Hammerbach und erreichen den einstigen Hutewald bei Hallerhof. Wir biegen an der zweiten Kreuzung rechts ab und folgen dann dem Waldrand nach links. Bei Schrotsdorf treffen wir auf einen Querweg, dem wir nach rechts folgen und dann nach rund 100 Metern nach links in den Wald abbiegen. Bald stehen wir wieder am Rand der Feldflur und halten uns rechts am Waldrand entlang. Wir erreichen **Egensbach** 02 und können im Landgasthof „Zum stillen Bächlein" einkehren.

Anschließend folgen wir dem Frankenalb-Panoramaweg nach rechts und verlassen den Ort in

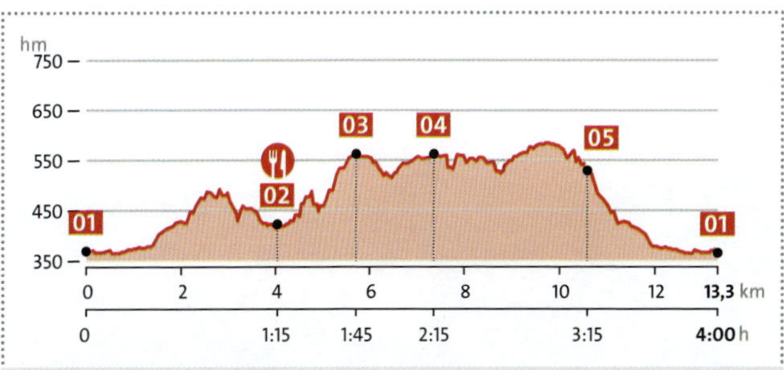

01 Engelthal , 371 m; 02 Egensbach, 414 m; 03 St. Ottmar und Ottilie, 547 m; 04 Klingenhof, 553 m; 05 Steinerne Rinne, 512 m;

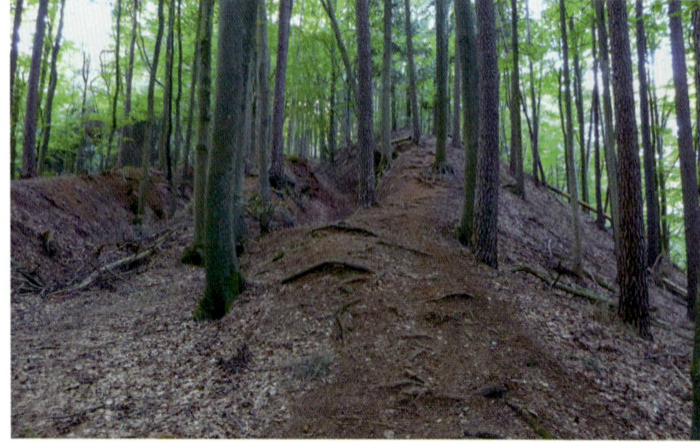

Aufstieg zur Steinernen Rinne

Richtung Wald. Der Pfad führt steil bergauf und wir passieren den Hof Birkensee. Es geht weiter hoch über die Bergwiesen, bis wir zwei Querwege später die Ruine der **Kapellenruine St. Ottmar und Ottilie** 03 auf dem Keilberg erreichen.

Ab hier folgen wir dem „Rotpunkt". Am Sendemast halten wir uns rechts auf dem Schotterweg. Vorbei an einer Magerrasenfläche erreichen wir den Ortsrand von **Klingenhof** 04. Wir halten uns rechts und folgen am nächsten Abzweig dem Frankenweg erneut nach rechts. Im Wald wenden wir uns an der ersten Wegkreuzung nach links, bis wir nach rund 15 Minuten eine geteerte Straße erreichen. Diese kreuzen wir nach links, um nach rechts auf einen Pfad und schließlich einen Feldweg zu gelangen. Der Frankenweg leitet uns an den Feldern entlang in den Engelthaler Forst. Nachdem wir den Buchenberg überschritten

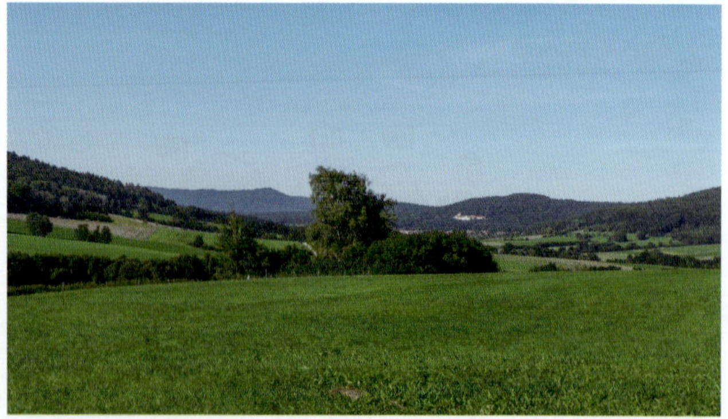

Blick Richtung Engelthal zum Großen Hansgörgel

haben, erreichen wir die **Steinerne Rinne** 05, die aus Kalksinter besteht. Dieses Naturwunder wird aber von zu wenigen Niederschlägen bedroht.

Nun hat man die Wahl: Entweder auf dem einfachen Main-Donau-Weg nach Engelthal zurückwandern oder dem spannenderen Frankenalb-Panoramaweg folgen. Letzterer führt trittsichere Wanderer entlang eines steilen Pfads am Hang entlang. Wir stoßen auf die Markierung „Blaukreuz" und folgen ihr nach links. Anschließend geht es auf der bereits bekannten Strecke zurück nach **Engelthal** 01.

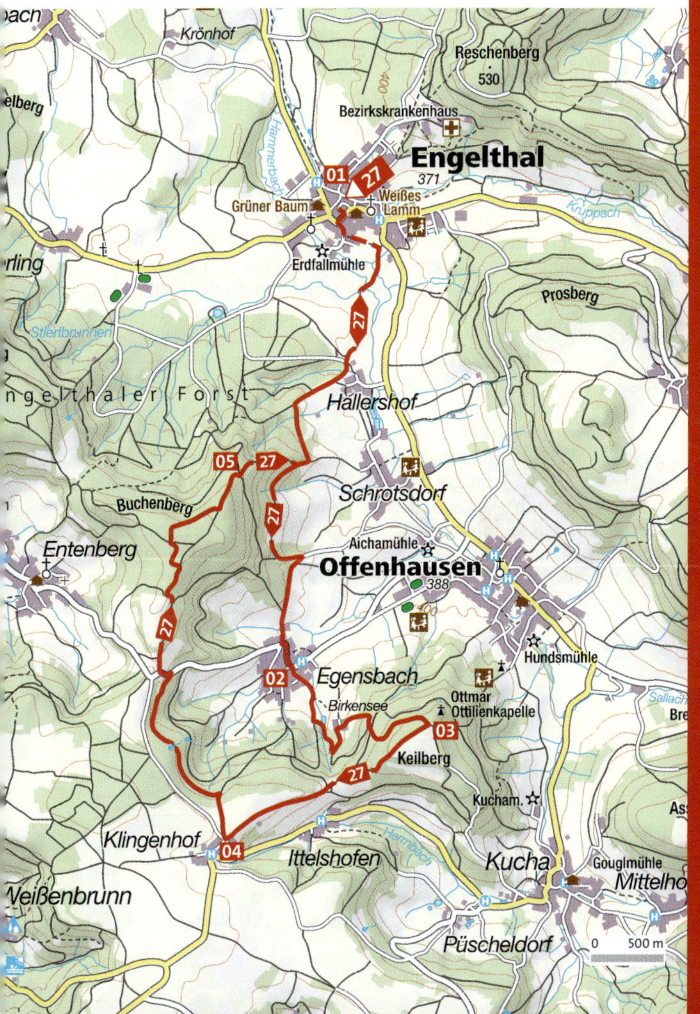

AUF DEN SPUREN DES GOLDHUTS

Gemütliche Wanderung zu einem Kultgegenstand aus der Bronzezeit

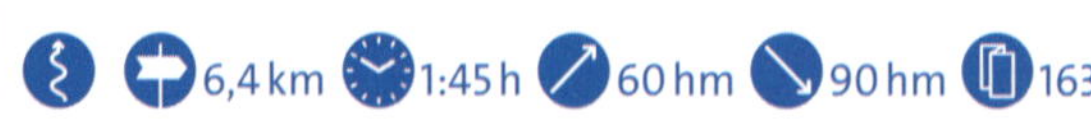

START | S-Bahnhof Postbauer-Heng, S3 (Linie Nürnberg–Neumarkt); Kostenlose Parkmöglichkeiten beim Bahnhof.
[GPS: UTM Zone 32 x: 671.522 m y: 5.464.438 m]
CHARAKTER | Überwiegend auf befestigten oder asphaltierten Wegen, ohne nennenswerte Steigungen.

Vom **S-Bahnhof Postbauer-Heng** 01 gehen wir durch die Unterführung und folgen dem Fußweg in Richtung B 8. Auf der anderen Seite biegen wir beim Sportgelände rechts ab und erreichen wenig später den Waldrand. Diesem folgen wir rund 200 Meter nach rechts. Wir biegen in den Wald ab und halten uns dann gleich links auf einem breiten Forstweg. Es geht länger bergab bis zum gegenüberliegenden Waldrand. Ein kurzes Stück geht es über die Felder bis zum Abzweig zum Wurzhof. Hier folgen wir der Straße geradeaus in den Ort **Buch** 02. Von hier aus ist eine Wegvariante über den Dillberg möglich: Man biegt an der ersten Kreuzung nach rechts ab und folgt dem Weg zum Aussichtspunkt. Hier lädt ein Wandersofa zu einer Pause ein. Dann führt der Weg hinter dem Aussichtspunkt nach links und biegt bei nächster Gelegenheit wieder nach links ab. Vorbei an der Silbersandhöhle führt er dann wieder hinunter in den Ort. Ohne den Abstecher halten wir uns an der Kreuzung links und folgen der Straße aus dem Ort hinaus. Wir

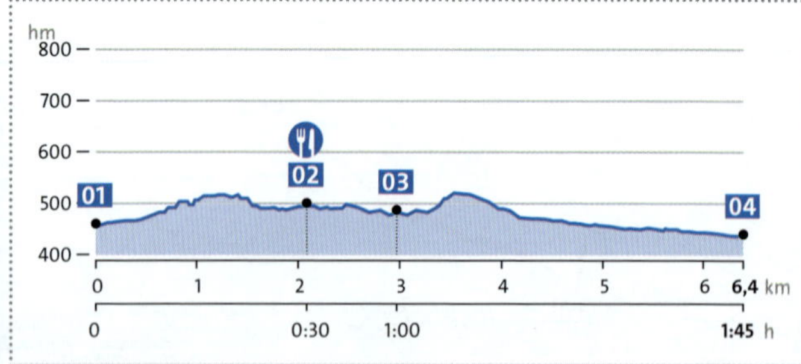

01 Bhf. Postbauer-Heng, 460 m; 02 Buch, 492 m; 03 Goldkegelplatz, 477 m;
04 Bhf. Oberferrieden, 437 m;

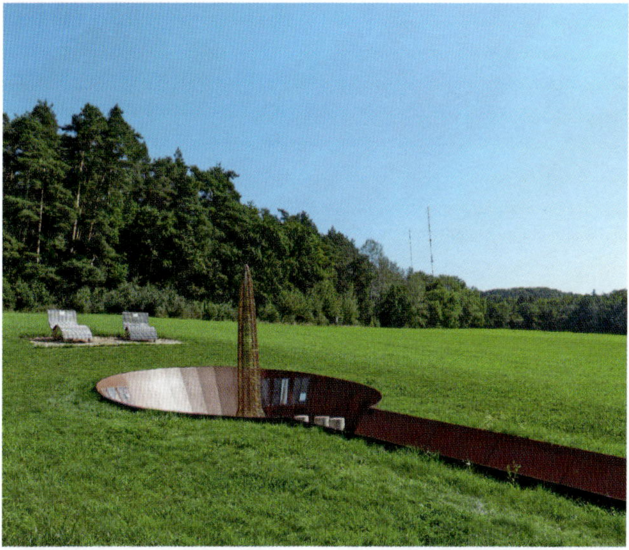

Goldkegel

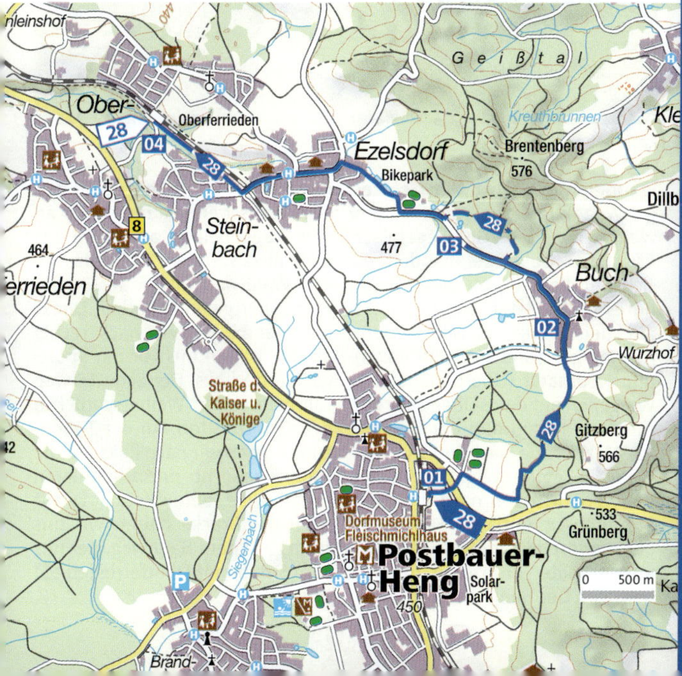

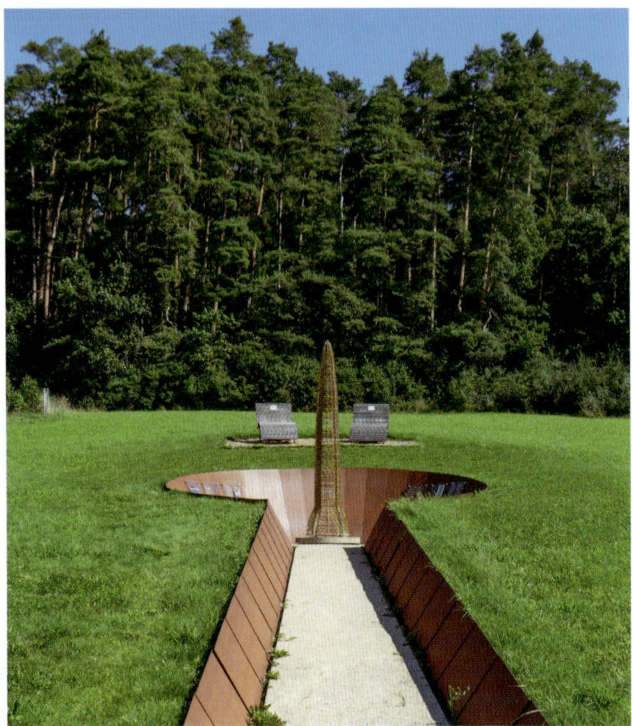
Goldkegel

ignorieren zunächst die Goldkegel-Wegmarkierung und gehen weiter bis zum **Goldkegelplatz** **03**. Beim Goldkegel handelt es sich um die Skulptur eines Goldhutes im Maßstab 5:1, die direkt auf der Grenze zwischen dem Nürnberger Land (Mittelfranken) und Neumarkt (Oberpfalz) steht. Wir gehen auf demselben Weg zurück und folgen nun der Goldkegel-Markierung nach links in den Wald. Zu Beginn steigt der Weg an und verläuft dann nach links am Brentenberg entlang. Hier liegt der Fundort des Original-Goldhuts aus der späten Bronzezeit, der sich heute im Germanischen Nationalmuseum in Nürnberg befindet. Geradeaus weiter kommen wir an eine Weggabelung, an der wir uns nach links wenden. Wir verlassen den Wald und folgen der Straße beim Sportgelände vorbei. Direkt dahinter biegen wir nach rechts ab und halten uns vor der Sportgaststätte links. Der Schotterweg führt an einem Weiher vorbei in den Ort Ezelsdorf. An der T-Kreuzung biegen wir nach links auf die Hauptstraße ab und überqueren auf ihr die Bahnstrecke. Direkt nach der Brücke halten wir uns rechts auf dem Bahnweg, der uns zum **S-Bahnhof Oberferrieden** **04** bringt.

ÜBER DIE ZEUGENBERGE RUND UM NEUMARKT

3-Tagestour auf der Zeugenbergrunde

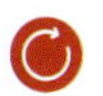 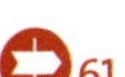 61,6 km 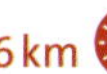 16:30 h 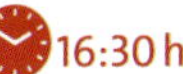 930 hm  930 hm  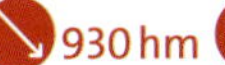 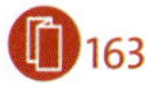 163

START | Neumarkt, Kloster St. Josef, Bushaltestelle „Sturmwiese, Neumarkt i.d. Oberpfalz“;
Parkmöglichkeiten beim Kloster bzw. Sturmwiese.
[GPS: UTM Zone 32 x: 680.375 m y: 5.461.174 m]
CHARAKTER | Sowohl befestigte Wald- und Feldwege, als auch naturnahe Wege bzw. Pfade. Steilere An- und Abstiege, gute Kondition empfehlenswert.

Am Tag 1 starten wir beim **Kloster St. Josef** 01 und folgen der „Blau5“ hoch zur **Wallfahrtskirche Mariahilf** 02 mit ihrem schönen Blick auf Neumarkt. Von der Mariengrotte geht es nach rechts weiter auf der Zeugenbergrunde („Rotstrich auf Gelb“). Wir durchqueren **Lähr** 03 und tauchen ein in den Kiefernwald. Auf der anderen Seite der St 2660 betreten wir das Schutzgebiet Neumarkter Sanddünen und können mit etwas Fantasie in den sanften Wellen im Gelände tatsächlich flache Dünen erkennen. Den Bahnglei-

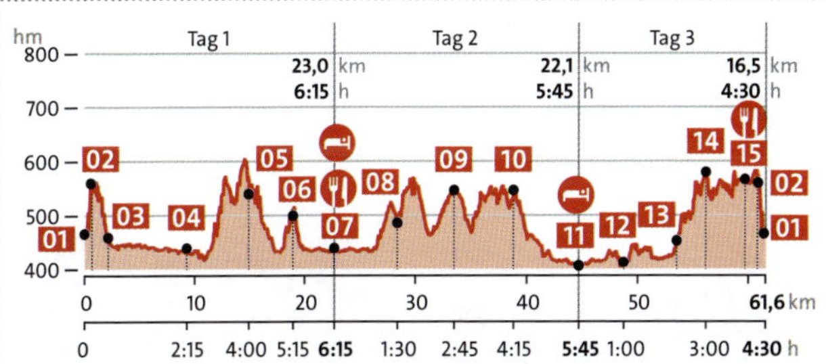

01 1. Tag Start Kloster St. Josef, 462 m; 02 Wallfahrtsk. Mariahilf, 554 m; 03 Lähr, 453 m; 04 Kanalbrücke, 418 m; 05 Wall am Zangentor, 554 m; 06 Staufer Berg, 512 m; 07 2. Tag Berngau, 432 m; 08 Tyrolsberg, 476 m; 09 Kreuzung Grünberg, 528 m; 10 Schlossberg, 540 m; 11 3. Tag Berg b. Neumarkt, 406 m; 12 Loderbach, 409 m; 13 Labersricht, 451 m; 14 Wolfstein, 576 m; 15 Höhenberg, 563 m;

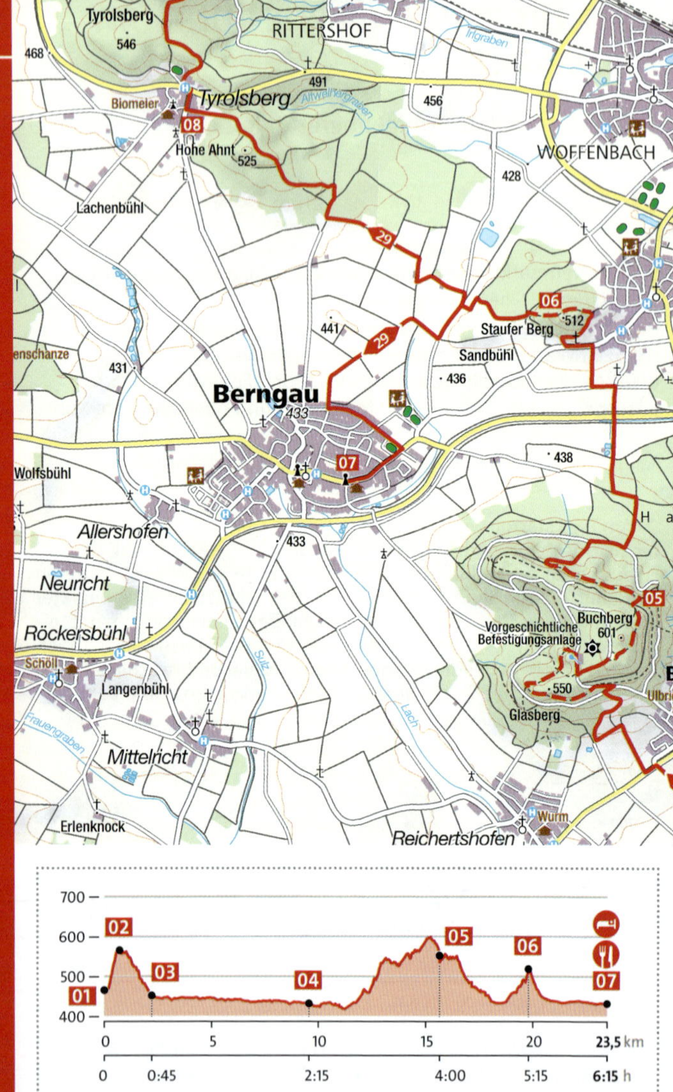

01 Kloster St. Josef, 462 m; 02 Wallfahrtsk. Mariahilf, 554 m; 03 Lähr, 453 m; 04 Kanalbrücke, 418 m; 05 Wall am Zangentor, 554 m; 06 Staufer Berg, 512 m; 07 Berngau, 432 m;

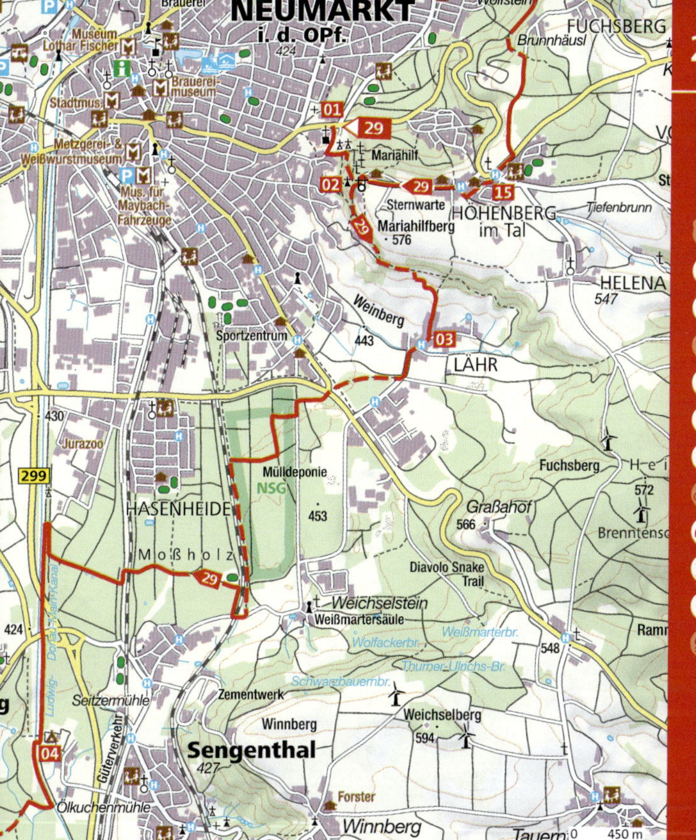

sen nach links folgend wechseln wir schließlich auf die andere Seite und gehen durch den Wald bis zum Ludwig-Donau-Main-Kanal. Schnurgerade geht es nach links weiter. An der Ölkuchenmühle **wechseln wir die Seite** 04 und streifen nach der NM 18 den Ort Buchberg.

Wir überqueren den gleichnamigen Berg und entdecken dort alte Kalksteinbrüche und den **Wall am Zangentor** 05 der alten Befestigungsanlage. Die St 2238 wird gekreuzt und wir kommen zum Staufer Berg. Dort kann man noch die Wallanlage der früheren Burg erkennen. Wir steigen den Berg hinunter und folgen der Markierung „Grün6“ zu unserer Unterkunft in Berngau.

Auf der „Grün6“ verlassen wir am zweiten Tag **Berngau** 07. Zurück auf der Zeugenbergrunde folgen wir ihr nach links in Richtung Wald. Über die Hohe Ahnt

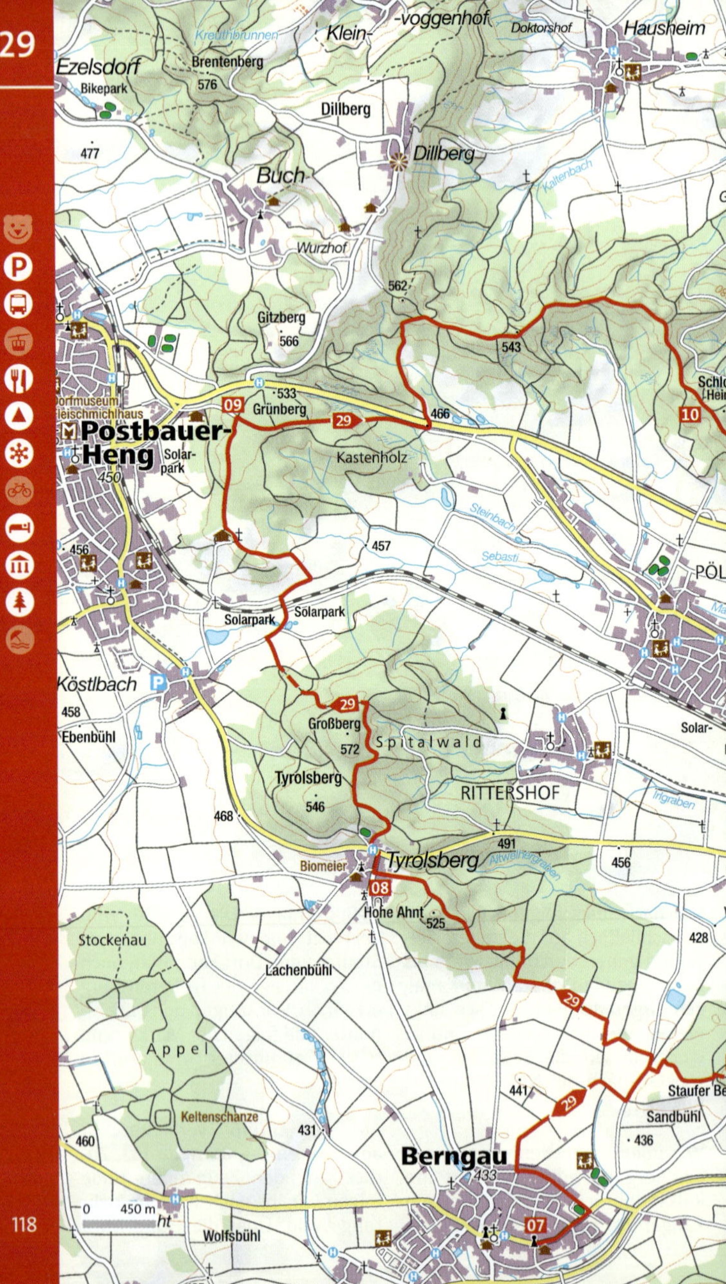
Ezelsdorf
Bikepark
Brentenberg
576
Klein-
-voggenhof
Doktorshof
Hausheim
Dillberg
Dillberg
477
Buch
Wurzhof
562
Gitzberg
566
543
533
Grünberg
09
29
466
10
Dorfmuseum
Fleischmichlhaus
Postbauer-
Heng
450
Solar-
park
Kastenholz
Steinbach
457
Sebasti
456
Solarpark
Solarpark
Köstlbach
458
Ebenbühl
29
Großberg
572
Spitalwald
Tyrolsberg
546
RITTERSHOF
Irlgraben
468
491
Biomeier
Tyrolsberg
08
Hohe Ahnt
525
456
428
Stockenau
Lachenbühl
29
Appel
441
29
Staufer Be
Sandbühl
436
Keltenschanze
460
431
Berngau
433
0 450 m
07
Wolfsbühl
435
Allershofen

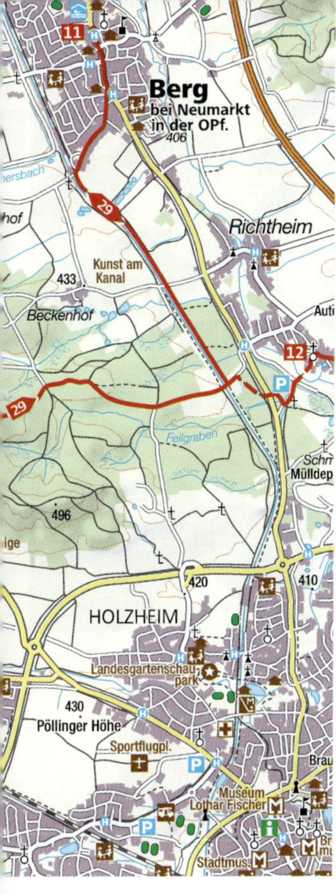

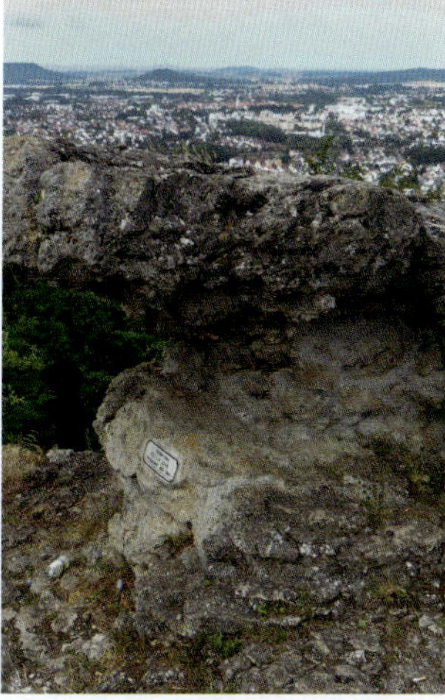
Krähentisch Neumarkt

erreichen wir **Tyrolsberg** 08 und wandern dann über den Tyrols- und den Großberg. Wir queren die Bahnstrecke und betreten ein großes Waldgebiet. Zunächst steigen wir zum Grünberg hoch und halten uns oben an der **Kreuzung** 09 rechts. Nach der B 8 geht es im weiten Wald weiter und über den Kamm kommen wir schließlich auf den **Schlossberg Heinzburg** 10.

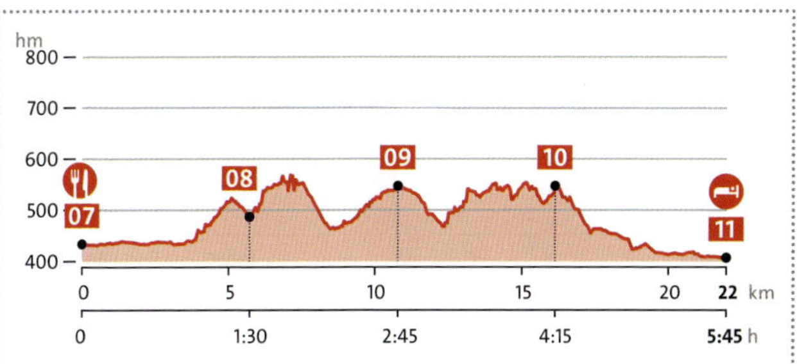

07 Berngau, 432 m; 08 Tyrolsberg, 476 m; 09 Kreuzung Grünberg, 528 m; 10 Schlossberg, 540 m; 11 Berg bei Neumarkt, 406 m;

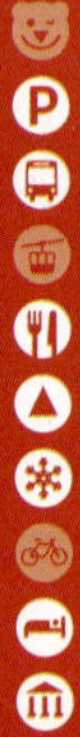

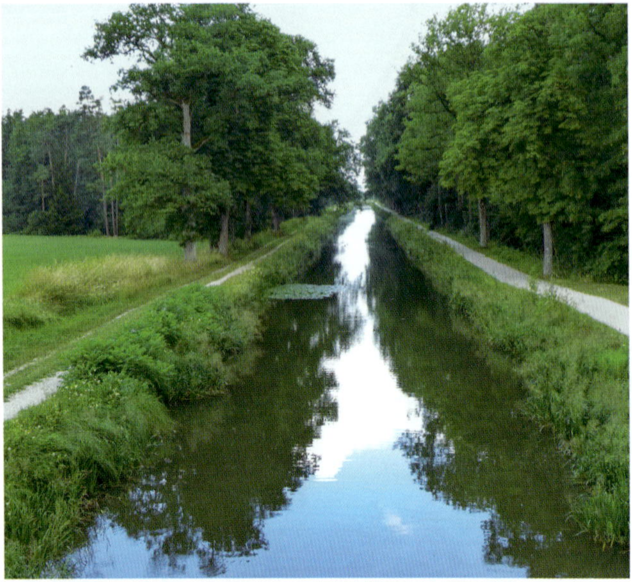

Alter Kanal bei Loderbach

Von ihr sind aber lediglich Wall und Graben erhalten. Dem Forstweg und unserer Markierung folgend kommen wir wieder an den Ludwig-Donau-Main-Kanal und verlassen die Zeugenbergrunde nach links. Der „Rotpunkt" führt uns nach Berg bei **Neumarkt** 11 zu unserer Unterkunft.

Am Tag 3 bringt uns der „Rotpunkt" zurück zur Zeugenbergrunde und wir überqueren vorsichtig die St 2240 nach **Loderbach**

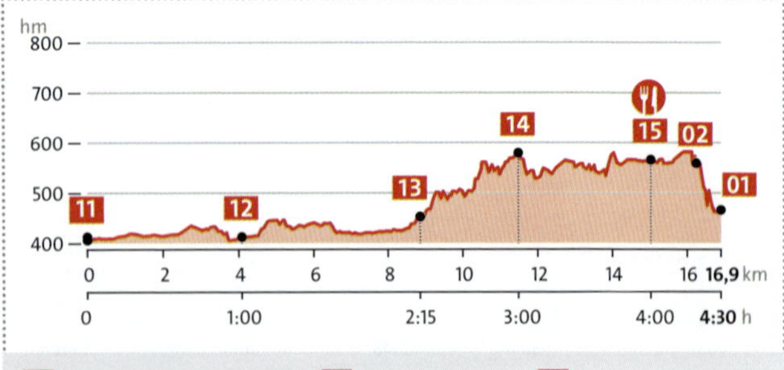

11 Berg bei Neumarkt, 406 m; 12 Loderbach, 409 m; 13 Labersricht, 451 m; 14 Wolfstein, 576 m; 15 Höhenberg, 563 m; 02 Wallfahrtsk. Mariahilf, 554 m; 01 Kloster St. Josef, 462m;

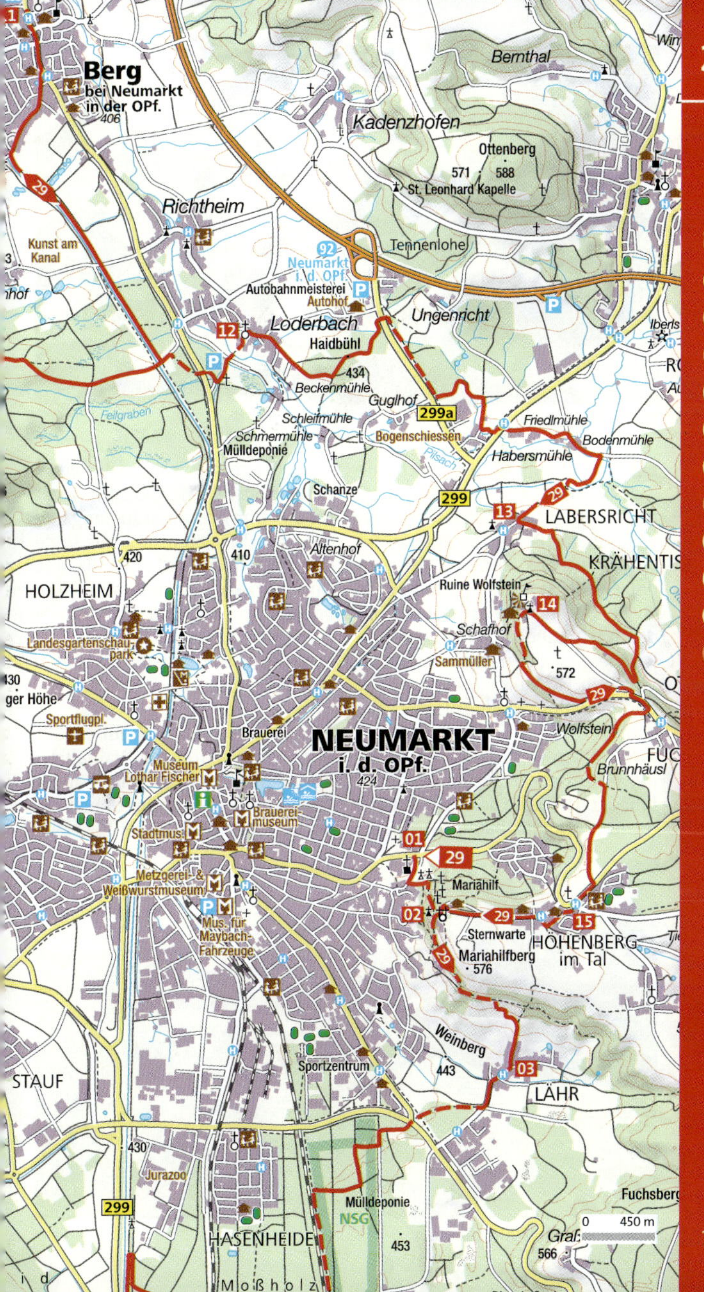
Berg
bei Neumarkt
in der OPf.
Kadenzhofen
Bernthal
Ottenberg
St. Leonhard Kapelle
Richtheim
Tennenlohe
Neumarkt
i. d. OPf.
Autobahnmeisterei
Autohof
Loderbach
Haidbühl
Ungenricht
Beckenmühle
Guglhof
Schleifmühle
Schmermühle
Mülldeponie
Bogenschiessen
Friedlmühle
Bodenmühle
Habersmühle
Schanze
LABERSRICHT
Altenhof
KRÄHENTIS
HOLZHEIM
Ruine Wolfstein
Landesgartenschau-
park
Schafhof
Sammüller
Sportflugpl.
Wolfstein
Brauerei
NEUMARKT
i. d. OPf.
Brunnhäusl
Museum
Lothar Fischer
Brauerei-
museum
Stadtmus.
Mariahilf
Metzgerei- &
Weißwurstmuseum
Mus. für
Maybach-
Fahrzeuge
Sternwarte
Mariahilfberg
HÖHENBERG
im Tal
Weinberg
Sportzentrum
STAUF
LÄHR
Jurazoo
Mülldeponie
NSG
Fuchsberg
HASENHEIDE
Moßholz
0 450 m
Kunst am
Kanal
Feilgraben
Pilsach

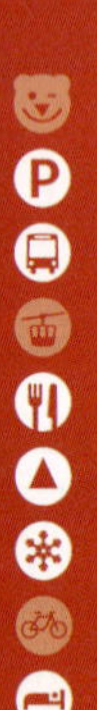

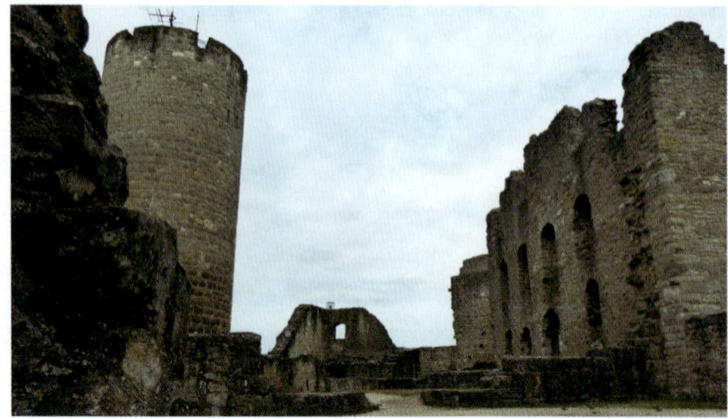

Ruine Wolfstein

12 und wenig später auch die B 299a. Nach der Umgehung eines Betriebsgeländes kommen wir nun zur B 299. Wir folgen der Straße auf der anderen Seite an der Friedl- und der Bodenmühle vorbei. Auf dem Weg über die Felder nach **Labersricht** 13 können wir bereits das nächste Ziel ausmachen: Die Ruine Wolfstein auf dem bewaldeten Bergrücken.

Also steigen wir den Wolfsteinberg auf einem steiler werdenden Pfad hinauf und biegen dann scharf nach rechts ab. Auf der baumlosen Hochfläche liegt die imposante **Burgruine Wolfstein** 14 plötzlich direkt vor uns. Den Abstecher zur Burg und ihrer spektakulären Aussicht sollte man sich nicht entgehen lassen. Und auch vom nahen Krähentisch breitet sich ein unvergleichliches Panorama aus. Schließlich geht es durch eine Wacholderheide bergab und wir überqueren die NM 4.

Bald erreichen wir **Höhenberg** 15 und wenig später die **Wallfahrtskirche Mariahilf** 02. Die Markierung „Blau5“ bringt uns dann wieder zum **Kloster St. Josef** 01.

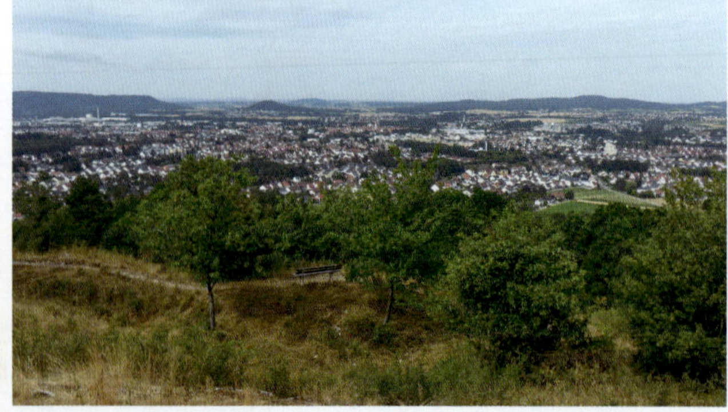

Aussicht vom Wolfsteinberg

HOHLWEG-ABENTEUER UM THALMÄSSING

Naturerlebnisse am nördlichen Jurarand

 8 km 2:30 h 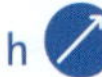190 hm 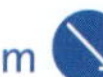189 hm 163

START | Thalmässing, Marktplatz, Anreise mit PKW empfohlen, Parkmöglichkeiten im Ort vorhanden.
[GPS: UTM Zone 32 x: 662.031 m y: 5.439.573 m]
CHARAKTER | Sowohl befestigte Wald- und Feldwege, als auch naturnahe Pfade und Wege. Mäßige An- und Abstiege.

Vom Marktplatz in **Thalmässing** 01 wenden wir uns dem Gasthaus „Zur Krone“ zu und starten unsere Wanderung auf dem Premiumweg Jurakante mit der Markierung „4 auf Gelb“. Durch die Schulgasse und dann rechts auf der Nürnberger Straße kommen wir zur Bahnhofstraße. Vor dem ehemaligen Bahnhofsgebäude folgen wir dem Fußweg nach rechts, der uns zum Ziegelweg führt. Nach links erreichen wir dann über die Brunnengasse eine Fahrspur nach rechts und wenden uns an der T-Kreuzung nach links. An der zweiten Kreuzung wandern wir nach links durch einen Bachgrund weiter in Richtung Wald. Der Weg steigt leicht nach rechts an und führt über einen Hohlweg auf die **Keltenschanze** 02. Sie wurde etwa 100 v. Chr. angelegt und die Wälle sind heute nur noch schwer zu erkennen. Es wird vermutet, dass sie früher Bauernhöfen Schutz boten.

Von unserem Hohlweg führt ein weiterer Hohlweg nach links oben

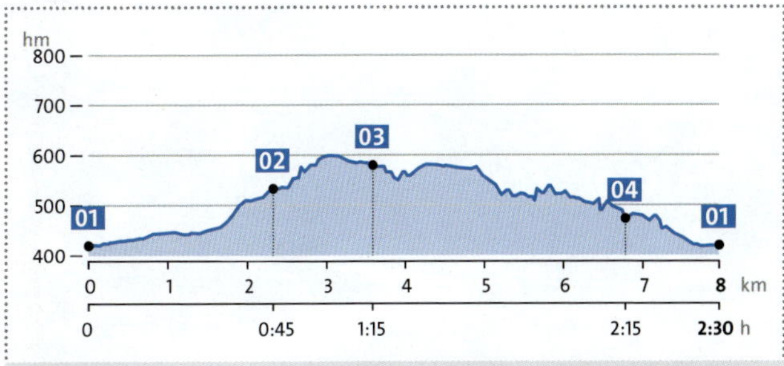

01 Thalmässing, 418 m; 02 Keltenschanze, 514 m; 03 Reinwarzhofen, 578 m; 04 Bergwiese, 495 m;

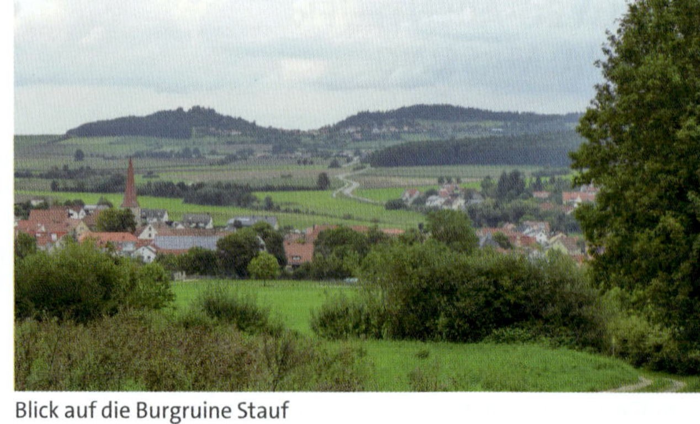

Blick auf die Burgruine Stauf

durch den Fels (Zeichen 4). Es ist ein abenteuerlicher Wegabschnitt. Nach rund 200 Metern sind künstliche Eingänge im Fels erkennbar. Früher dienten diese Höhlen als Bierkeller und verliehen dem Pfad auch den Beinamen Kellerweg. Heute finden hier Fledermäuse einen sicheren Unterschlupf und ein geschütztes Winterquartier.

Der Wald öffnet sich vor uns und wir erreichen das Gasthaus Wissinger in **Reinwarzhofen** 03. Hinter der Gaststätte führt unser Weg bergauf weiter. Wir halten uns rechts über eine Wiese und folgen dem Weg parallel zur Straße RH 23. Er beschreibt eine Linkskurve und führt in den Wald, wo wir nach rund 10 Minuten die kreuzende St 2225 überqueren.

Im Anschluss biegen wir an der zweiten Abzweigung nach rechts ab und folgen dann wieder unserer Wegmarkierung durch den Wald. Es geht hinunter ins Ber-

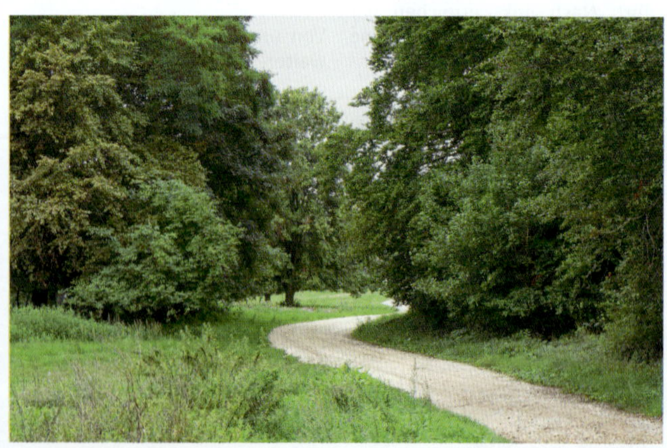

Hutebuchen, Reinwarzhofen

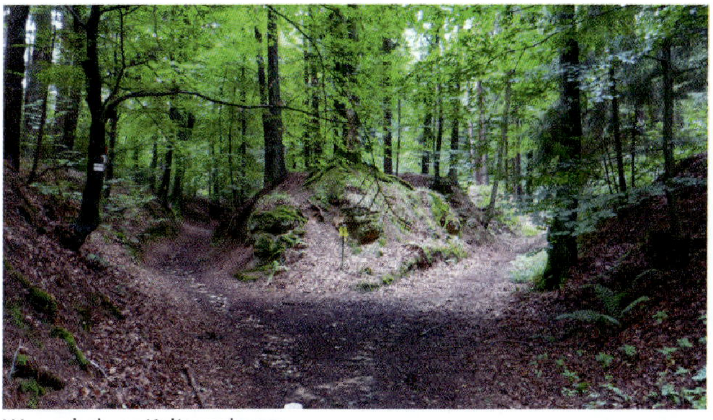

Weggabelung Keltenschanze

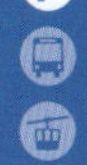

gerstal und schließlich breitet sich vor uns eine **Bergwiese** 04 aus. Es lohnt sich, einen Moment die Aussicht zu genießen. Nach einem erneuten, kurzen Abstecher in den Wald biegen wir nach links ab und wandern über die Felder zurück nach **Thalmässing** 01. Wir folgen der Ringstraße nach links und erreichen nach einer Rechtskurve wieder unseren Ausgangspunkt am Marktplatz.

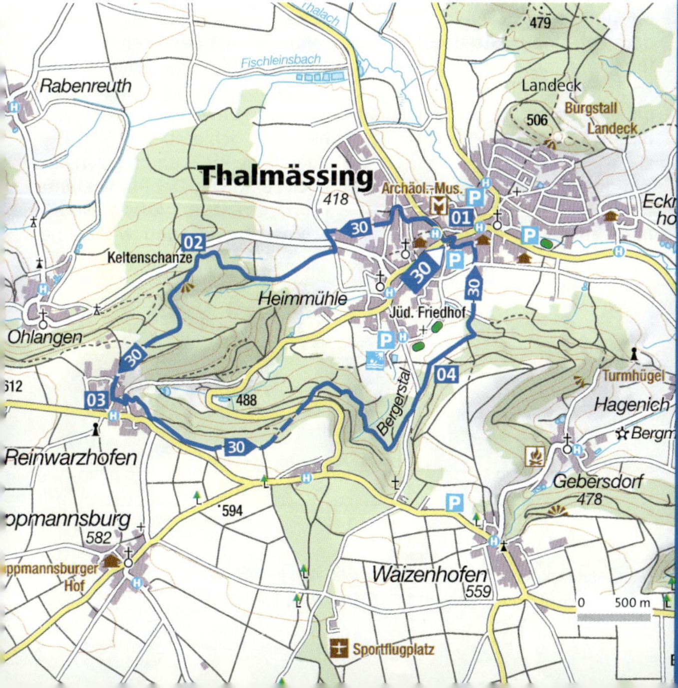

31

PANORAMEN VOM HEIDECKER SCHLOSSBERG

Aussichtsreiche Tour im Fränkischen Seenland

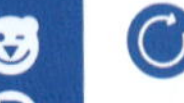

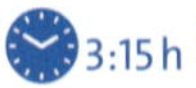

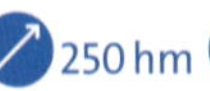

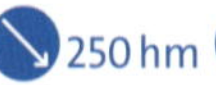

START | Heideck, Festplatz, Anreise mit PKW empfohlen, Parkmöglichkeiten beim Festplatz.
ÖPNV: Bushaltestelle „Marktplatz, Heideck“, an Wochenenden und Feiertagen nur Anrufsammeltaxi.
[GPS: UTM Zone 32 x: 654.702 m y: 5.444.497 m]
CHARAKTER | Überwiegend befestigte oder asphaltierte Wald- und Feldwege. Mäßige An- und Abstiege.

Vom Festplatz in **Heideck** 01 folgen wir dem „Heidecker Burgenweg“ entlang der Alleenstraße und dem „Ziegelmoos“ aus dem Ort hinaus. Streuobstwiesen flankieren unseren Weg und wir kommen zur **Klausenkapelle** 02, die einen Ausblick zur Frankenalb bietet.

Wir folgen dem Weg weiter bis nach **Rudletzholz** 03. Das Gasthaus zu den Drei Linden ist die einzige Einkehrmöglichkeit auf dieser Wanderung. Vor dem Ortsende halten wir uns rechts und gehen nach links weiter über die Felder. An der nächsten Kreuzung wenden wir uns wieder nach rechts und wir folgen dem „Heidecker Burgenweg“ durch den Wald bis nach Schlossberg. Wir überqueren die RH 21 und steigen links hoch zur Kirche. Der Pfad dahinter führt uns zum **Aussichtspunkt Schlossberg** 04 und wir können

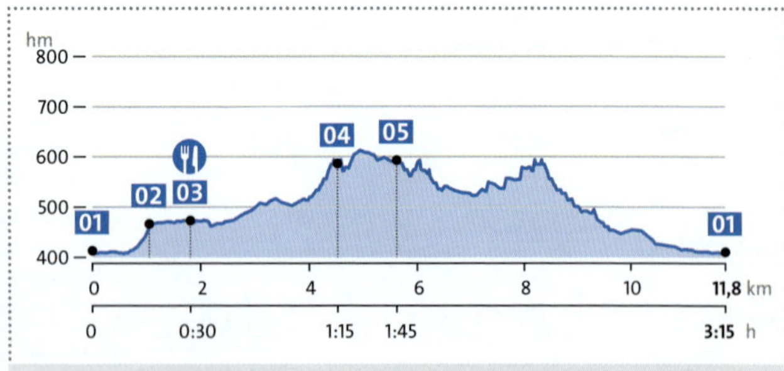

01 Heideck, 407 m; 02 Klausenkapelle, 464 m; 03 Rudletzholz, 471 m; 04 Aussicht Schlossberg, 567 m; 05 Pavillon, 588 m;

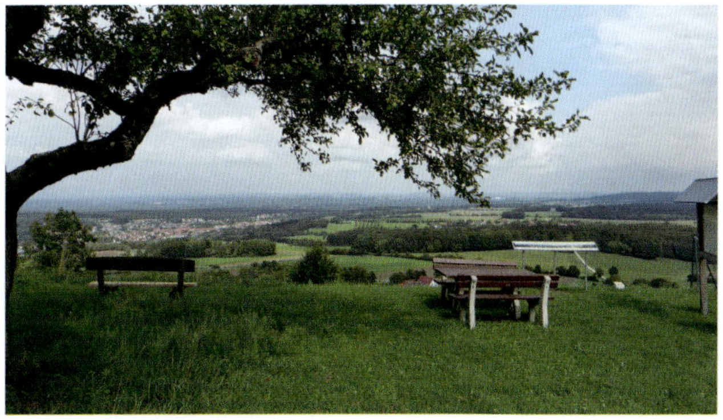

Aussicht vom Schlossberg

den Blick über das Fränkische und das Oberpfälzer Land schweifen lassen. Wir folgen dem Pfad bergauf zum ehemaligen Burgstall. An der T-Kreuzung wenden wir uns nach links, biegen im Anschluss wieder rechts ab und steigen dann den steilen Hang hinauf. An der Wiese entlang geht es weiter, bis sich der Weg gabelt und wir uns nach rechts in den Wald wenden. Nach dem Sendemast folgen wir dem kreuzenden Weg nach rechts. Wir passieren einen Rastplatz,

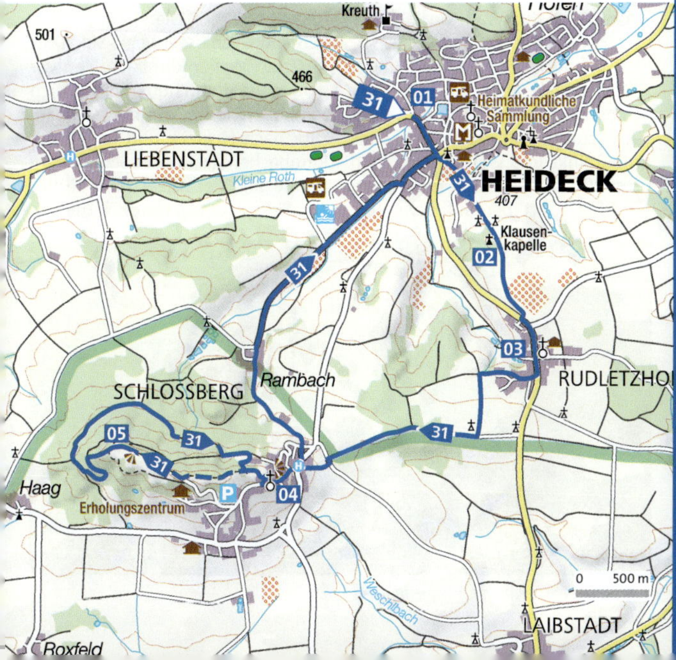

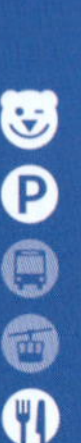

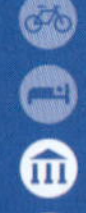

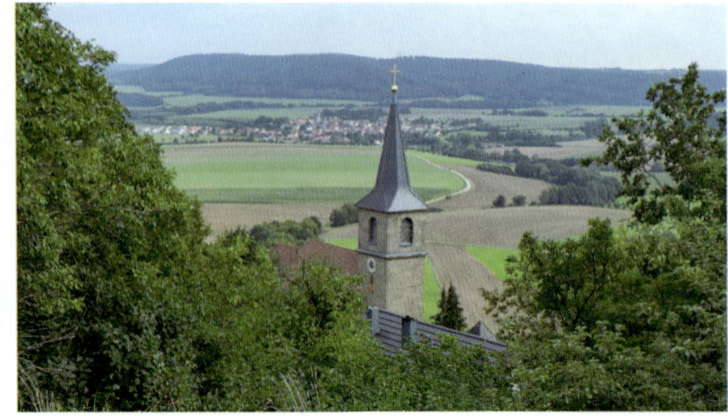

Aussicht vom Schlossberg

bei dem durch eine Schneise auf Heideck und das Schloss Kreuth blicken, und gelangen über den Schotterweg schließlich zu einem **Pavillon** 05. Der Blick reicht bis zum Brombachsee. Der Weg führt nach links in einem Bogen weiter, bevor er in einer weiten Rechtskurve durch den Wald verläuft.

Der „Heidecker Burgenweg" biegt nach links ab, aber wir folgen der Schlossbergrunde bis zu einer T-Kreuzung. Hier halten wir uns erneut links und wenden uns nach rund 200 Metern nach rechts. Unser Pfad führt bergauf über eine Wiese und zurück in den Wald. Bald erreichen wir den bereits bekannten Abzweig und biegen hier nach links ab. Erneut links und wir sind zurück am Burgstall-Plateau. Vorbei an der Kirche gehen wir zurück zur RH 21 und biegen nach links ab. Erneut halten wir uns halb links und folgen nun der Markierung „Burgen- und Schlösserweg". Sie führt uns zum Weiler Rambach, den wir geradeaus durchqueren. Durch Streuobstwiesen kommen wir zurück nach Heideck und folgen der Rambacher Straße, der Schlossberg Straße und der Alleestraße zurück zum Festplatz von **Heideck** 01.

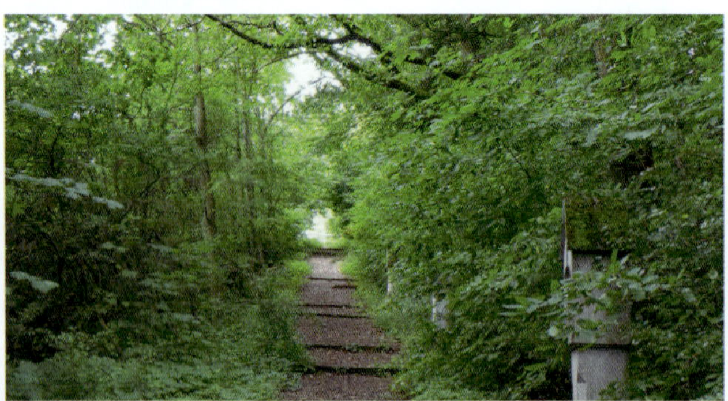

Kreuzweg zur Klausenkapelle

DURCH DAS ROTHTAL NACH HILPOLTSTEIN

Wanderreise durch Mittelfrankens spannende Industriekultur

  15,6 km 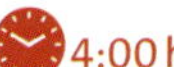 4:00 h  110 hm 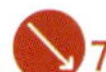 70 hm  163

START | Bahnhof Roth, S2 (Linie Nürnberg–Roth) oder RE16/60, Parkmöglichkeiten am Bahnhof.
[GPS: UTM Zone 32 x: 651.636 m y: 5.456.393 m]
CHARAKTER | Überwiegend befestigte Wald- und Feldwege, auch asphaltiert. Ohne nennenswerte Steigungen.

▶ Vom **Bahnhof Roth** 01 folgen wir dem Burgen- und Schlösserweg (Markierung BS) durch den Stieberpark, beim Stieber Mausoleum vorbei und dann über die Bleich- und Münchener Straße zum Schloss Ratibor an der Hauptstraße. Weiter geht es zum Marktplatz, wo wir in die Traubengasse abbiegen, die dann halb rechts in die Gartenstraße mündet. Auf der „Oberen Mühle“ passieren wir das **Fabrikmuseum** 02 und erreichen die Roth. Die Markierung „BS“ führt uns nach rechts und nach etwa einem Kilometer gehen wir unter der B 2 hindurch. Wir folgen der Straße und nach dem Wasserwerk geht es im Wald auf dem Forstweg weiter. Bei nächster Gelegenheit halten wir uns rechts und folgen den Wurzelpfaden, bis uns ein Feldweg nach **Hofstetten** 03 bringt. An der T-Kreuzung wenden wir uns nach links und folgen der Straße Hofstetten–

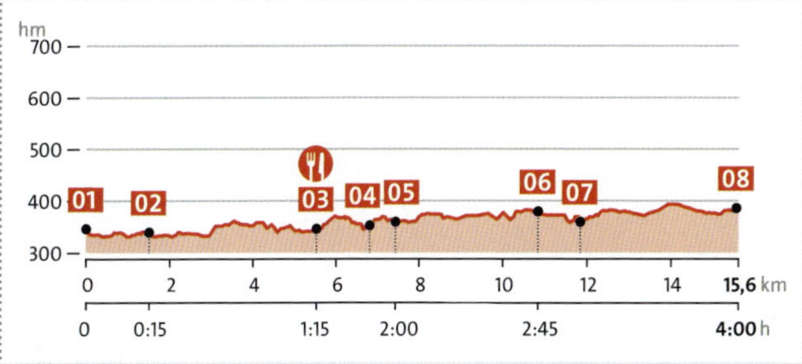

01 Bhf. Roth, 339 m; 02 Fabrikmuseum, 335 m; 03 Hofstetten, 341 m; 04 Eisenhammer, 344 m; 05 Eckersmühlen, 353 m; 06 Rothsee, 377 m; 07 Schleuse Eckersmühlen, 375 m; 08 Bhf. Hilpoltstein, 380 m;

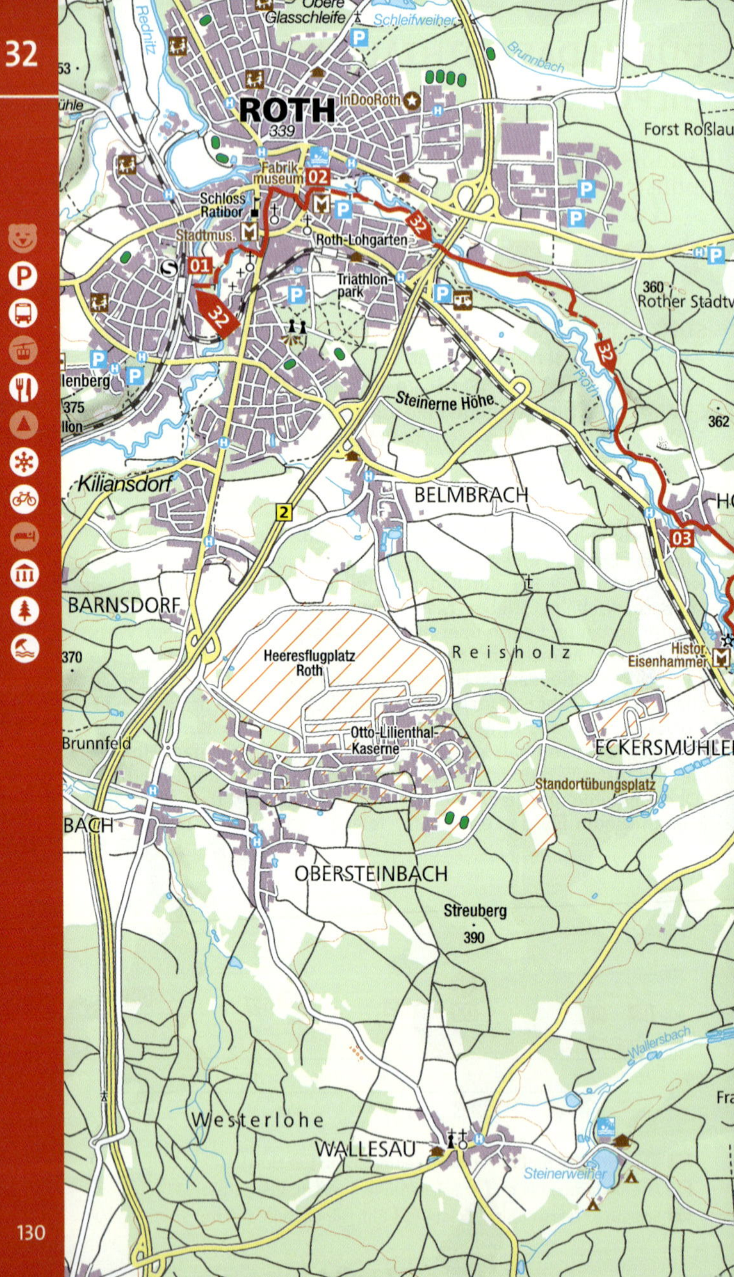
Obere Glasschleife
Schleifweiher
Rednitz
Brunnbach
ROTH
339
InDooRoth
Forst Roßlau
Fabrik-museum
02
Schloss Ratibor
Stadtmus.
Roth-Lohgarten
01
32
Triathlon-park
360
Rother Stadtw
Steinerne Höhe
Roth
362
375
Kiliansdorf
BELMBRACH
03
2
BARNSDORF
370
Heeresflugplatz Roth
Reisholz
Histor. Eisenhammer
Otto-Lilienthal-Kaserne
Brunnfeld
ECKERSMÜHLEN
Standortübungsplatz
OBERSTEINBACH
Streuberg
390
Wallersbach
Westerlohe
WALLESAU
Steinerweiher

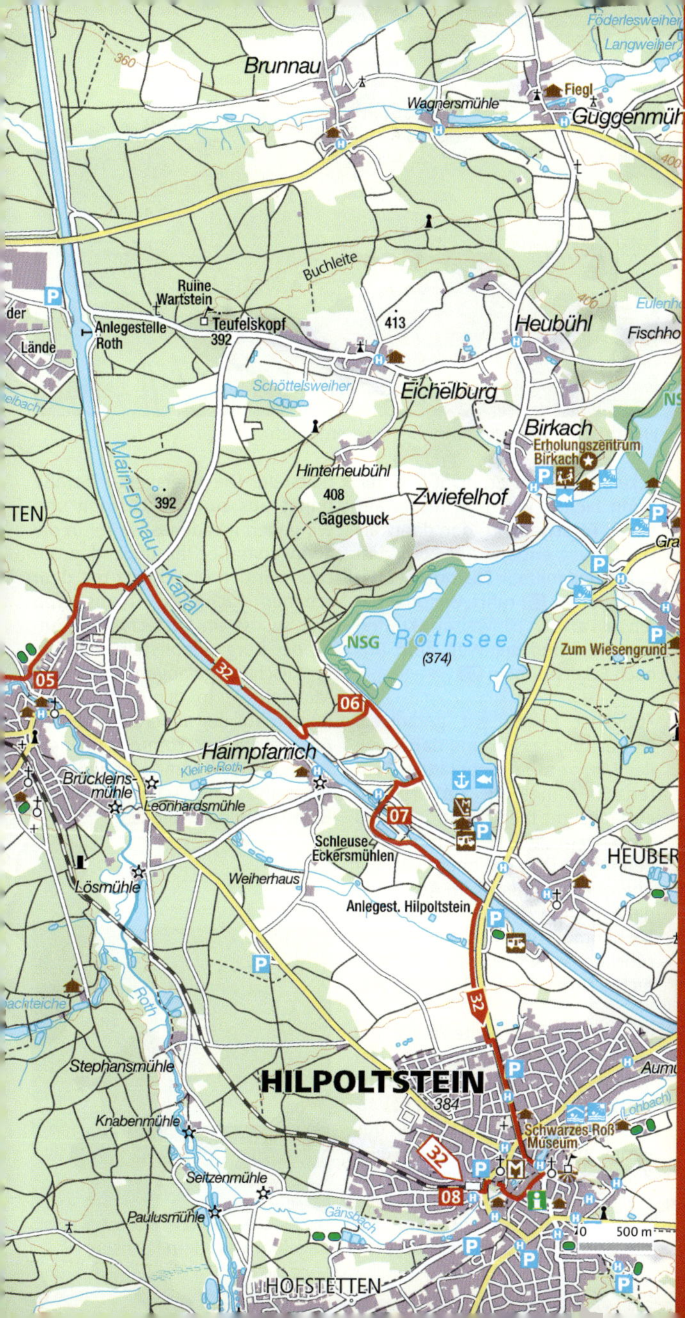

Föderlesweiher
Langweiher
Brunnau
Wagnersmühle
Fiegl
Guggenmüh
Buchleite
Ruine Wartstein
Anlegestelle Roth
Teufelskopf 392
Lände
413
Heubühl
Eulenh
Fischho
Schöttelsweiher
Eichelburg
Birkach
Erholungszentrum Birkach
Main-Donau-Kanal
392
Hinterheubühl
408
Gagesbuck
Zwiefelhof
TEN
NSG
Rothsee
(374)
Zum Wiesengrund
05
06
Haimpfarrich
Kleine Roth
Brückleinsmühle
Leonhardsmühle
07
Schleuse Eckersmühlen
Lösmühle
Weiherhaus
Anlegest. Hilpoltstein
HEUBER
Roth
Stephansmühle
HILPOLTSTEIN
384
Aumü
Lohbach
Knabenmühle
Schwarzes Roß Museum
Seitzenmühle
08
Paulusmühle
Gänsbach
HOFSTETTEN

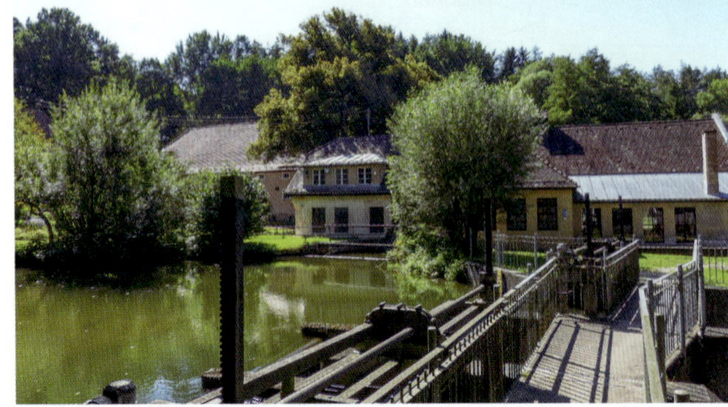

Historischer Eisenhammer bei Eckersmühlen

Eckersmühlen für rund 500 Meter. Dann biegen wir nach rechts auf einen Forstweg ab, der dann als Wurzelweg entlang der Roth zum Industriedenkmal **Historischer Eisenhammer** 04 führt. Wir orientieren uns an den Hinweisen „Kupferhammer“ und der Weg führt uns nach **Eckersmühlen** 05.

Zunächst gehen wir geradeaus weiter und lassen uns dabei von der Markierung „Seenländer“ leiten. Sie bringt uns am Ortsrand entlang und biegt dann im Wald nach rechts ab. Wir kommen an den Main-Donau-Kanal den wir überqueren und uns im Anschluss nach rechts wenden. Nach rund 1,5 Kilometern am Kanal entlang führt der Weg erst links und dann rechts zum Ufer des **Rothsees** 06.

Nach rund 700 Metern auf der rechten Uferseite zweigt der „Seenländer“ rechts in Richtung der **Schleuse Eckersmühlen** 07 ab. Hier überqueren wir wieder den Kanal und folgen ab sofort dem Zeichen „AHR“. Nach der Schleuse steigen wir nach links zum Ufer hoch und halten uns dann vor der Brücke rechts in Richtung Hilpoltstein. Die Allersberger Straße bringt uns zum Altstadtring und wir gehen geradeaus weiter in die Zwingerstraße. Ihr folgend erreichen wir den Marktplatz mit dem schönen Fachwerk-Rathaus. Von hier aus ist ein Abstecher zur Ruine der Burg Hilpoltstein möglich. Im Anschluss gelangen wir von der Marktstraße in den Park, unterqueren auf der anderen Seite den Altstadtring und kommen über die Albrecht-Dürer-Straße in die Bahnhofstraße und schließlich zum **Bahnhof Hilpoltstein** 08.

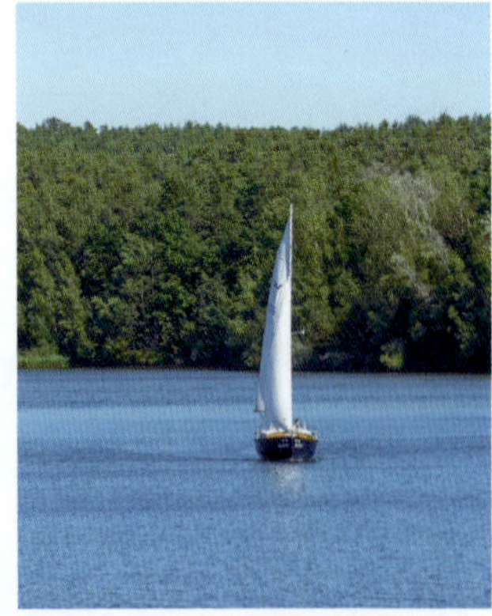

Segelboot auf dem Rothsee

ZU WASSER UND ZU LAND AM BROMBACHSEE

Wandern und Schifffahren – eine gelunge Kombination

 13,3 km 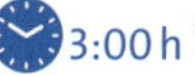 3:00 h  70 hm 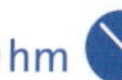 70 hm 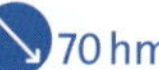  163

START | Enderndorf, Anlegestelle, (gebührenpflichtige) Parkmöglichkeiten am See; ÖPNV: Bushaltestelle „Enderndorf-Seeufer, Spalt", Seenland Express vom 01.05. bis 01.11., ansonsten eingeschränkter Linienverkehr bzw. Rufbus.
[GPS: UTM Zone 32 x: 639.575 m y: 5.445.256 m]
CHARAKTER | Überwiegend befestigte, zum Teil auch asphaltierte Wald- und Feldwege. Geringfügige An- und Abstiege

Ganz entspannt beginnen wir die Tour an der **Anlagestelle Enderndorf** 01 und fahren in 20 Minuten zunächst mit dem Trimaran MS Brombachsee zur **Anlagestelle Allmannsdorf** 02. Möglich ist das von Anfang April bis Ende Oktober. Unterwegs können wir schon einmal einen Blick auf unseren ersten Wanderabschnitt werfen. Sobald wir das Schiff verlassen haben folgen wir der Markierung 31 nach links am Nordufer des Großen Brombachsees entlang. Eine Brücke bringt uns über eine Bucht und im Anschluss wenden wir uns nach **rechts** 03 (Markierung 85, Schild „Heiligenblut"). Wir bleiben auf dem geschotterten Pfad, bis er uns aus dem Wald hinausführt. Hier sehen wir die ersten 10 bis 12 Meter hohen Hopfenstangen. Weiter geht es zur Heiligenblut-Kapelle, die für die Bevölkerung früher

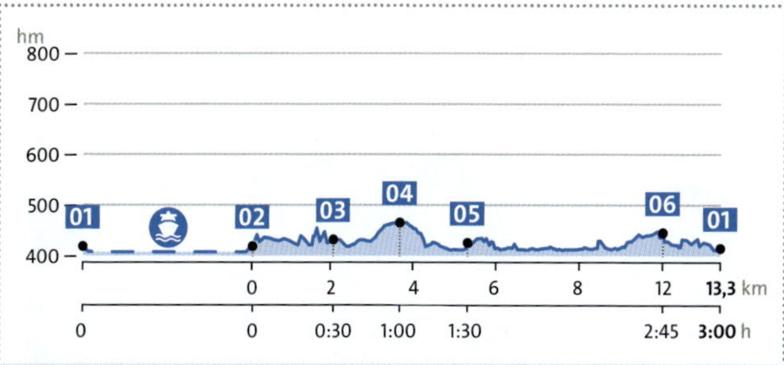

01 Anlegestelle Enderndorf, 413 m; 02 Anlegestelle Allmannsdorf, 410 m; 03 Abzw. 85, 409 m; 04 Ottmannsberg, 462 m; 05 Abzw. 3, 411 m; 06 Barfußpfad, 415 m;

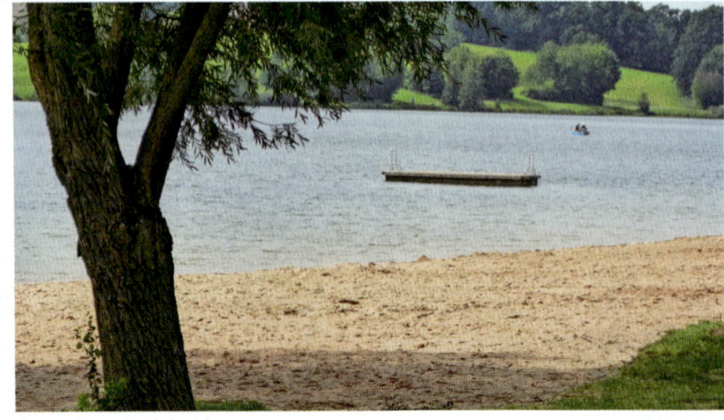

Strand am Igelsbachsee

ein wichtiger Wallfahrtsort war. Es geht noch ein Stück geradeaus und dann links durch Hopfengärten nach **Ottmansberg** 04. Auf dem Weg durch den Ort können wir die großen Bauernhöfe bestaunen. Danach biegen wir nach links auf einen Schotterweg ab, der in die Ottmansberger Straße von Enderndorf mündet. An der T-Kreuzung wenden wir uns nach links in die Freiherr-von-Harsdorf-Straße und wandern an der **Anlegestelle** 01 vorbei über den Damm. Auf

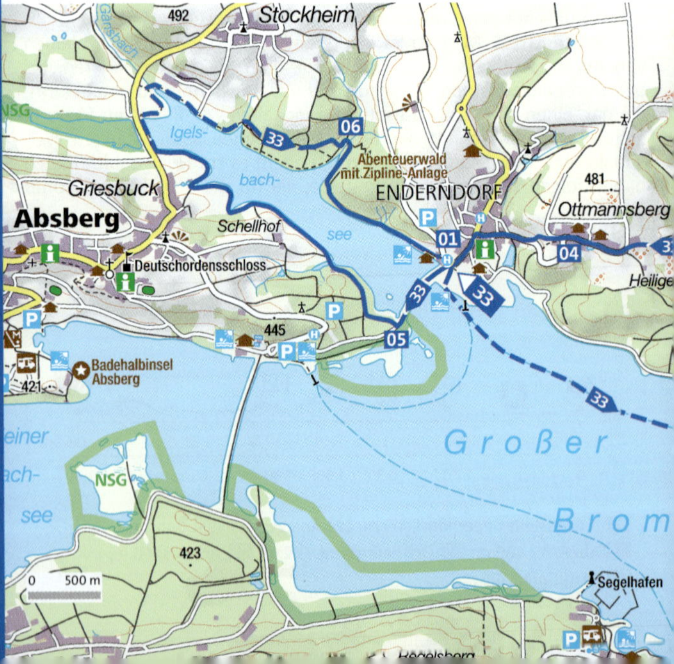

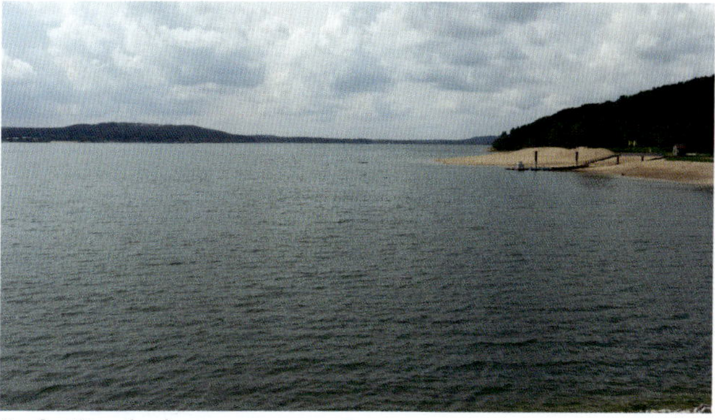

Großer Brombachsee

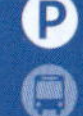
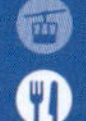

der anderen Seite folgen wir der Markierung „Spalt 3" nach **rechts in den Wald** 05. Am Waldrand haben wir dann freie Sicht auf den Igelsbachsee. Wir folgen der Uferlinie beim Ort Absberg vorbei und überqueren den Igelsbachsee über den Damm. Der Westteil des Sees ist ein Naturschutz- und Vogelbrutgebiet, dessen Wasser durch einen Durchlass in der Mitte des Damms abfließt. Am Ende des Damms gehen wir rechts am Ufer und betreten den Wald, in dem vor allem Föhren wachsen. Wir erreichen den **Barfußpfad** 06 und können mit nackten Füßen die verschiedenen Untergründe fühlen. Der Weg führt beim Abenteuerwald Enderndorf vorbei und vom Weg aus hat man eine gute Sicht auf seine Besucher. Kurz darauf erreichen wir wieder die **Anlegestelle Enderndorf** 01 und können die Tour mit einem berühmten Spalter Bier krönen.

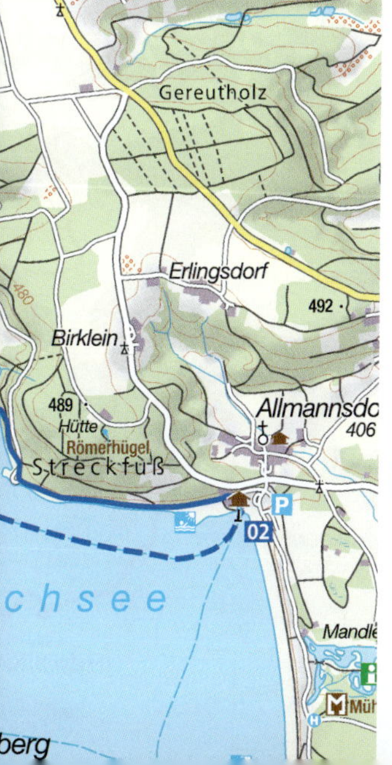

Wanderweg Igelsbachsee

SPALTER SCHLUCHTEN UND AUSSICHTEN

Höhenmeterreiche Wanderung im Hügel- und Hopfenland

 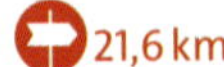 21,6 km  6:30 h 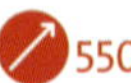 550 hm  550 hm  163

START | Spalt, Kornhaus, Gabrieliplatz 1, Parkmöglichkeiten in unmittelbarer Nähe;
ÖPNV: Bushaltestelle „Altes Rathaus, Spalt", Seenland Express vom 01.05. bis 01.11., an Wochenenden und Feiertagen eingeschränkter Linienverkehr bzw. Rufbus.
[GPS: UTM Zone 32 x: 640.503 m y: 5.448.752 m]
CHARAKTER | Sowohl befestigte Wald- und Feldwege, als auch naturnahe Wege bzw. Pfade. Steilere An- und Abstiege, gute Kondition empfehlenswert.

Vom Kornhaus in **Spalt** 01 gehen wir zum nahen Parkplatz und folgen dem Fußweg mit der Beschilderung „Müllersloch/Massendorfer Schlucht". Vorbei am Dr.-Herkules-Turm kommen wir zum Steg über die Fränkische Rezat und gehen auf der Güsseldorfer Straße weiter. Der Straße „Am Heiligen Abend" nach links immer geradeaus folgend erreichen wir bald den Wald und wählen auch an der ersten Kreuzung den Weg, der uns geradeaus weiterführt. Zunächst geht es entlang eines Hohlwegs bergauf, bis uns steile Stufen hinauf zur Alten Bürg bringen. Wir gehen an der Wallanlage vorbei und biegen bei erster Gelegenheit rechts ab in die **Massendorfer Schlucht** 02. Hier hat sich ein Bach etwa 20 Meter tief in den Sandstein gegraben. Wir kommen zu einem Wanderparkplatz und überqueren die Straße nach links, um dem breiten Flurweg zu

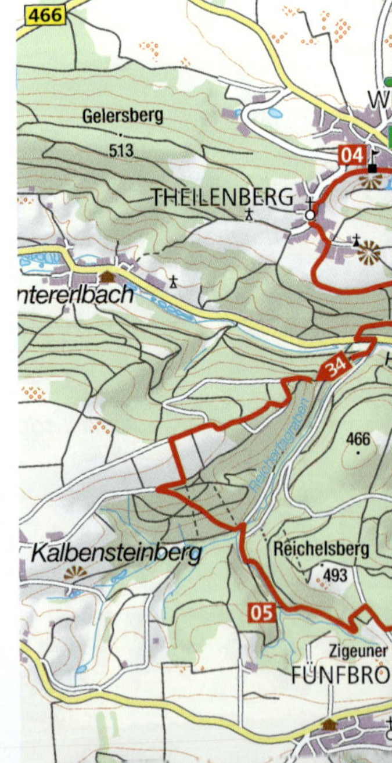

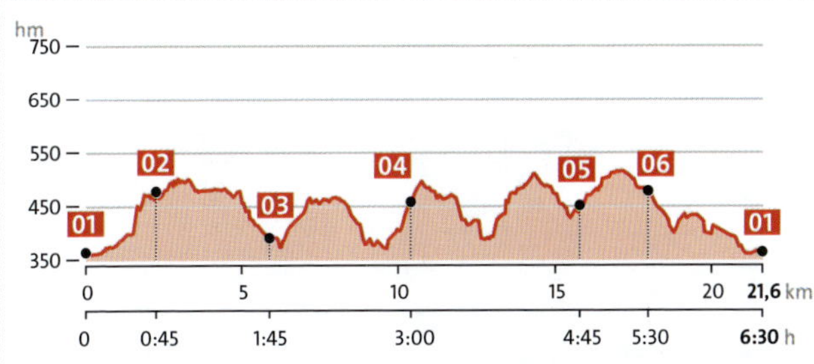

01 Spalt, 362 m; 02 Masserndorfer Schlucht, 454 m; 03 Abzw. Pflugsmühle, 383 m; 04 Burg Wernfels, 430 m; 05 Zigeunerloch, 436 m; 06 Schnittlinger Loch, 451 m;

folgen. Bei nächster Gelegenheit halten wir uns rechts und biegen im Anschuss zweimal nach links ab. Am Waldrand nehmen wir den steil bergabführenden Weg nach rechts, bis ein breiter **Schotterweg** 03 quert. Nach rechts bietet die Pflugsmühle eine Einkehrmöglichkeit. Ansonsten folgen wir dem ansteigenden Weg nach links zur Bärenburg und umrunden den keltischen Ringwall gegen den

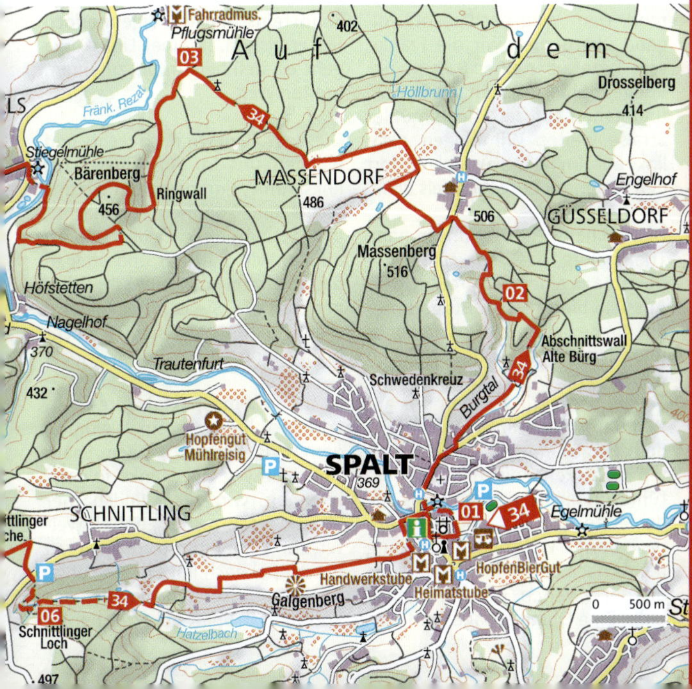

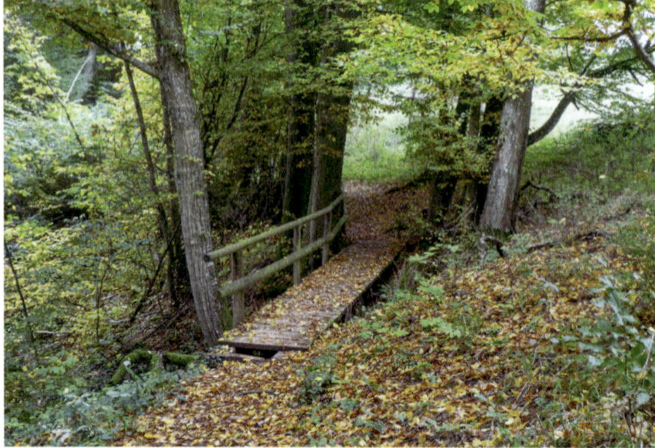

Kleine Brücke

Uhrzeigersinn. Der Hügellandweg weist uns nach rechts und auch am nächsten Querweg halten wir uns wieder rechts bis zum Waldrand. Dem Weg nach rechts folgend überqueren wir die Fränkische Rezat über einen Steg an der Stiegelmühle, kreuzen die St 2223 und gehen auf der Stiegelmühler Straße weiter. Wir biegen nach links auf „Im Tal" ab und folgen dort den Stufen zur **Burg Wernfels** 04.

Der Kirchenweg führt uns in nahe Theilenberg, das dank seiner höheren Lage eine noch großartigere Aussicht bietet als die Burg. Hinter der Kirche halten wir uns erst links und dann rechts und erreichen die Ausgrabungsstätte der Burg Theilenberg. Wir wenden uns am Waldrand nach links und folgen dem Hügellandweg in einer weiten Rechtskehre bis zur St 2723. Sie führt uns nach links weiter, bis uns der erste Abzweig über den Erlbach bringt. Wir steigen den Hang rechts nach oben und wenden uns an der zweiten Gabelung nach links. Eine Obstplantage wird umrundet und wir biegen scharf links in den Wald ab. Es geht bergab in den Reichertsgraben und wir halten uns dort rechts, bis wir die **Sandsteinschlucht Zigeunerloch** 05 erreichen. In einer Linkskurve geht es steil bergan bis zu einem breiten Weg.

Diesem folgen wir nach rechts und wenden uns im Anschluss nach links. Am Waldrand halten wir uns rechts und kommen zur mächtigen Schnittlinger Eiche. Danach queren wir die RH6 und steigen die 116 Stufen hoch zum **Schnittlinger Loch** 06. Sie ist die beeindruckendste Burgsandstein-Schlucht im Spalter Land.

Nach diesem spektakulären Abschnitt folgen wir am Waldrand dem Hügellandweg nach Spalt. Dem Fußweg nach links folgend kommen wir zur Windsbacher Straße. Nach rechts geht es weiter zur Hauptstraße, die wir an der Ampel nach links in eine enge Gasse verlassen und wieder das Kornhaus in **Spalt** 01 erreichen.

VOGELINSEL UND DAS LIEBESNEST IN WALD

Gemütliche Wanderung am Altmühlsee

  12,2 km 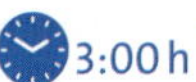 3:00 h 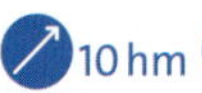 10 hm  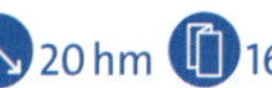 20 hm 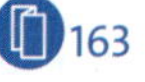 163

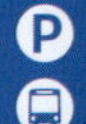
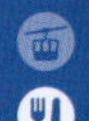

START | Bahnhof Muhr am See, von Nürnberg über Treuchtlingen oder Ansbach; Parkmöglichkeiten beim Bahnhof.
[GPS: UTM Zone 32 x: 625.339 m y: 5.446.069 m]
CHARAKTER | Überwiegend asphaltierte Wege, auf der Vogelinsel befestigte Wege; ohne Steigungen.

Vom **Bahnhof Muhr am See** 01 aus folgen wir der Bahnhofstraße bis zur **Ortsmitte** 02. Hier sehen wir das Wahrzeichen des Ortes: Den Torturm von 1752. Hier biegen wir nach links ab in die Fichtenstraße, die uns zum Infohaus des Landesverbands für Vogelschutz führt.

Direkt dahinter überqueren wir die Altmühl und stehen wenige Meter später am Ufer des Altmühlsees. Rechts von uns ist die Brücke auf die Vogelinsel, die Teil des 200 Hektar großen Naturschutzgebiets ist. Wir folgen dem Rundweg um die Insel in beliebiger Richtung und lassen uns am **Aussichtsturm** 03 überraschen, welche einmaligen Vogelbeobachtungen wir machen werden. Häufig trifft man hier auf Hobbyornithologen, die Besucher gerne an ihrem Wissen teilhaben lassen. Über 300 Vogelarten konnten in diesem Bereich des Sees nachgewiesen werden. Viele

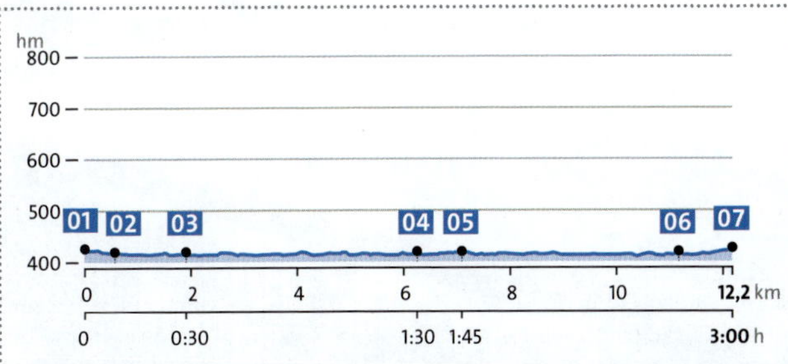

01 Bhf. Muhr am See, 419 m; 02 Muhr am See, 419 m; 03 Vogelinsel Aussichtsturm, 416 m; 04 Abzw. Wald, 415 m; 05 Kirche Wald, 415 m; 06 Abzw. Gunzenhausen, 417 m; 07 Bhf. Gunzenhausen, 416 m;

Arten brüten hier, andere nutzen den Altmühsee für eine willkommene Rast.

Nach dem ereignisreichen Rundgang geht es über die Brücke wieder zurück und wir folgen nach links dem Rad- und Wanderweg um den See. Pappeln, Weiden und Erlen flankieren unseren Weg, der uns nach wenigen Minuten zum Nesselbach führt. Das Feuchtgebiet Steckelesgraben mäandert neben uns, während wir uns dem Altmühlzuleiter nähern.

Wir überqueren ihn über die Brücke und gehen links am Seeufer weiter. Wir ignorieren die nächsten beiden Abzweige und folgen dem **dritten Weg** 04 über die Walder Altmühl. Der Ortsrand von Wald ist bald erreicht und wir folgen einer geteerten Straße bis zur nächsten Kreuzung. Hier biegen wir nach links ab und betreten den Altort mit dem prächtigen Amtshaus und einem kleinen Schloss. In einer Stichstraße erwartet und das **Neue Schloss mit Gutshaus und Kirche** 05. Dieses Jagdschlösschen erwarb der „Wilde Markgraf" Karl Wilhelm Friedrich 1749, um es als Liebesnest zu nutzen. Zurück auf der Hauptstraße gehen wir nach links weiter und wenden uns am Ortsende erneut nach links auf einen Fußweg. Am Seeufer gehen wir nach rechts weiter und passieren den Segelboothafen, den Badestrand und die Hirteninsel.

In der äußersten Bucht führt uns ein **Hinweisschild** 06 nach rechts in Richtung Gunzenhausen. Wir gehen zuerst unter der B 466 und dann unter der Bahnstrecke hindurch und biegen dann nach links ab, um den **Bahnhof Gunzenhausen** 07 zu erreichen.

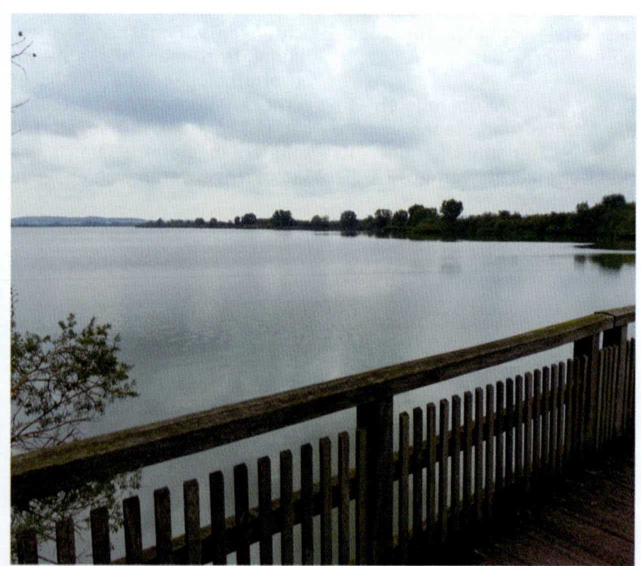

Altmühlsee mit Vogelinsel

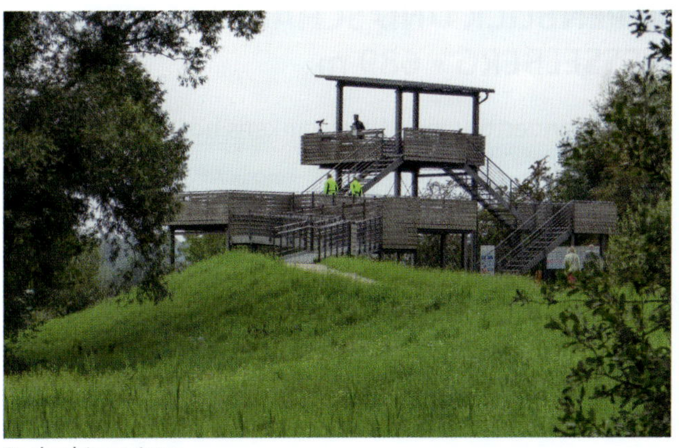

Beobachtungsturm

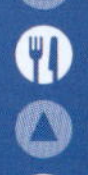

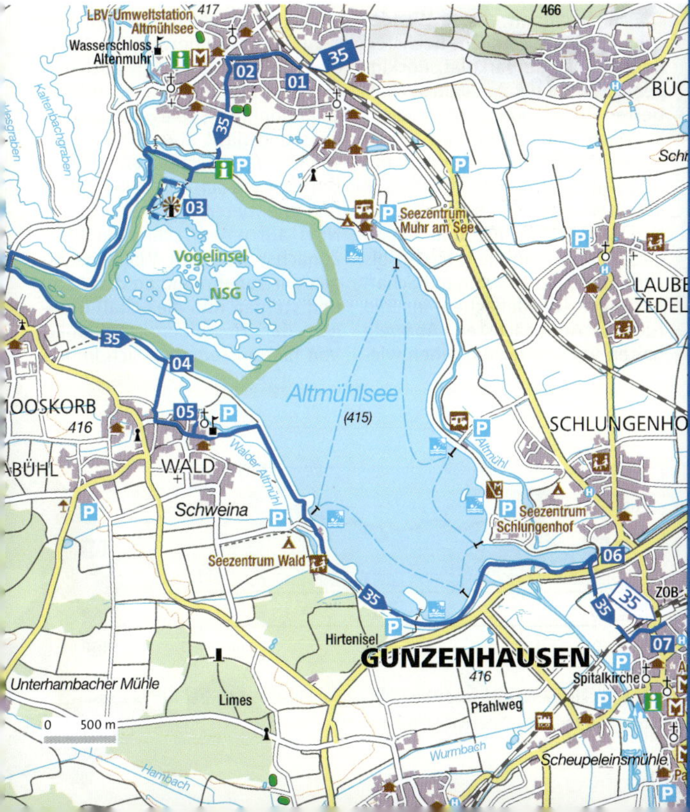

LBV-Umweltstation Altmühlsee
417
466
Wasserschloss Altenmuhr
35
02
01
Kaltenbachgraben
BÜC
Schr
03
Seezentrum Muhr am See
Vogelinsel
NSG
LAUBE ZEDEL
35
04
Altmühlsee
(415)
MOOSKORB
416
05
SCHLUNGENHO
BÜHL
WALD
Walder Altmühl
Altmühl
Schweina
Seezentrum Schlungenhof
Seezentrum Wald
06
35
35
ZOB
Hirtenisel
07
GUNZENHAUSEN
416
Spitalkirche
Unterhambacher Mühle
Limes
Pfahlweg
0 500 m
Wurmbach
Hambach
Scheupeleinsmühle

36

ALPENBLICK UND SCHAFE AM HESSELBERG • 689 m

Kurze Wandertour auf Mittelfrankens höchsten Gipfel

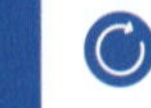 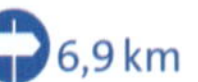

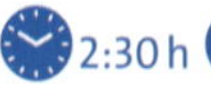

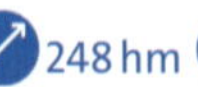

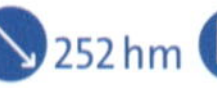

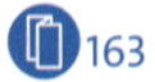

START | Röckinger Naturbad, Wanderparkplatz beim Badeweiher, Anreise mit PKW empfehlenswert, da kaum Busverbindungen. [GPS: UTM Zone 32 x: 613.349 m y: 5.435.761 m]
CHARAKTER | Sowohl befestigte Wald- und Feldwege als auch naturnahe Wege und Pfade. Zum Teil steilere Aufstiege.

Wir beginnen unsere Wanderung auf Mittelfrankens höchsten Berg am Wanderparkplatz **Röckinger Naturbad** 01. Auf dem asphaltierten Flurweg wandern wir leicht aufwärts, halten uns am ersten Abzweig links, bis zum Waldrand und einem kleinen Parkplatz. Dort gehen wir halb rechts in die prächtige **Lindenallee** 02 und folgen dieser weiter den Berg hinauf bis zum Ende, wo zunehmend Schafhutungen (Weideflächen) ins Bild rücken. Am nächsten Abzweig halten wir uns rechts, gehen wieder in den Wald und folgen nun dem „Rundwanderweg Nr. 1“ für eine Zeit lang. Beim nächsten Querweg stoßen wir auch auf den „Blaupunktweg“, biegen hier nach links und nach etwa 70 Mertern wieder nach rechts. Wir verlassen nun wieder den „Blaupunkt“ und orientieren uns weiter an der Nr. 1 auf einem schmalen Pfad. Zunächst noch im Wald, gelangen wir zunehmend an den Rand und streifen nun die Schafhutungen der Hesselberg-Nordflanke. Von hier aus ergeben sich immer

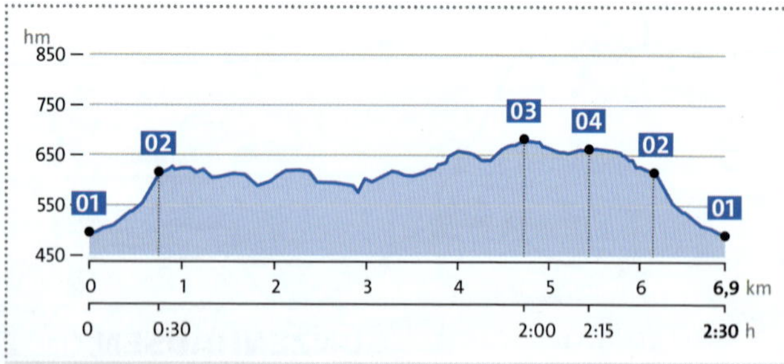

01 Röckinger Naturbad, 492 m; 02 Lindenallee, 584 m; 03 Gipfel Hesselberg, 689 m; 04 Osterwiese, 658 m;

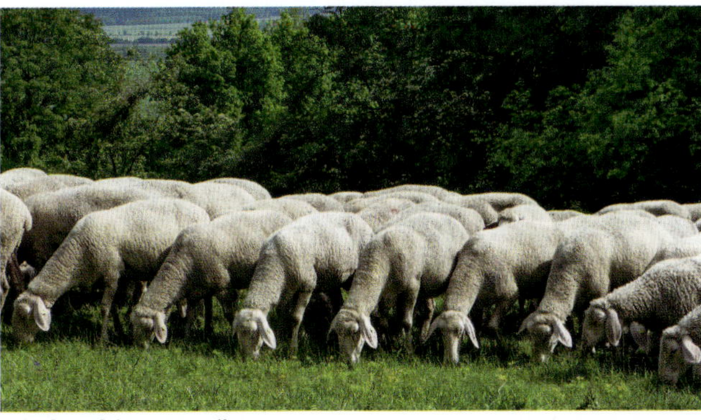

Schafe auf dem Hesselberg

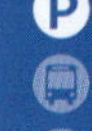

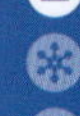
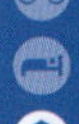

wieder Ausblicke in die „Heide" in Richtung Norden. Vorbei am Skihang geht es in den Wald, dann leicht rechts den Hang hinunter und in einer Kurve links. Dem breiten Schotterweg folgen wir bis zu einer Kreuzung, an der wir halb links der Nr. 1 folgen. Weiter geht es durch den Wald bis zu einer Lichtung, an der wir links abbiegen. An der nächsten Kreuzung verlassen wir die Nr. 1, biegen links ab und folgen nun dem „Blaustrich-Weg" hinauf zum Hesselberg-Gipfel. Un-

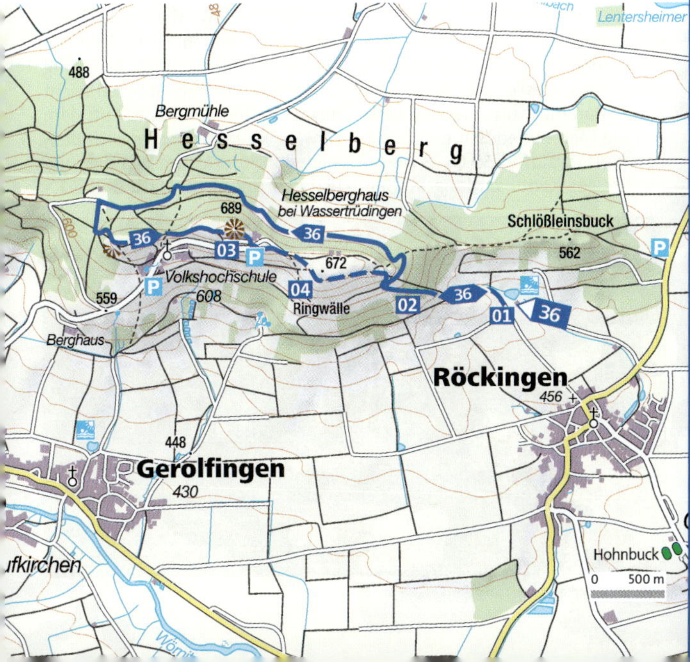

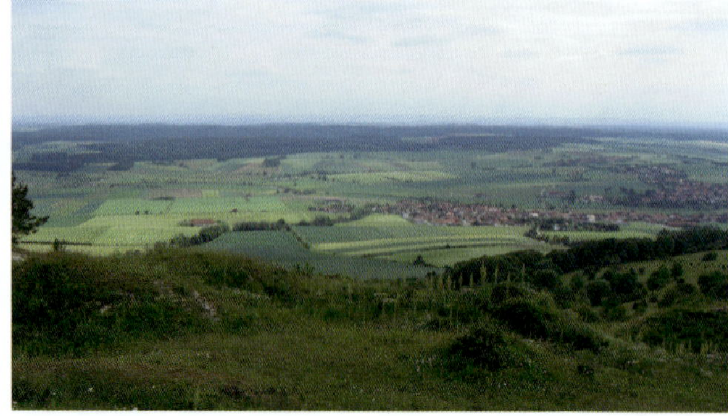

Hesselberg-Aussicht

terwegs und auf dem **Gipfel** 03 an der Sendeantenne bieten sich uns hervorragende Ausblicke in Richtung Donau-Ries und die Ostalb mit den Kaiserbergen. Ist die Luft besonders klar, reicht der Blick bis zu den Alpengipfeln, gut erkennbar ist auch das Zugspitzmassiv.

Wir halten uns weiter auf dem „Blaustrich", gehen etwas bergab vorbei am Hesselberg-Haus und einem Parkplatz und steigen dann wenige Meter wieder aufwärts zur komplett waldfreien Osterwiese. Immer der Kante entlang stoßen wir am Beginn der Osterwiese auf den **Keltenwall** 04. Und auch die Nationalsozialisten nutzten die Magie des Berges, um politisch motivierte Großkundgebungen bei den sogenannten „Frankentagen" zu veranstalten. Am Ende der Osterwiese verlassen wir den „Blaustrich", wandern halb rechts durch die obere Lindenallee und biegen an der darauffolgenden Kreuzung scharf links ab. Kurz danach leicht rechts halten und wie auf dem Hinweg wieder durch die Lindenallee und zurück zum Wanderparkplatz am Röckinger **Naturbad** 01.

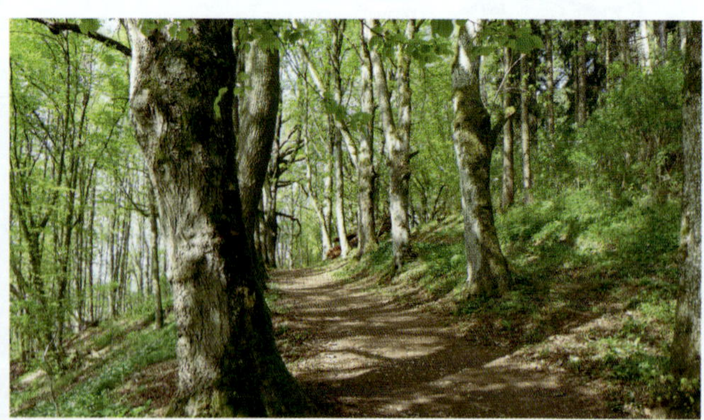

Hesselberg Lindenallee

AUF DEN SPUREN DES HEILIGEN GUMBERTUS

Verborgene Schätze entlang des Onolzbachs

  17,5 km 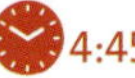 4:45 h  200 hm 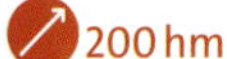  198 hm  163

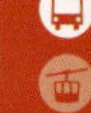
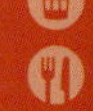
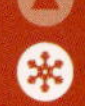

START | Ansbach, Parkplatz „Aquella", Bushaltestelle „Aquella, Ansbach", sonn- und feiertags nur Anrufsammeltaxi, Parkmöglichkeiten beim Freizeitbad Aquella. [GPS: UTM Zone 32 x: 613.343 m y: 5.462.438 m]
CHARAKTER | Überwiegend befestigte Wald- und Feldwege, zum Teil naturnahe Wege, moderate An- und Abstiege.

Start dieser Wanderung ist der Parkplatz beim **Freizeitbad „Aquella" in Ansbach** 01. Das grüne Markierungsschild „Gumbertusweg" leitet uns. Zunächst geht es in östlicher Richtung links in die Spitalstraße, dann nach rechts auf den Fuß- und Radweg entlang des Hohenzollernrings. Direkt nach der Bahnbrücke halten wir uns leicht rechts und gehen etwas aufwärts zum Waldheimweg. Diesem folgen wir immer geradeaus durch die Bocksberg-Siedlung und verlassen diese an einer Wendeplatte in Richtung Wald. Dort stoßen wir auf einen breiten Schotterweg, dem wir zunächst nach rechts und in etwa 150 Metern weiter nach links in die Bocksberg Allee folgen. Auf dieser geht es nun fast schnurgerade über den **Bocksberg** 02, dann halb links und bei einem kleinen Parkplatz wieder aus dem Wald hinaus. An der Straße Schalkhausen–Steinersdorf bie-

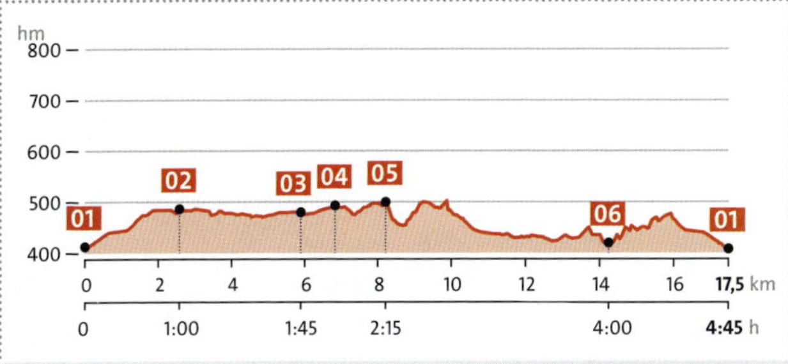

01 Aquella Ansbach, 404 m; 02 Bocksberg, 483 m; 03 Gumbertushütte, 474 m; 04 Kreuzeiche, 489 m; 05 Gumbertusbrunnen, 491 m; 06 Aussichtsturm Scheerweiher, 417 m;

gen wir rechts in Richtung Steinersdorf ab, halten uns auf dieser bis zu einer Rechtskurve und folgen dem Gumbertusweg weiter geradeaus an einer Hühnerfarm vorbei. Kurze Zeit später stoßen wir erneut auf eine Straße, der wir halb links und bis zum nächsten Abzweig weiter geradeaus folgen. Am Abzweig biegen wir leicht rechts in einen Asphaltweg ein, gehen vorbei am Naturfreundehaus **Gumbertushütte** 03 (Einkehrmöglichkeit an Wochenenden) bis zur **Kreuzeiche** 04. Das Alter dieses eindrucksvollen Naturdenkmals wird auf etwa 800 Jahre geschätzt.

An einer Wandertafel biegen wir nach links auf einen Grünweg, dann sofort rechts entlang eines Ackers und hinab durch ein kleines Waldstück, bis zu einem geschotterten Querweg. Auf diesem rechts und leicht ansteigend in den Wald hinein. An einem Holzlagerplatz am Waldrand links abbiegen und dem Weg in den Wald hinein folgen. Ab hier bewegen wir uns eine Zeit lang zusätzlich auf der Trasse des Europäischen Wasserscheidewegs, ansonsten gibt uns weiterhin der Gumbertusweg Orientierung. Der Weg wird schmaler und kurz bevor wir hinabsteigen, erreichen wir den **Gumbertusbrunnen** 05. Der Legende nach hat hier der heilige Gumbertus Taufen vollzogen.

Vom Brunnen geht es leicht bergab, bis zu einem geschotterten Querweg, an dem wir uns kurz links und sofort wieder rechts am Waldrand entlang halten, bevor es in den Wald hineingeht. Dort überqueren wir den Onolzbach (Namensgeber von Ansbach), biegen danach links ab, kommen kurz

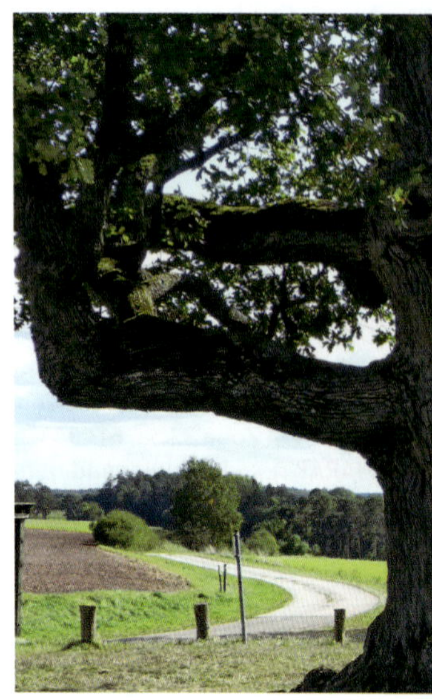

Kreuzeiche

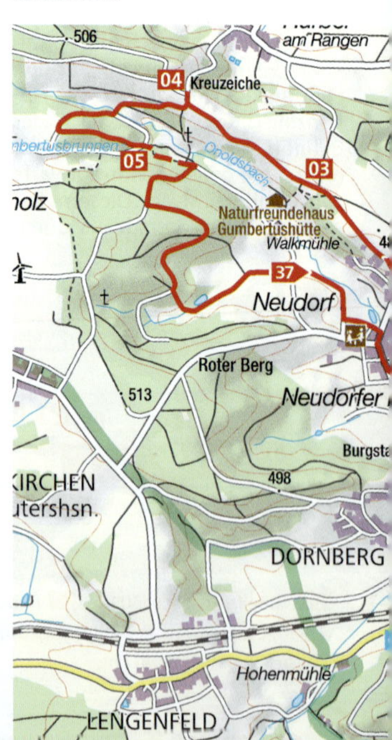

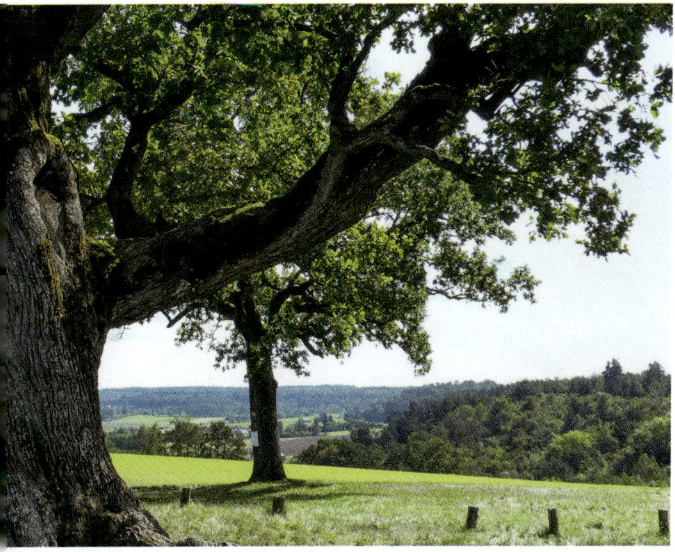

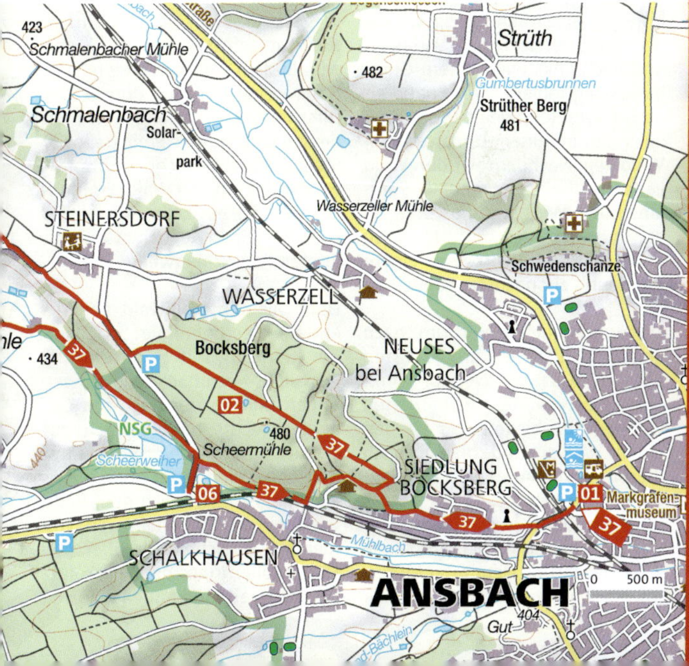
423
Schmalenbacher Mühle
Schmalenbach
Solar-
park
Strüth
Gumbertusbrunnen
Strüther Berg
481
482
Wasserzeller Mühle
STEINERSDORF
Schwedenschanze
WASSERZELL
NEUSES
bei Ansbach
Bocksberg
434
37
02
NSG
480
Scheermühle
Scheerweiher
06
SIEDLUNG
BOCKSBERG
01
Markgrafen-
museum
Mühlbach
SCHALKHAUSEN
ANSBACH
0
500 m
404
Gut

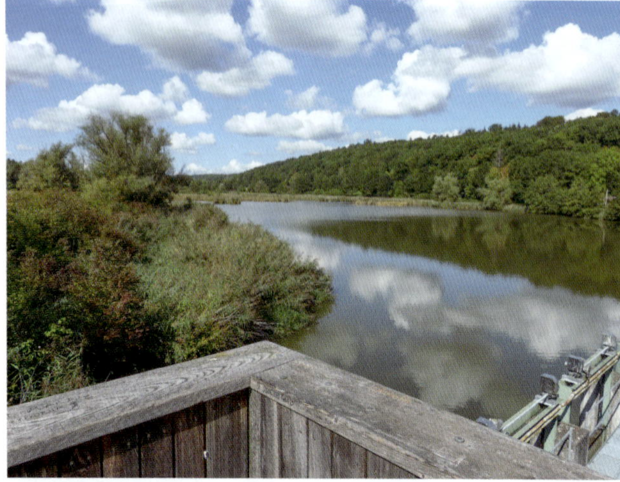

Scheerweiher, Ausblick vom Beobachtungsturm

wieder aus dem Wald hinaus und halten uns am nächsten Abzweig rechts. Es geht nun etwas aufwärts bis zum nächsten Abzweig, wo wir den Wasserscheideweg verlassen und nach links wieder dem Gumbertusweg folgen. Nach knapp einem Kilometer zweigt unser Weg links ab in einen unbefestigten Waldweg. Nachdem wir den Wald verlassen haben, gehen wir entlang eines Wiesengrunds und folgen nun dem geschotterten Weg nach rechts und vorbei an einem Weiher bis zur nächsten Kreuzung.

Diese überqueren wir um nach einem Rechtsbogen am nächsten Abzweig kurz vor Neudorf links auf einen weiteren asphaltierten Flurweg abzubiegen. Wir streifen einen Weiher und biegen nach diesem rechts auf die Straße Neudorf–Steinersdorf ab. Ein kurzes Stück wandern wir nun durch Neudorf und halten uns am Ortsende links in Richtung Neudorfer Mühle. An der Mühle vorbei bleiben wir weiter auf dem asphaltierten Weg, kommen an den Waldrand und stoßen bald auf die ersten Eichen am Wegesrand. Wir sind nun im Naturschutzgebiet Scheerweiher, den wir auf dem weiteren Weg rechter Hand sehen. Weiter durchs Naturschutzgebiet gelangen wir an dessen Ende auf die Steinersdorfer Steige. Hier kurz rechts und sofort wieder links in den Wald. Empfehlenswert ist ein kurzer Abstecher zu dem kleinen Aussichtsturm mit Infotafel am **Scheerweiher** **06**.

Durch lichten Laubwald geht es entlang der Bahnlinie bis zu einer Kreuzung mit Unterführung. Dort links hoch dem Schotterweg folgen und an der nächsten Gabelung rechts halten. Nach gut 400 Meter stoßen wir wieder auf den Hinweg, biegen nun rechts ab und gelangen nach dem Wald wieder in den Waldheimweg. Von hier aus erreichen wir über den Hohenzollernring den Parkplatz beim **Freizeitbad „Aquella“** **01**.

RUND UM DIE BURG COLMBERG

Entspannte Wandertour im oberen Altmühlgrund

 13,2 km 3:15 h 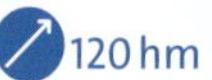120 hm 120 hm 163

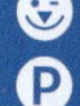
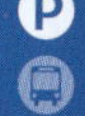

START | Colmberg, Rathaus; Parkmöglichkeiten in der Rothenburger Straße/Am Markt;
ÖPNV: Bushaltestelle „Rathaus, Colmberg“, an Wochenenden und Feiertagen stark eingeschränkter Linienverkehr.
[GPS: UTM Zone 32 x: 602.361 m y: 5.467.854 m]
CHARAKTER | Überwiegend befestigte oder asphaltierte Wald- und Feldwege, zum Teil auch naturnahe Wege. Kaum nennenswerte Steigungen.

▶ Von der Bushaltestelle „Rathaus“ in **Colmberg** 01 aus starten wir in nördlicher Richtung auf der Rothenburger Straße. An der Kreuzung Burgstraße entdecken wir das Storch-Symbol, das uns auf der gesamten Tour begleiten wird. Ihm folgend wenden wir uns nach rechts in die Burgstraße und biegen dann links in die Straße „Am Schloßberg“ ab. Hier beginnt gleich auf der rechten Seite ein Fußweg, von dem aus wir einen spektakulären Blick hinauf zur Burg Colmberg haben. Wir erreichen den Golfplatz, folgen dem Asphaltweg am Gelände entlang und passieren einen Badeweiher. Es geht geradeaus weiter, bis der „Storch“ an einer T-Kreuzung nach links weist. Kurz vor der Brücke nach Unterfelden halten wir uns rechts bis zu einem Abzweig auf die St 2245. Diese überqueren wir nach rechts und biegen nach links auf

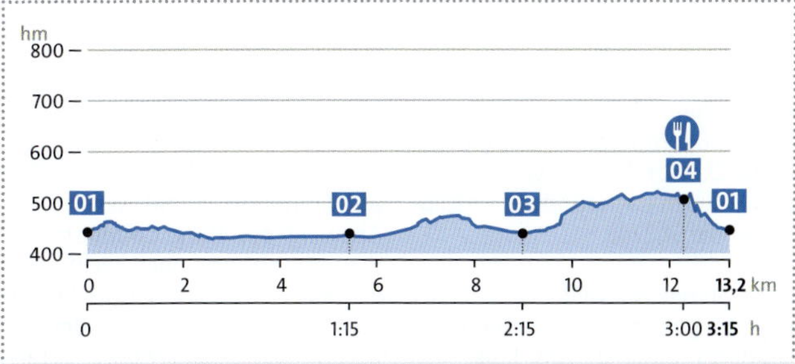

01 Colmberg, 442 m; 02 Binzwangen, 433 m; 03 Unterhegenau, 441 m; 04 Burg Colmberg, 481 m;

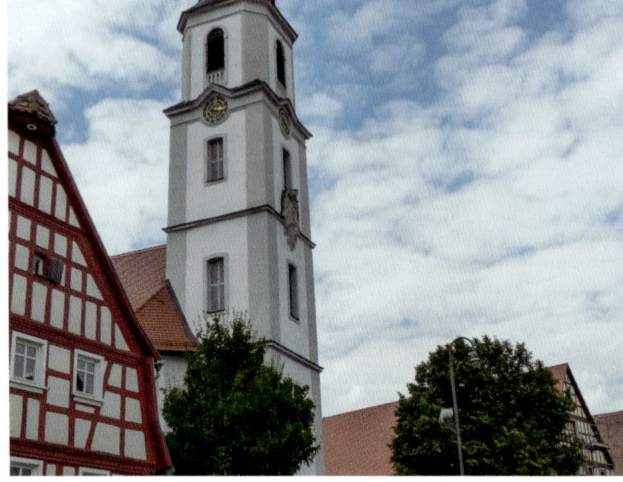

Binzwangen, Barockkirche

die Straße in Richtung Oberfelden ab. Begleitet von der malerischen Kulisse der Fachwerkhäuser durchqueren wir den Ort und gehen über die Brücke der noch jungen Altmühl. Direkt im Anschluss biegen wir nach rechts ab und erreichen nach rund 1,5 Kilometern den Ort **Binzwangen** 02.

Wir gehen weiter bis zur Bushaltestelle und könnten hier nach rechts abbiegen. Aber zuvor lohnt sich ein kurzer Abstecher zur Barockkirche, die 1751 erbaut wurde, und zum Gasthaus Zum Ochsen. Zurück an der Bushaltestelle biegen wir nun ab und überqueren erneut die Altmühl. Danach halten wir uns links und kreuzen nach rund einem Kilometer die St 2245.

Dem ersten Abzweig nach rechts folgend gehen wir unterhalb des Saubergs entlang. Am Ende des Graswegs wenden wir uns nach links am Waldrand entlang. Schließlich biegen wir nach rechts auf einen geteerten Weg ab und gehen bergab bis zur Straße. Wir folgen ihr kurz nach links und kommen dann ins kleine Bauerndorf **Unterhegenau** 03. Nachdem wir den Ort durchquert haben, halten wir uns bei nächster Gelegenheit links und dann gleich wieder rechts in Richtung Wald. Ein steiler Pfad führt den Hang hinauf, bis wir nach links auf einen Schotterweg abbiegen. In einem weiten Bogen wandern wird durch den Wald des Eichelbergs, bis der Weg aus ihm hinausführt. Wir gehen an einem großen Damwildgehege vorbei und weiter, bis eine Straße quert.

Nach rechts geht es mit Blick auf Colmberg bergab weiter. Am Abzweig zur Burg **Colmberg** 04 wenden wir uns nach rechts und erfreuen uns kurz darauf an der einmaligen Fernsicht von der früheren Hohenzollernburg. Nach dieser herrlichen Aussicht bringt uns die Burgstraße wieder hinunter nach **Colmberg** 01.

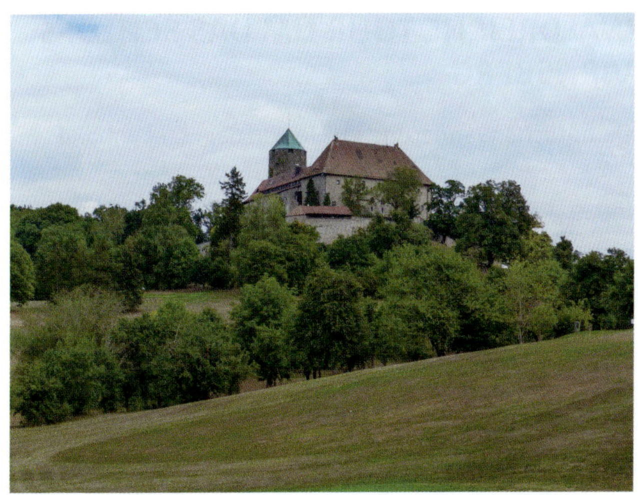

Burg Colmberg

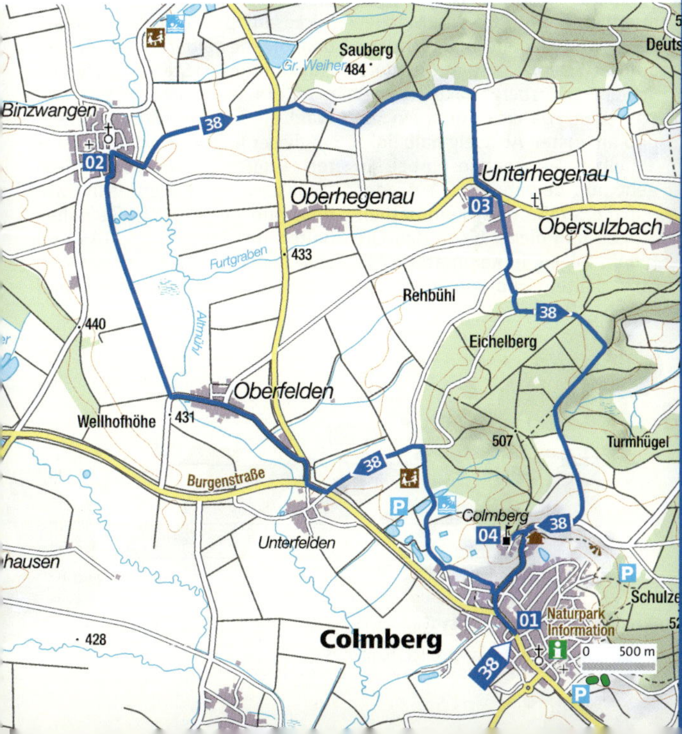

Sauberg
Gr. Weiher
484
Deuts
Binzwangen
38
02
Unterhegenau
Oberhegenau
03
Obersulzbach
Furtgraben
433
Rehbühl
38
Eichelberg
440
Altmühl
Oberfelden
Wellhofhöhe
431
507
Turmhügel
38
Burgenstraße
Colmberg
38
04
Unterfelden
hausen
Schulze
01
Naturpark Information
0 500 m
Colmberg
428
38

WALDREICHE TOUR UM DAS SCHLOSS VIRNSBERG

Gemütliche Wanderung im Herzen der Frankenhöhe

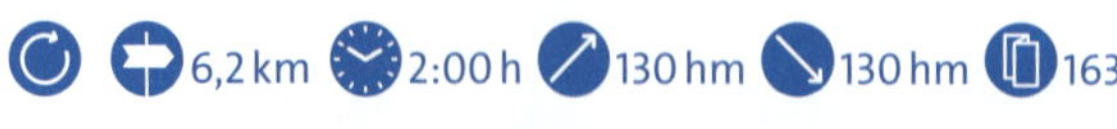

START | Virnsberg, Schloßstraße, Bushaltestelle „Virnsberg Steige, Flachslanden", von Nürnberg über Ansbach; Parkmöglichkeiten in der Schloßstraße. [GPS: UTM Zone 32 x: 609.440 m y: 5.475.701 m]
CHARAKTER | Einfache Wanderung auf befestigten Wald- und Feldwegen, nur geringfügige Steigungen.

Start der Wanderung ist der Parkplatz in **Virnsberg** 01. Wir orientieren uns an der Markierung „Wildschwein" und wandern auf der Schloßstraße in Richtung Schloss Virnsberg (aktuell geschlossen). Danach durch ein Tor und am ersten Abzweig halb links an einer Feldscheune vorbei. Es geht nun bergab, bis wir wieder auf die Straße nach Kemmathen stoßen und dieser bis in den Ort hinein folgen. In **Kemmathen** 02 links halten und zunächst am Waldrand entlang. Von hier aus ergeben sich immer wieder tolle Blicke auf das Schloss Virnsberg und die bewaldeten Hänge der Frankenhöhe. Stetig aufwärts wandern wir weiter durch den Wald bis zu einer **Kreuzung** 03. An dieser links und an der nächsten Kreuzung geradeaus dem „Wildschwein" folgen. Wir kommen nun der Hochstraße näher, halten uns kurz davor links und geradeaus weiter. An einem weiteren Abzweig geradeaus und

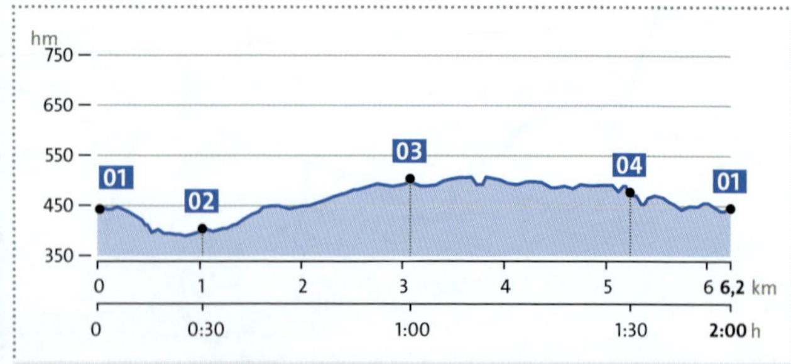

01 Virnsberg, 446 m; 02 Kemmathen, 394 m; 03 Kreuzung, 493 m; 04 Naturwaldreservat „Höllgraben", 495 m;

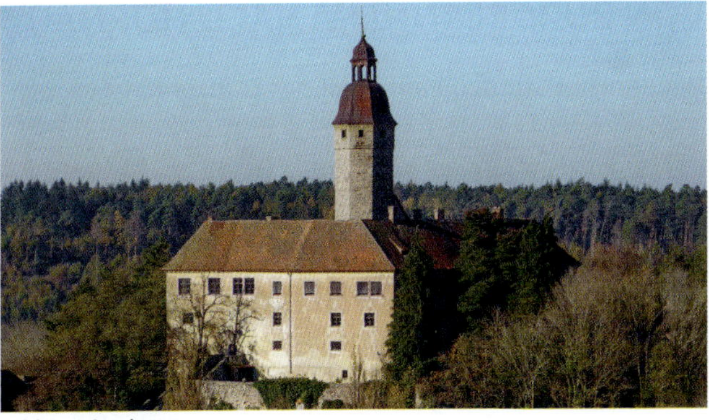

Schloss Virnsberg

dann halb rechts halten. Nach einer längeren Linkskurve erreichen wir das **Naturwaldreservat „Höllgraben“ 04**.

Dieser Wald wird komplett sich selbst überlassen, das heißt hier findet keine Bewirtschaftung statt, sodass hier ein richtiger Urwald entstehen darf. Wir gehen Richtung Virnsberg, verlassen den Wald und genießen nochmals schöne Ausblicke auf Schloss Virnsberg mit seinen umgebenden Streuobstwiesen. In Virnsberg angekommen stoßen wir auf den „Neuen Weg“, biegen an dessen Ende links in die Schloßstraße und erreichen wieder unseren Ausgangspunkt, den Parkplatz in **Virnsberg 01**.

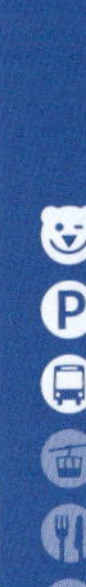

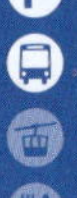
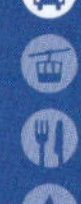

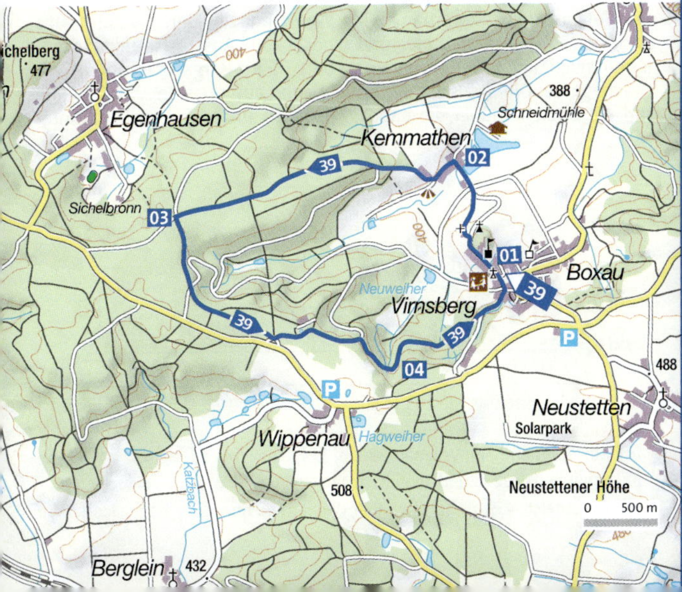

VON BURGBERNHEIM NACH HORNAU

Waldreicher Streifzug am Trauf der Frankenhöhe

 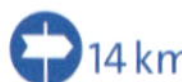 14 km  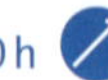 4:00 h 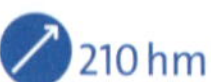 210 hm 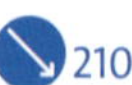 210 hm  163

START | Bahnhof Burgbernheim-Wildbad, von Nürnberg über Ansbach; Parkmöglichkeiten beim Bahnhof.
[GPS: UTM Zone 32 x: 595.118 m y: 5.477.528 m]
CHARAKTER | Sowohl befestigte Wald- und Feldwege, als auch naturnahe Wege. Zum Teil steilere An- und Abstiege.

Vom **Bahnhof Burgbernheim-Wildbad** 01 gehen wir auf der Äußeren Bahnhofstraße in Richtung des Ortes unter der Bahnstrecke hindurch und biegen links auf einen Fußweg mit der Markierung des Eichhörnchens Ernie ab. Am ersten Abzweig halten wir uns rechts, bis wir einem geteerten Fußweg nach rechts folgen. Über die Straße „Im Gründlein" und die Freibadstraße kommen wir zur Inneren Bahnhofstraße und gehen nach links weiter bis zur Straizergasse. Die Straße steigt an und wir erreichen über die Kapellenbergstraße die St.-Johannis-Kirche. Das Torhaus daneben ist das Wahrzeichen von Burgbernheim. Weiter geht es über die Treppe zum **Kappellenberg** 02, der einen herrlichen Blick über die Windsheimer Bucht bietet. Vorbei an der Sportanlage kommen wir zu den Streuobstwiesen und entdecken hier erstmals den Wegweiser des Markgrafenweges. Wir folgen dem Weg und ein Hinweis führt uns hoch zum Aussichtspunkt **Schauberg** 03. Bergab kommen wir wieder auf unseren Weg, biegen links ab und dann steil hinunter

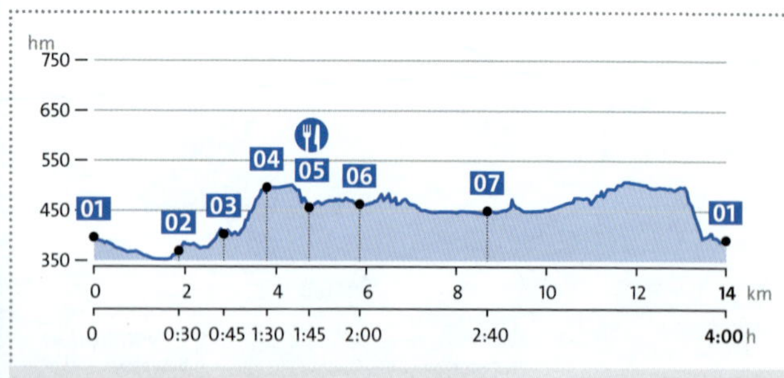

01 Bhf. Burgbernheim-Wildbad, 388 m; 02 Kapellenberg, 380 m; 03 Schauberg, 422 m; 04 Teufelshäusel, 486 m; 05 Wildbad, 448 m; 06 Hirschteich, 459 m; 07 Hornauer Weiher, 449 m;

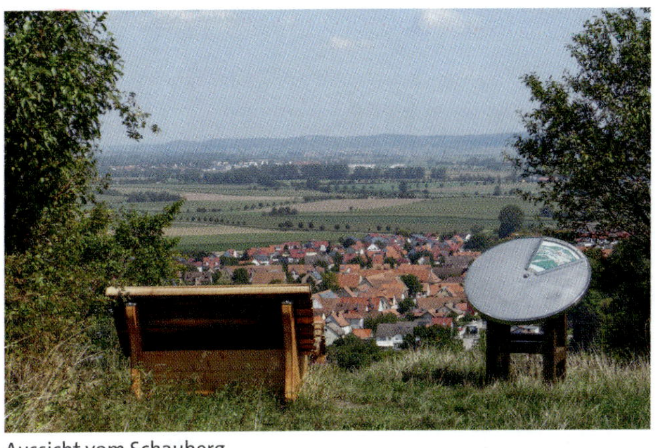

Aussicht vom Schauberg

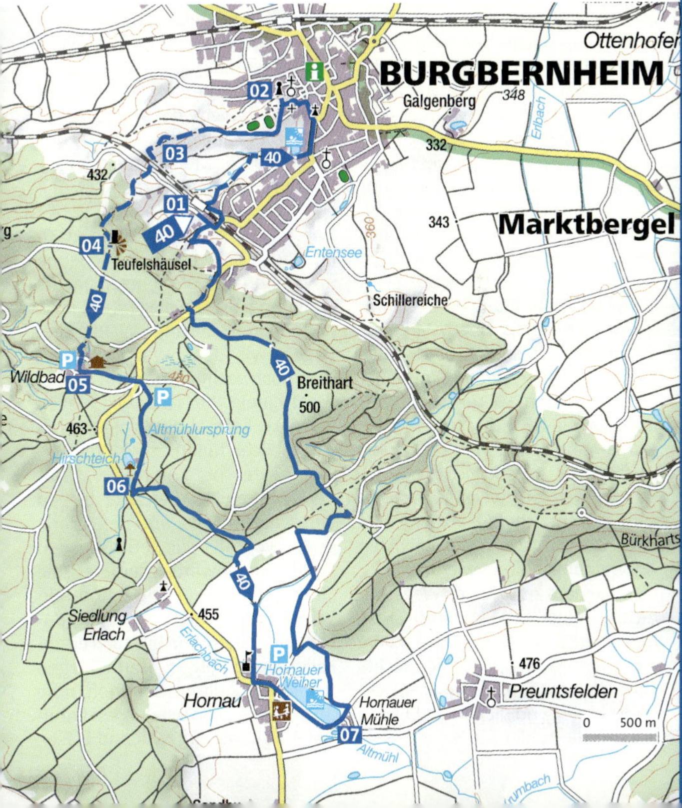

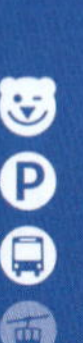

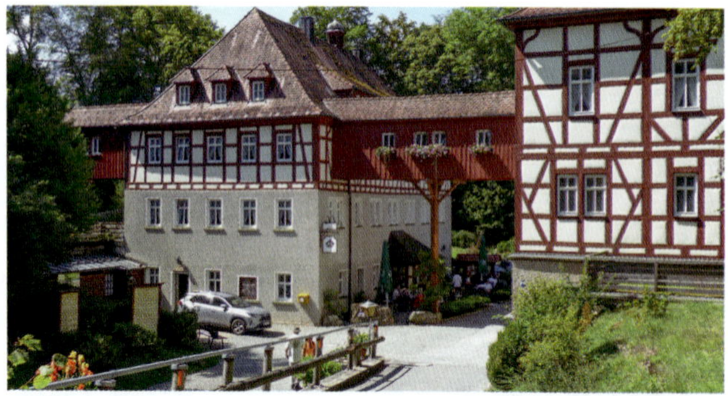
Wildbad

zu einem Fußgängersteg über die Bahnstrecke. Wir halten uns links bis zum nächsten Abzweig. Hier folgen wir dem Wegweiser „Wildbad 1,6 km" nach rechts und steigen den Himmelfahrtsberg hoch zum Wald. Stufen und Serpentinen wechseln sich ab. Dann gehen wir über eine Streuobstwiese zu einem kreuzenden Weg, dem wir nach links folgen. Der nächste Wegweiser führt uns nach links in den Wald und an einer Hangkante wenden wir uns nach links zum **Teufelshäusel** 04.

Ein Waldpfad entlang eines Baumlehrpfads endet an einem Parkplatz des ehemaligen **Wildbades** 05. Wir folgen zuerst dem „Rotkreuz" und dann dem „Grünstrich", der uns über die NEA 52 zu einem nach rechts abbiegenden Pfad führt (Wegweiser „Hirschteich 0,6 km"). Der „Grünstrich" zweigt nach rechts zum **Hirschteich** 06 ab, wo eine Rast möglich ist. An der nächsten Abzweigung halten wir uns links, bis wir einem kreuzenden Weg nach rechts folgen (Wegweiser „Hornau 2 km"). Nach einer Linkskurve weist der „Grünstrich" nach rechts zum Waldrand, folgen diesem circa 80 Meter und biegen dann nach links in die Felder ab. Bei nächster Gelegenheit halten wir uns rechts und erreichen Hornau. Wir folgen der Hauptstraße nach links und zweigen dann geradeaus auf einen Fußweg ab, der am **Hornauer Weiher** 07 entlangführt. Wir umrunden das Westufer an der Hornauer Mühle und wenn der „rote Flieger" nach rechts abbiegt, halten wir uns links und biegen erst an einem geteerten Fußweg rechts ab.

Wir folgen dem Waldrand nach links und biegen an der Scheune in den breiten Weg nach rechts ab. Bei nächster Gelegenheit links halten in Richtung Wald. Hier folgen wir dem Wasserscheideweg nach rechts und dann in den Wald hinein. Am Querweg biegen wir nach links ab und folgen dem „Blaustrich" hinauf zum Breitbart und weiter bis zur NEA 52. Auf der anderen Straßenseite biegen wir scharf rechts auf den Markgrafenweg ab. Wir verlassen den Wald hangabwärts, passieren die „Tausendjährige Eiche" und ein Wiesenweg bringt uns zum Buchenweg, dem wir bis zur Felsenkellerstraße folgen. Dann biegen wir in die Äußere Bahnhofstraße ab und erreichen wieder den **Bahnhof Burgbernheim-Wildbad** 01.

VOGELPERSPEKTIVE ÜBER ROTHENBURG OB DER TAUBER

Romantische Wanderung mit Blicken ins Hohenlohische

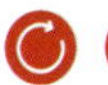 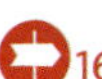 16,3 km  4:15 h  210 hm 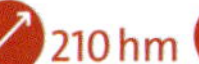 210 hm   163

START | Rothenburg ob d. Tauber, Marktplatz. Bahnhof Rothenburg, von Nürnberg über Neustadt oder Ansbach; Parkmöglichkeiten (gebührenpflichtig) um die Altstadt, z. B. P4. [GPS: UTM Zone 32 x: 585.603 m y: 5.470.012 m]
CHARAKTER | Überwiegend befestigte, zum Teil auch asphaltierte Wald- und Feldwege, mäßige An- und Abstiege-

Vom historischen Rathaus am Marktplatz von **Rothenburg ob der Tauber** 01 folgen wir der Markierung „W11“, die uns auf der gesamten Tour begleiten wird. Wir gehen an der Tourist-Info vorbei und biegen nach rechts in die Georgengasse ab. Vor uns ragt der Weiße Turm auf und durch ihn gelangen wir entlang der Galgengasse zum Würzburger Tor. Auf der anderen Seite gehen wir geradeaus weiter in die Schweinsdorfer Straße, der wir bis zum Ortsrand folgen. Dort biegen wir in den Weidleinsweg ab und kommen zu einem Bahnübergang. Danach halten wir uns links und wandern über die weiten Felder bis zur Straße Schweinsdorf–Neusitz.

Hier folgen wir dem Feldweg nach rechts unter der A 7 hindurch und biegen dann nach links um den Schafhof herum auf den Schotterweg ab. Der Weg führt uns zum

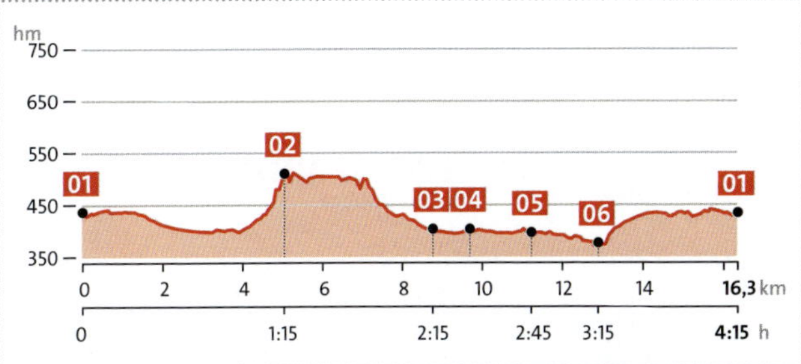

01 Rothenburg, 427 m; 02 Lug ins Land, 511 m; 03 Schweinsdorf, 402 m; 04 Bhf. Schweinsdorf, 397 m; 05 Gr. Lindleinsee, 392 m; 06 Steinbachtal, 368 m;

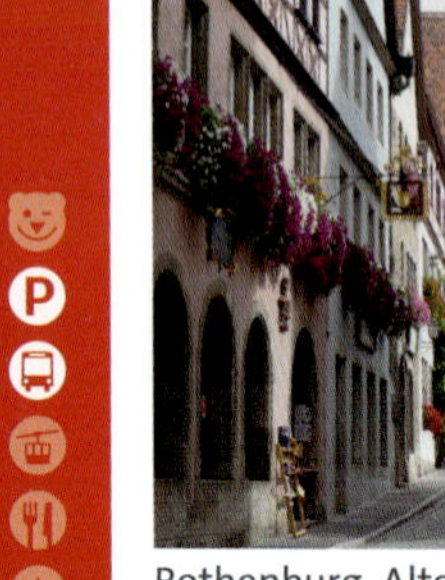
Rothenburg, Altstadt

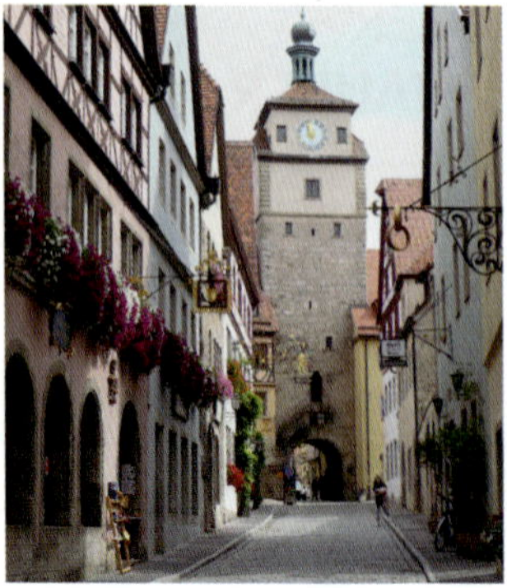

Waldrand, wo der Pfad steil zum **Aussichtspunkt Lug ins Land** 02 ansteigt. Der Blick über Rothenburg und die Hohenloher Ebene dahinter ist fantastisch. Nach links geht es weiter in den Buchenmischwald. Die Markierung „W11" führt uns an der Hangkante entlang. Wenn der breite Schotterweg nach rund einem Kilometer nach rechts abbiegt, folgen wir geradeaus einem Pfad, der wieder in einem Schotterweg übergeht. Nach 200 Metern biegen wir auf dem „W11" nach links ab und folgen dem Hohlweg der Schweinsbachklinge steil bergab. Über eine Wiese kommen wir zu einem Flurweg, der uns nach links zu einer Unterführung der A7 führt. Dahinter liegt **Schweinsdorf** 03, das Besucher mit vielen Fachwerkhäusern und einem Dorfweiher begeistert. Sobald der Ort durchquert ist, kommen wir zur **Bahnstation Schweinsdorf** 04 und wir gehen auf dem Fahrweg auf der anderen Seite der Gleise weiter.

Am zweiten Abzweig nach links gehen wir zum Großen Lindleinsees und wandern an dessen Ufer

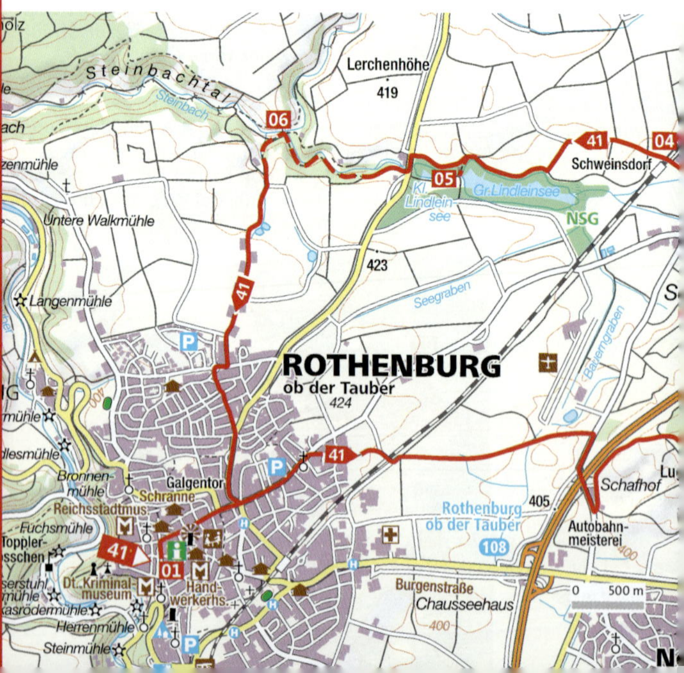

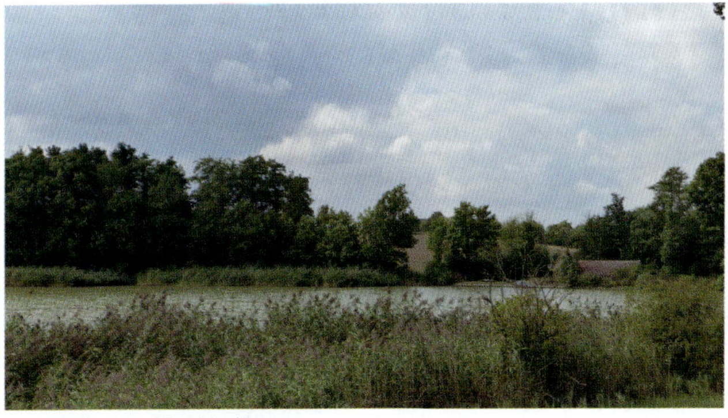

Naturschutzgebiet Lindleinsee

nach rechts weiter. Der „W10" lädt zu einem Abstecher ans Westufer des **Großen Lindleinsees** 05 ein, wo eine Schutzhütte und ein Steg einen schönen Blick über den See hinauf auf den Lug ins Land bieten. Zudem können viele, teils seltene Wasservogelarten beobachtet werden. Zurück auf dem W11 halten wir uns links und gelangen entlang des Kleinen Lindleinsees zur St 2419. Wir überqueren die stark befahrene Straße vorsichtig und erreichen das Chausseehaus. Links davon führt ein Feldweg nach rechts in den Wald. Wir folgen dem schmalen Pfad durch das Saubachtal bis zur Steinbrücke im **Steinbachtal** 06.

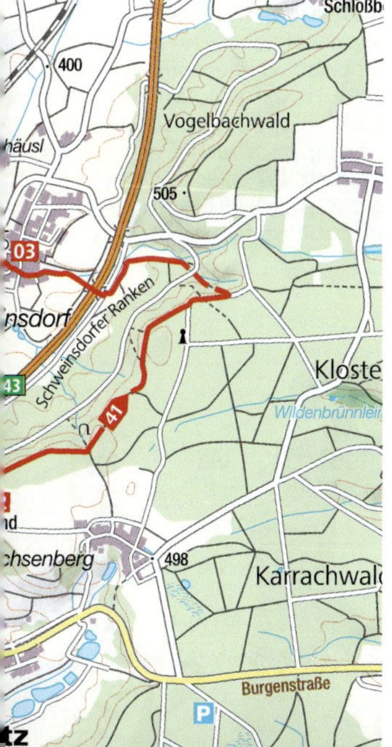

Ein steiler Weg bringt uns hoch zum Steffleinsbrunnen, wo eine Bank zu einer Rast einlädt. Der Weg steigt weiter an und wir passieren ein Sühnekreuz, bevor wir über den Gattenhofer Weg wieder Rothenburg erreichen. An der Paul-Finkler-Straße biegen wir nach rechts ab und gehen am Kreisverkehr nach links in die Ernst-Geißendörfer-Straße. Diese führt uns zur Würzburger Straße, der wir bis zur Ampel folgen. Nach rechts geht es auf dem bekannten Weg wieder zurück zum Marktplatz von **Rothenburg ob der Tauber** 01. Alternativ geht man an der Ampel geradeaus weiter und erreicht über die Obere Bahnhofstraße den Bahnhof von Rothenburg.

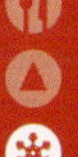

SCHNUPPERTOUR AUF DEM STEIGERWALD-PANORAMAWEG

Genusstour durch Hutewälder, hügelige Landschaften und den Bad Windsheimer Kurpark

  12,7 km  3:15 h  90 hm  90 hm 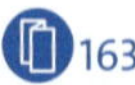 163

START | Bad Windsheim, Bahnhof. RB81, über Nürnberg und Neustadt/Aisch, Parkmöglichkeiten am Nordring oder beim Altstadtparkplatz P5, ansonsten „An der Ruhbank“.
[GPS: UTM Zone 32 x: 602.337 m y: 5.484.876 m]
CHARAKTER | Sowohl befestigte Wald- und Feldwege als auch naturnahe Wege sowie Wege durch Weinberge und den Kurpark. Nur geringfügige Steigungen.

Vom **Bahnhof Bad Windsheim** 01 führt eine Fußgängerbrücke über die Gleise zum weitläufigen Kurpark. Wir folgen dem Schild „Zum Steigerwald-Panoramaweg“ und durchqueren den Kurpark entlang der Hauptallee. Die Wegmarkierung lässt uns an der Hans-Schmotzer-Allee nach links abbiegen und der von Bäumen und Hecken eingefasste Weg biegt nach rechts ab zum Kühwasergraben. Wir kreuzen die Straße Bad Windsheim–Oberntief und gehen geradeaus am Wanderparkplatz Gräfwiesen vorbei, um dem Gräfgraben zu folgen. Hinter einem Weiher kommen wir zu einer Forststraße. Wir folgen ihr nach links, bis uns die Wegmarkierung nach rechts bergauf ins **Gräfholz** 02 schickt. Oben biegt der Weg nach rechts ab und die Informationstafeln des Steller-Pfads

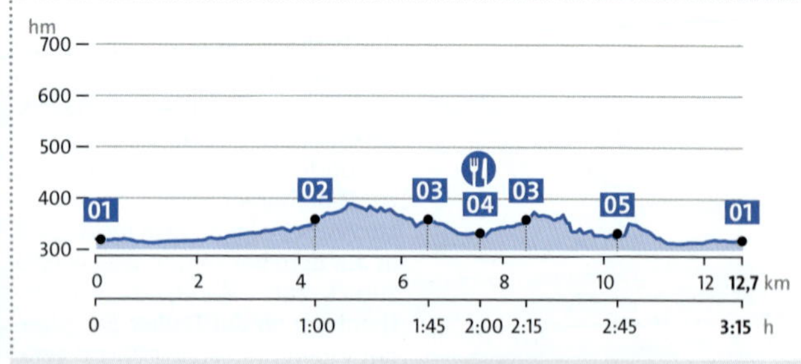

01 Bhf. Bad Windsheim, 314 m; 02 Gräfenholz, 343 m; 03 Abzw. Steller-Pfad, 357 m; 04 Oberntief, 329 m; 05 Abzw. Scheibenberg, 321 m;

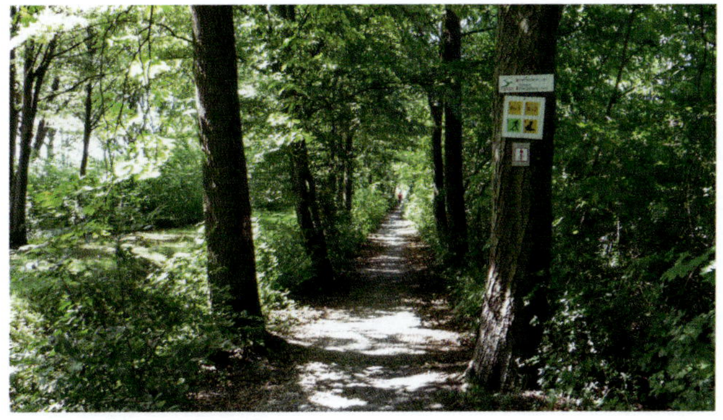

Steigerwald-Panoramaweg

präsentieren Schmetterlinge und Käfer. Während der **Steller-Pfad** 03 nach rechts abzweigt, gehen wir geradeaus weiter und bleiben auf dem Steigerwald-Panoramaweg. Er führt uns bald nach links, hinunter in den Ortsteil **Oberntief** 04. An der Oberen Tiefstraße bie-

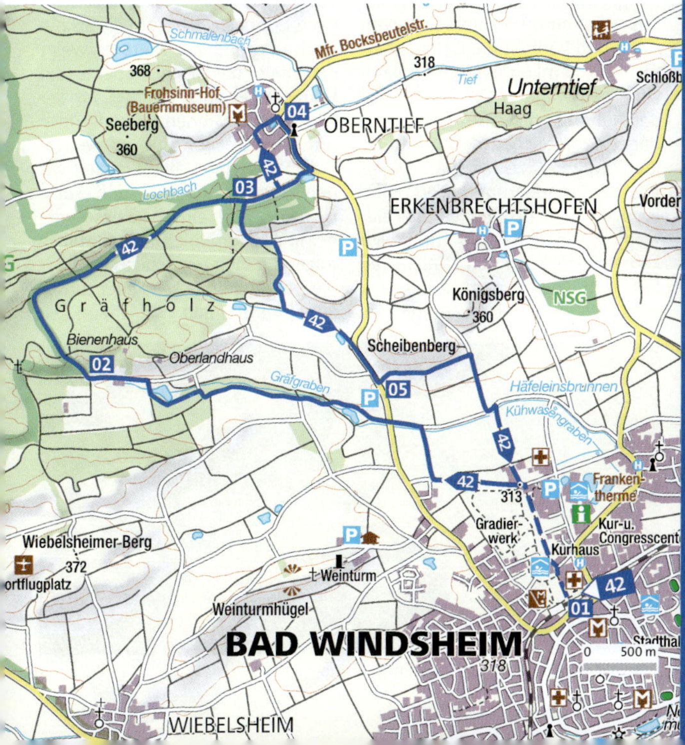

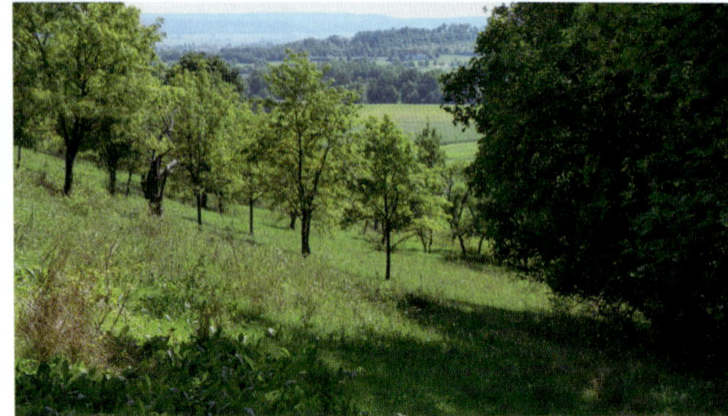
Ausblick Aischgrund, Frankenhöhe

gen wir nach rechts ab und halten uns dann erneut rechts auf der Kehrenbergstraße um den Dorfweiher herum. Hier lassen wir den Steigerwald-Panoramaweg hinter uns. Wir kommen zum Schwarzen Adler und können die Gelegenheit für eine Einkehr nutzen. Dann verlassen wir den Ort wieder auf der Kehrenbergstraße und folgen dabei dem Zeichen des Kelten-Erlebniswegs. Kurze Zeit später weist uns die Markierung „BW1“ den Weg nach rechts auf einen Feldweg, der in den Wald führt. Wir kehren zurück auf den **Steller-Pfad** 03 und folgen ihm nun nach links um den Dachsberg herum. Streuobstwiesen begleiten unseren Weg, während wir bergab zum Lochbrunnengraben wandern.

Wir halten uns links und biegen am Parkplatz nach rechts auf die Straße ab. Nach rund 250 Metern zweigt unterhalb des Scheibenbergs ein **Feldweg** 05 nach links ab. An der T-Kreuzung wenden wir uns nach rechts und gehen nun immer geradeaus weiter. Dabei kreuzen wir den Kühwassergraben und kommen kurz nach einem Pavillon wieder in den Kurpark. Der Hauptallee folgend gehen wir schließlich über die Fußgängerbrücke wieder zurück zum **Bahnhof Bad Windsheim** 01.

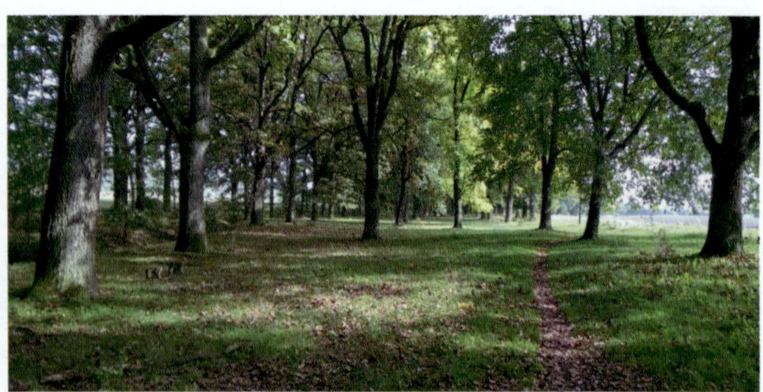
Ehemaliger Hutewald, Bad Windsheim

TALAUEN UND WEINPANORAMA BEI DER BURG HOHENECK

Genüssliche Wanderung fürs Auge und den Gaumen

 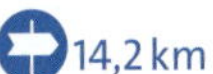

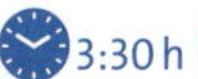

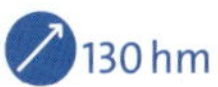

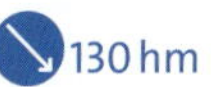

START | Ipsheim, Bahnhof. RB81, von Nürnberg über Neustadt/Aisch; Parkmöglichkeiten beim Bahnhof.
[GPS: UTM Zone 32 x: 607.587 m y: 5.487.057 m]
CHARAKTER | Überwiegend auf befestigten, zum Teil auch asphaltierten Wald- und Feldwegen sowie naturnahen Wegen. Mäßige An- und Abstiege.

Vom **Bahnhof Ipsheim** 01 folgen wir der Bahnhofstraße zum Markgrafenplatz und halten uns rechts auf der Hauptstraße (B 470) am Marktplatz vorbei. In einer Rechtskurve gehen wir geradeaus weiter auf der Kaubenheimer Straße und biegen kurz darauf nach rechts auf den Grundweg ab.

Wir folgen dem Aischtal-Radweg zur Nundorfermühle, vor der wir uns rechts halten und die Aisch über eine Holzbrücke überqueren. Nach rechts geht es weiter und in der Ferne können wir stellenweise den Kirchturm von Dottenheim ausmachen. Während wir dem Fluss folgen, verläuft in Sichtweite neben uns der Aisch-Flutkanal mit seinen Nebengräben. Pappel, Weiden, Eschen und andere Liebhaber von Feuchtgebieten prägen die Auenlandschaft. Nach rund 2 Kilometern erreichen wir eine T-Kreuzung kurz vor Dottenheim. Wir halten uns rechts und statten zunächst der Kirche **St. Mar-**

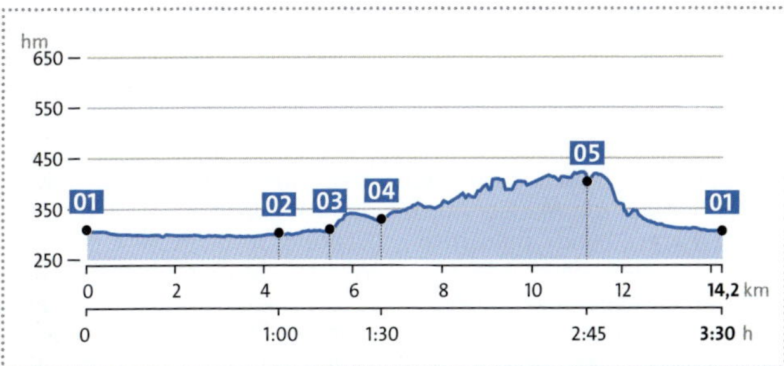

01 Bhf. Ipsheim, 305 m; 02 St. Markus, 305 m; 03 Wirtschaftsweg, 309 m; 04 einzelner Baum, 329 m; 05 Ipsheimer Weinberge, 421 m;

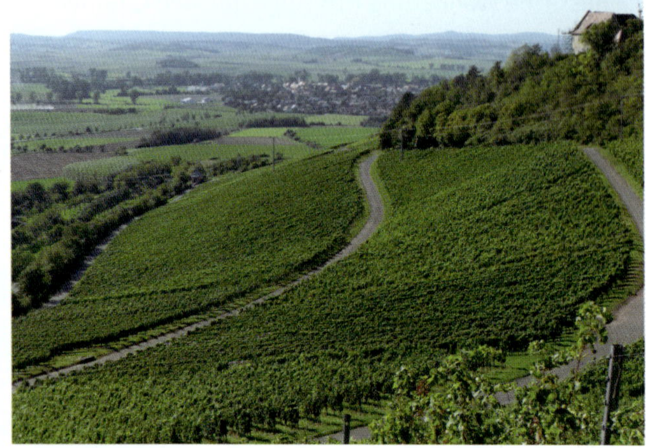

Weinberg Hoheneck

kus 02 einen Besuch ab. Anschließend durchqueren wir den Ort mit seinen schönen Bauernhäusern und biegen kurz vor dem Ortsende nach rechts in die Hardtstraße ab. Der Markierung „D5“ folgend überqueren wir die Bahnstrecke und wenden uns dann nach links auf einen **Wirtschaftsweg** 03.

Dieser steigt an und wir bleiben an der nächsten Kreuzung auf dem befestigten Weg. Die Markierung „D1“ an einem einzelnen **Baum** 04 weist nach rechts und wir folgen dem Weg in den Wald. Hier treffen wir auf die Markierungen „Roter Flieger“ und „Gelbstrich“. Wir überqueren die NEA 26 nach rechts und biegen rund 200 Meter weiter nach links zum Weinberg ab. Zwischen Rebhängen und Waldrand gehen wir weiter und tauchen dann wieder in den Wald ein. Wir durchwandern das Waldstück und folgen anschließend dem Waldrand bis zur NEA 35. Diese führt uns geradeaus weiter bis zum Weiler Bühlberg, wo wir dem Wegweiser „Burg Hoheneck Weinwanderweg“ nach rechts folgen. Nach 250 Metern halten wir uns links und kommen in die **Ipsheimer Weinberge** 05. Am obersten Weinbergweg wenden wir uns nach rechts und genießen die spektakuläre Aussicht auf die Burg Hoheneck. Wir umrunden den Hohenecker Rangen und zweigen an einer Kapelle nach rechts ab. Der Weg führt zum Aischtal-Radweg und wir folgen ihm nach rechts in Richtung Ipsheim. Wer nach der Wanderung durch den Weinberg das fertige Produkt probieren möchte, findet im Ort verschiedene Einkehrmöglichkeiten. Die Bahnhofstraße führt uns im Anschluss wieder zurück zum **Bahnhof Ipsheim** 01.

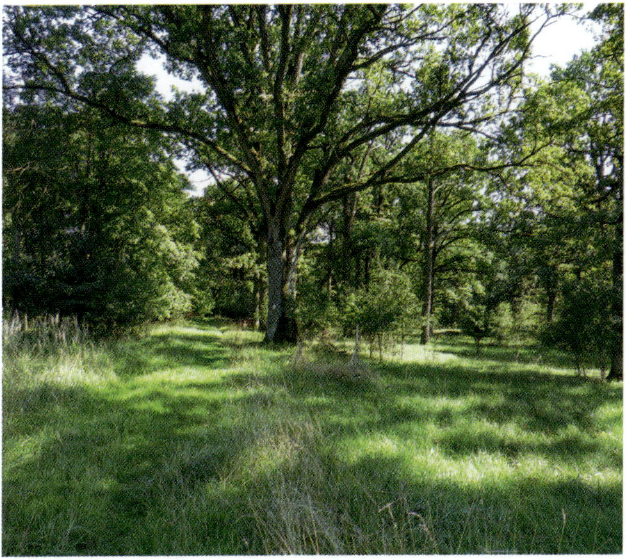

Ehemaliger Hutewald, Walddachsbach

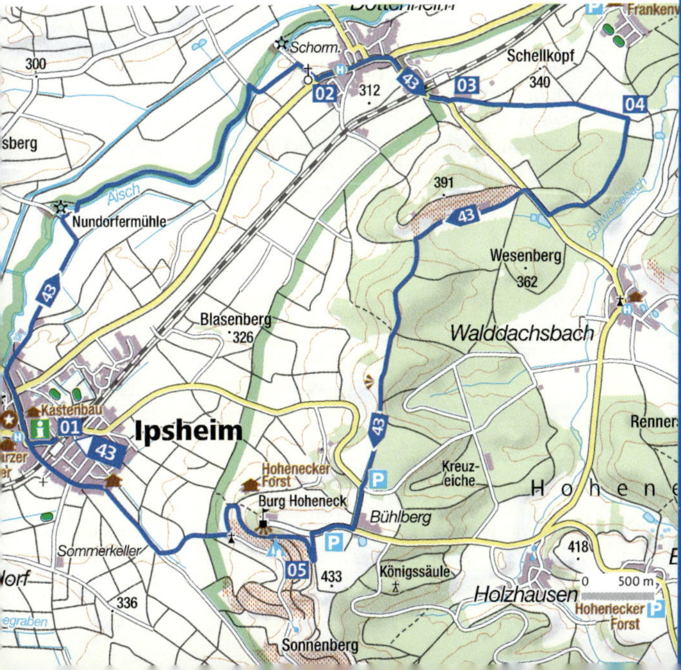

DURCH DAS GEROLDSBACHTAL ZU DEN SIEBEN BUCKELN

Rund um die Markt Nordheimer Gipshügel

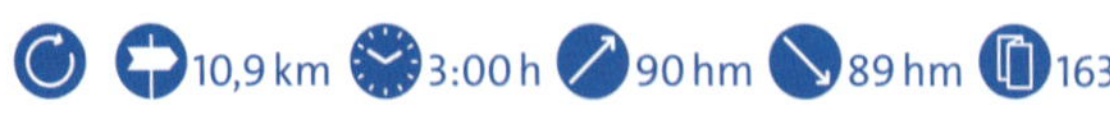

START | Markt Nordheim, Anfahrt mit PKW empfohlen, Parkmöglichkeiten bei der Kirche St. Georg. [GPS: UTM Zone 32 x: 597.945 m y: 5.494.052 m]
CHARAKTER | Überwiegend befestigte Wald- und Feldwege, zum Teil asphaltiert, geringe An- und Abstiege.

Die Kirche St. Georg in **Markt Nordheim** 01 ist unser Startpunkt und vorbei am Dorfladen gehen wir zum Geroldsbach. Rechts am Bach entlang gehen wir weiter und genießen die Holzbrücken und die schönen Häuser mit ihren gepflegten Vorgärten. Wir kreuzen einen Weg und folgen dem Pfad zur früheren Mühle nach rechts. Kurz darauf verweist uns das Zeichen „MN5“ auf einen geteerten Weg ins Geroldsbachtal. Der Bach fließt links von uns hinter Sträuchern und Bäumen, während sich vor uns der südliche Steigerwald abzeichnet. Bevor wir den Waldrand erreichen, folgen wir dem „MN5“ und dem Lutherzeichen nach links (Schild „Ulsenheim“) und wandern unterhalb des Stellenbergs entlang. Kurz vor Erreichen der NEA 31 biegen wir scharf nach rechts oben ab (Schild „Aussicht Hohenkottenheim“). Der Weg wird zunehmend steiler und führt schließlich auf eine Wiese. Wir folgen dem Weg weiter und erreichen das **Wein-**

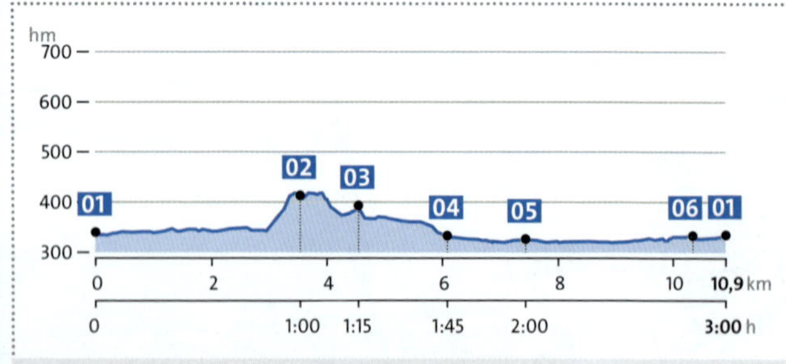

01 Markt Nordheim, 332 m; 02 Weinberghaus, 404 m; 03 Abzw. rechts, 370 m; 04 Grasweg, 330 m; 05 Sieben Buckel, 326 m; 06 Schloss Seehaus, 325 m;

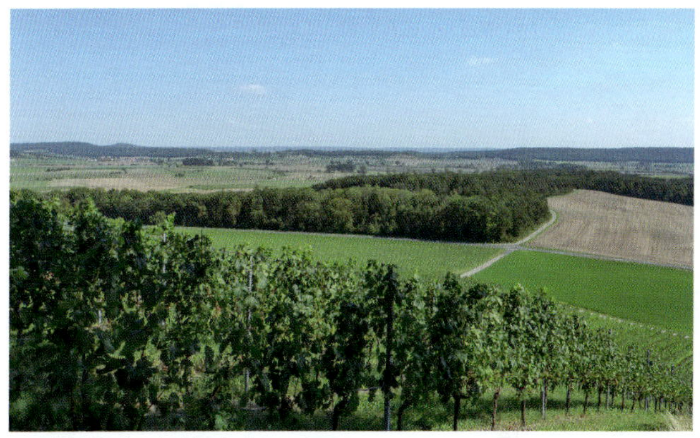

Aussicht Hohenkottenheim

berghaus 02 mit einer Rastbank. Von hier aus kann man an klaren Tagen bis zur Burg Hoheneck blicken. Der Weg führt oberhalb der Weinlage Hohenkottenheim entlang, bis wir an einer T-Kreuzung nach links ins Tal abbiegen. Auch am nächsten Querweg halten wir uns wieder links. Am folgenden Abzweig gehen wir einfach vorbei und wandern am Fuß der Rebhänge weiter bis zur nächsten

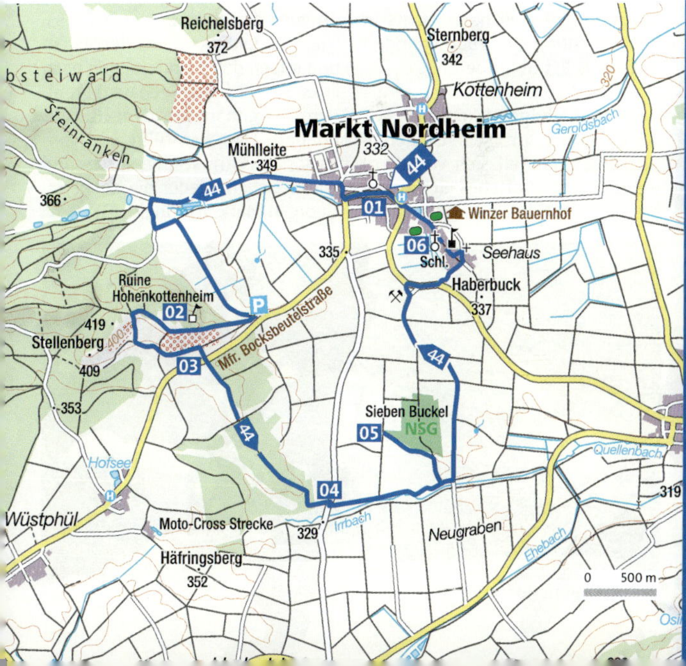

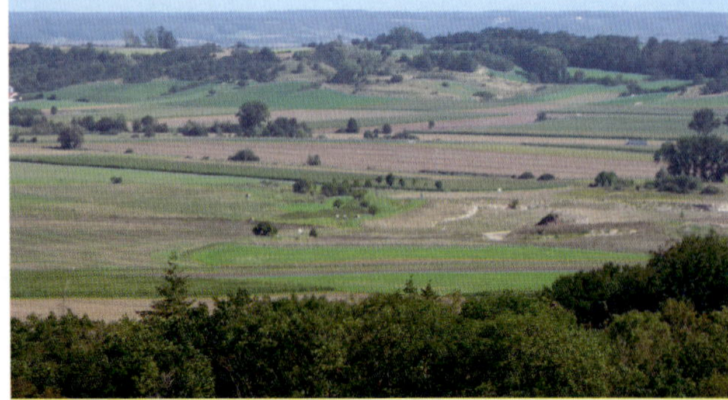

Gipshügel

T-Kreuzung 03. Hier verlassen wir den Lutherweg und wenden uns nach rechts, um die NEA 31 zu überqueren. Dem Waldrand folgend tauchen wir schließlich in den Wald ein und durchqueren das Waldgebiet. Vor uns verläuft die Straße Herbolzheim–Markt Nordheim, die wir nach rechts in Richtung des gegenüberliegenden **Graswegs** 04 überqueren.

Der „MN5" folgend kommen wir zum Naturschutzgebiet Sieben Buckel. Es handelt sich vor allem um ein unterirdisches Schutzgebiet, dessen Höhle zum Schutz der hier überwinternden Fledermäuse nicht zugänglich ist. Die beeindruckende Landschaft der oberirdischen **Sieben Buckel** 05 kann man entlang der Informationstafeln erkunden. Zurück am Feldweg wenden wir uns nach links und folgen an der T-Kreuzung der „MN2" erneut nach links bis zur NEA 33. Hier biegen wir nach rechts ab und folgen den Markierungen nach links zum **Schloss Seehaus** 06, einem Herrenhaus aus dem 16. Jahrhundert. Die Allee führt und vom Schloss aus am Weiher vorbei und wir erreichen wieder die Kirche St. Georg in **Markt Nordheim** 01.

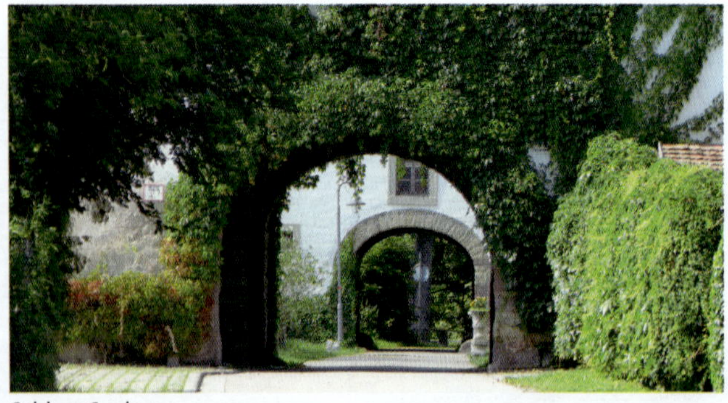

Schloss Seehaus

UNTERWEGS ZUR RUINE SCHARFENECK

Abwechslungsreiche Wandertour im Herzen des Steigerwalds

  11 km  3:30 h 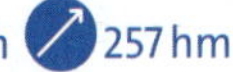 257 hm 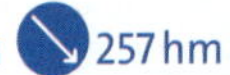 257 hm  163

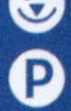
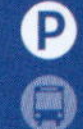

START | Oberscheinfeld, Parkplatz Ziegelhütte (Prühler Straße); Anreise mit PKW empfehlenswert, da kaum Busverbindungen. [GPS: UTM Zone 32 x: 603.586 m y: 5.508.013 m]
CHARAKTER | Überwiegend befestigte Wald- und Feldwege sowie naturnahe Wege, moderate An- und Abstiege.

Start unserer Wandertour ist der **Parkplatz Ziegelhütte** 01. Von dort aus orientieren wir uns am Markierungszeichen „O3", überqueren den Prühlbach, biegen am ersten Abzweig rechts ab und steuern auf den Waldrand zu. Dann vor der Schlossmühle links und nach circa 100 Metern rechts auf einen Pfad, der uns hoch in Richtung Scharfeneck führt. Wir halten uns auf diesem Pfad bis zu einem geschotterten Querweg, an diesem wieder links und kurze Zeit später erreichen wir die **Ruine Scharfeneck** 02. Weiter dem O3 folgend geht es nun für ein kurzes Stück wieder den Schotterweg hinab und links hoch auf einen Pfad, der weiter aufwärts entlang des Schloßbergs führt.

Der Pfad verwandelt sich mit der Zeit in einen breiteren Forstweg, auf dem wir bis zur nächsten Kreuzung wandern, dort links und immer geradeaus, bis zu einem breiteren Querweg. Dort links und weiter bis zum **Roten Kreuz** 03. Wir folgen weiterhin dem „O3" durch den Wald, dann vorbei an Feldern bis wir an einer kleinen Siedlung den Ort Appenfelden auf dem Scheinfel-

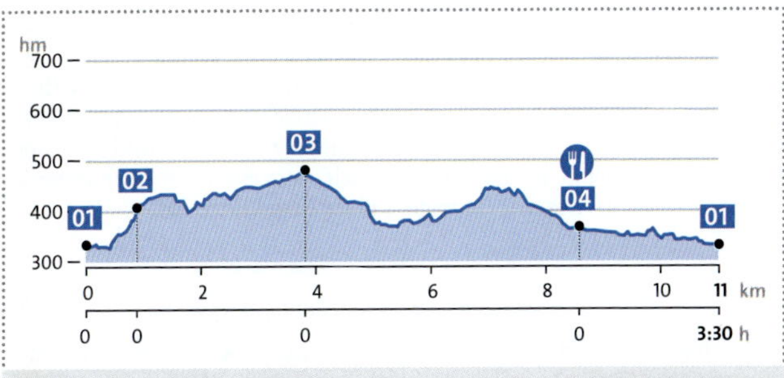

01 Parkplatz Ziegelhütte, 329 m; 02 Ruine Scharfeneck, 409 m; 03 Rotes Kreuz, 475 m; 04 Prühl, 361 m;

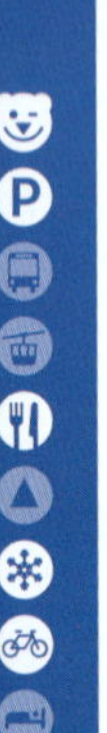

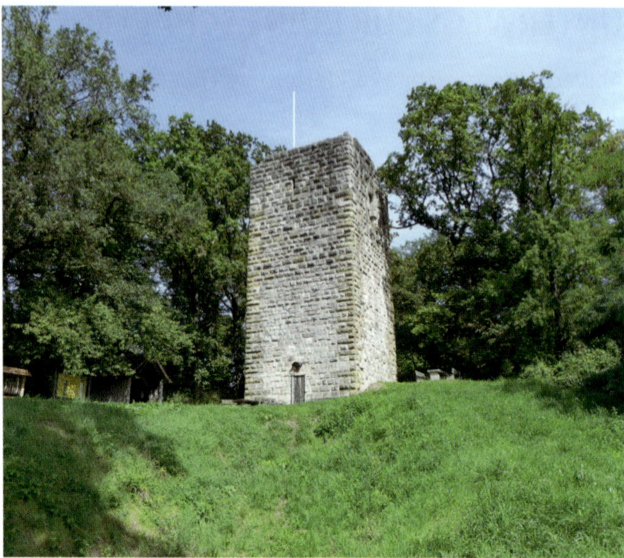

Ruine Scharfeneck

der Weg erreichen. An der Hauptstraße links, durch den Ort hindurch und hinter dem Ortsschild an der zweiten Abzweigung halb links auf einen asphaltierten Flurweg abbiegen. Diesem immer folgen, vorbei an Weihern und durch einen kleinen Wald, an dessen Rand wir rechts abzweigen und weiter dem „O3“ folgen. Wir wandern entlang des Waldrands, vorbei an Feldern und Hecken gelangen wir über die Mittelbergstraße und die Hauptstraße nach **Prühl** **04**.

Bevor es nach links in die Schützenstraße geht, besteht wenige Meter weiter im Ort eine gute Einkehrmöglichkeit im Landgasthof Zur Rose. Ansonsten folgen wir dem „O3“ weiter auf der Schützenstraße, der uns am zweiten Abzweig nach rechts aus dem Ort wieder hinausführt. Oberhalb des Prühlbachs geht es zunächst am Waldrand entlang, bevor der Weg etwas weiter in den Wald hineinführt. Wir kommen dem Bach etwas näher und wandern schließlich neben ihm bis zu einem asphaltierten Querweg weiter. An diesem halten wir uns rechts und erreichen nach etwa 150 m den **Wanderparkplatz Ziegelhütte** **01**.

Achtung!

Aktuell werden die Wanderwege im Naturpark Steigerwald neu markiert. Möglicherweise weicht der vorgestellte Wanderweg „O3“ in bisherigen Kartenwerken vom hier beschriebenen Verlauf ab.

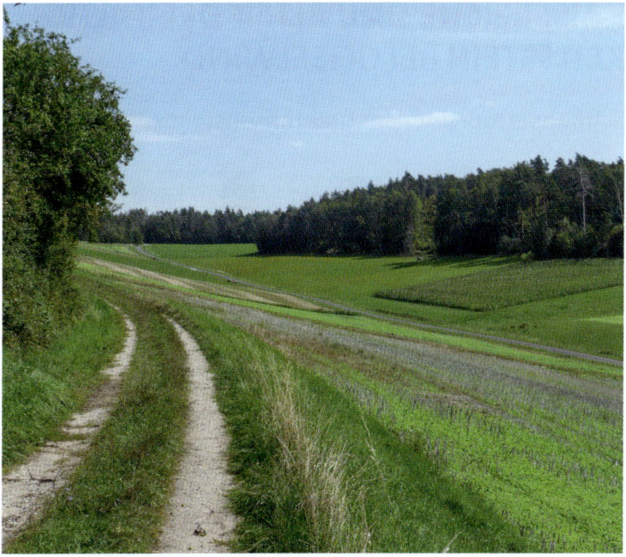

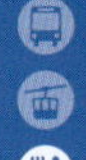

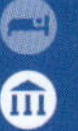

Wanderweg bei Prühl

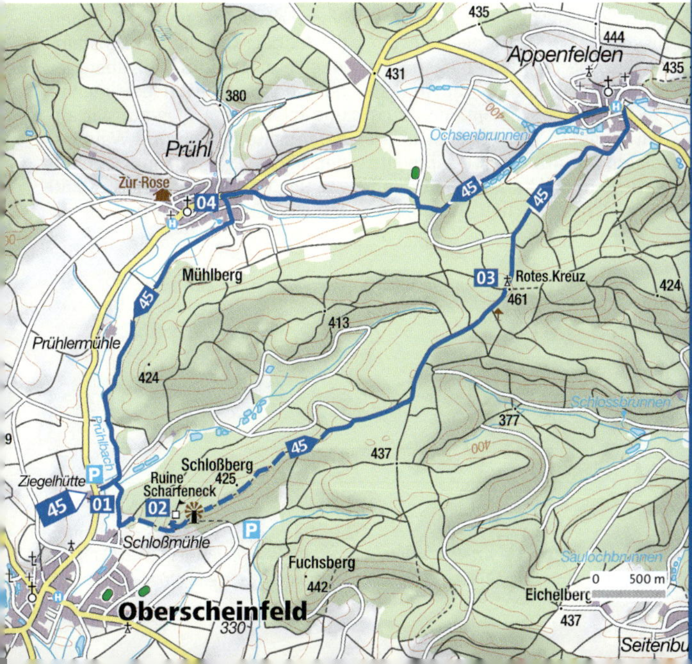

KAISEREICHE UND ALTER DREIFALTIGKEITSSTEIN BEI GEISELWIND

Schnuppertour auf dem Dreifrankensteinweg

START | Geiselwind, Friedhof. Parkmöglichkeiten beim Friedhof oder am Marktplatz; Anreise mit PKW empfohlen. [GPS: UTM Zone 32 x: 606.051 m y: 5.514.539 m]
CHARAKTER | Überwiegend befestigte Wald- und Feldwege, geringfügig asphaltiert. Mäßige An- und Abstiege.

Vom Friedhof in **Geiselwind** 01 folgen wir der Fütterseer Straße bis zu einer Rechtskurve und bleiben dann geradeaus auf dem Weg. Vorbei an einem Aussichtspunkt und einem Reiterhof kommen wir über die Bergstraße in den Ort Füttersee. An der T-Kreuzung im Ort biegen wir nach links ab und überqueren die Reiche Ebrach, um im Anschluss den Schildern „Zur Kaisereiche" zu folgen. Das 400 bis 500 Jahre alte **Naturdenkmal Kaisereiche** 02 mit seinem beachtlichen Stammumfang von 8,40 Metern ist bald erreicht. Leider hat der Baum 2018 durch den Orkan Fabienne die Hälfte seiner Krone verloren. Dem Trampelpfad nach oben folgend treffen wir beim Wasserwerk auf einen Waldweg und wir folgen der Markierung Dreifrankensteinweg G3 nach links. Wir überqueren die Straße Füttersee–Ilmenau und folgen dem Weg auf der anderen Seite in Richtung Wald. An der nächsten Kreuzung wenden wir uns nach rechts und rund 50 Meter weiter dann nach links auf

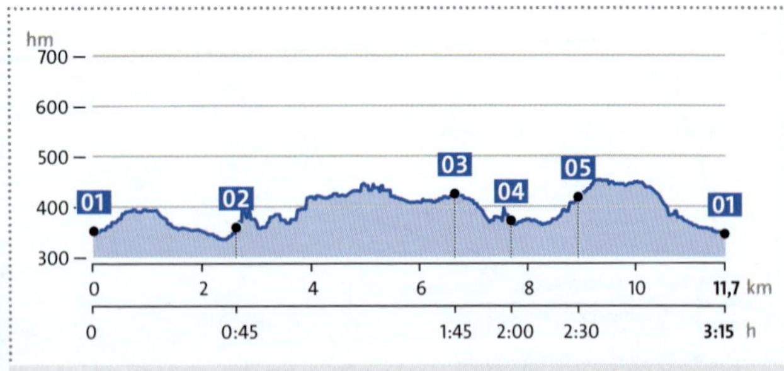

01 Geiselwind, 344 m; 02 Kaisereiche, 349 m; 03 Johanniskirche, 422 m; 04 Ebersbrunner Mühle, 366 m; 05 Alter Dreifrankenstein, 416 m;

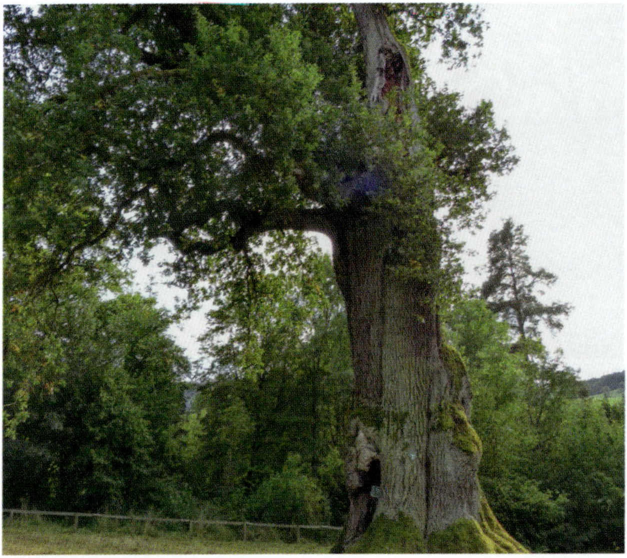

Kaisereiche, Füttersee

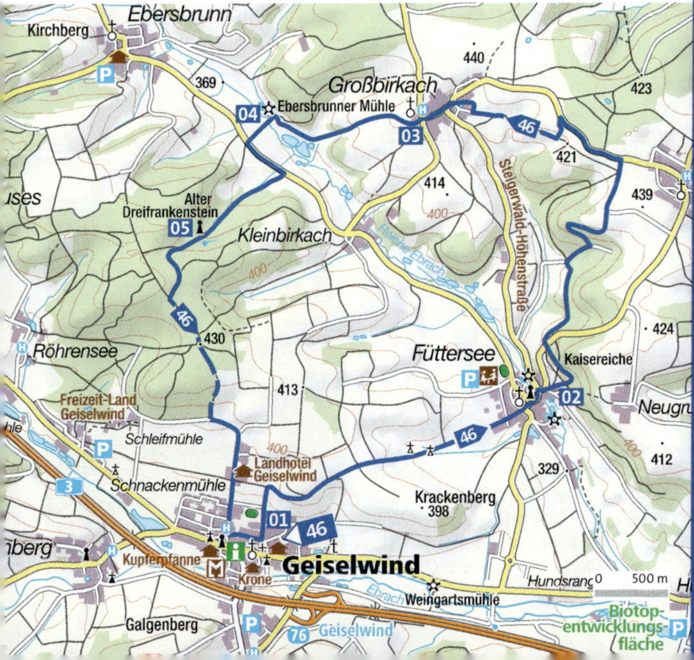

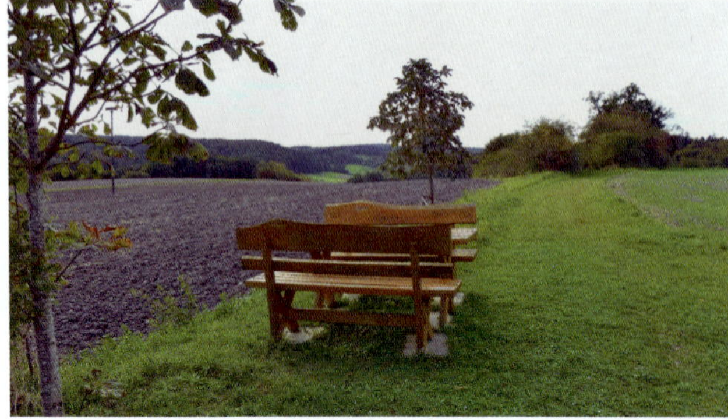

Rastmöglichkeit bei Großbirkach

einen steilen Pfad. Eine scharfe Rechtskurve bringt uns wieder an den Waldrand und wir folgen der Wegmarkierung schließlich nach links zu einem geteerten Weg. Wir gehen geradeaus weiter und biegen an der Straße Ilmenau–Großbirkach nach links ab. Wenn wir etwa 500 Meter weiter wieder nach links abbiegen, ist die Großbirkacher Kirche bereits in der Ferne zu sehen. Wir wechseln nach rechts auf einen Pfad, der uns zum Gasthof Schwarzer Adler im Ortskern führt. Von hier aus folgen wir der Fütterseer Straße und biegen dann auf einen Fußweg zur **Johanniskirche** 03 ab. Nach einer Besichtigung verlassen wir die Kirche wieder über den Friedhof und biegen nach rechts ab ins Tal der Reichen Ebrach. Wir kommen zur **Ebersbrunner Mühle** 04 und die Markierung weist nach links zur Straße Ebersbrunn–Füttersee. Wir folgen der Straße rund 300 Metern nach links und biegen dann nach rechts ab in den Wald. Hier stoßen wir bald auf den **Alten Dreifrankenstein** 05. Wir folgen dem Weg durch den Laubwald weiter geradeaus und kommen schließlich zu einem Geotop, das sich in der letzten Eiszeit gebildet hat. Damals wurde an dieser Stelle Sand abgelagert und auf den ehemaligen Dünen gedeihen heute Nadelbäume. Wenig später sind wir wieder von Laubbäumen umgeben und wir verlassen den Wald. Wir sind am Rande eines Golfplatzes, doch diesen lassen wir schnell hinter uns. Vor uns liegt Geiselwind und über die Friedrichstraße und den Höllgraben kommen wir wieder zurück zum Friedhof **Geiselwind** 01.

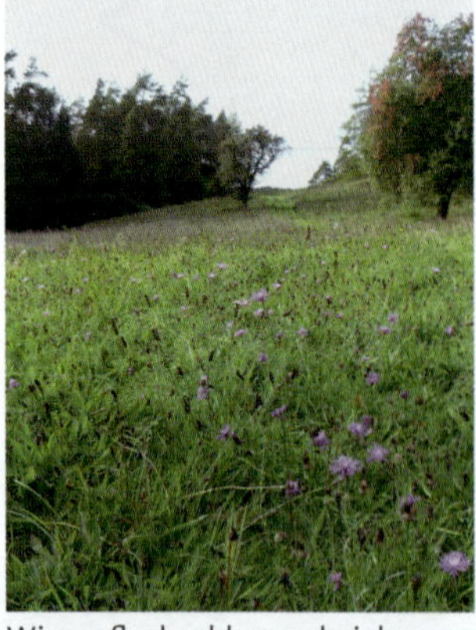

Wiesenflockenblumen bei der Kaisereiche

KLOSTERMAUERN UND FELSENKELLER

Unterwegs auf dem Bier- und Klosterweg

  17,1 km  4:15 h 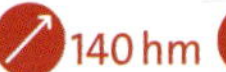 140 hm  139 hm  163

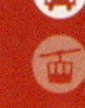

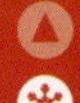

START | Gutenstetten, Ortseingang (von B 470 kommend), Bushaltestelle „Gutenstetten-Mitte", von Nürnberg über Neustadt/Aisch, Parkmöglichkeiten am Ortseingang.
[GPS: UTM Zone 32 x: 617.840 m y: 5.497.058 m]
CHARAKTER | Überwiegend befestigte Wald- und Feldwege, zum Teil asphaltiert, mäßige An- und Abstiege.

Los geht es am Parkplatz am Ortseingang von **Gutenstetten** 01. Wir durchqueren den Ort auf der Hauptstraße und gehen in einer Linkskurve geradeaus weiter auf der Haselsteige. Dem Weg folgend kommen wir zu einer Streuobstwiese und halten uns an der T-Kreuzung rechts. Der Weg steigt an und wir nehmen den zweiten Abzweig nach links, bis wir uns an der Solaranlage nach rechts wenden. Wir durchqueren den Weiler Haag und biegen rund 100 Meter später nach links in Richtung Wald ab. Einige Felder umgehen wir rechts am Waldrand und wandern weiter, bis sich vor uns der Ort Rockenbach ausbreitet. Im Ortskern erwartet uns das sehenswerte **Landschlösschen Rockenbach** 02, an dem wir links auf die Münchsteinacher Straße abbiegen. Sie bringt uns wieder aus dem Ort hinaus und vorbei an einem Weiher erreichen wir den Engelsbach. Wir halten uns links, bis wir den Pirkachshof erreichen. Das Gut verbirgt sich hinter dichten Bäumen und gehörte früher dem Markgrafen von Ansbach. Wir durchqueren das nahe Neue-

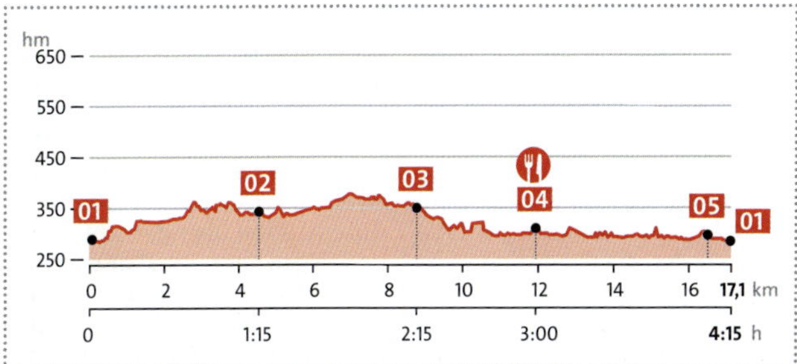

01 Gutenstetten, 284 m; 02 Landschlösschen Rockenbach, 332 m; 03 Wolfsquelle, 335 m; 04 Kloster Münchsteinach, 305 m; 05 Keller, 303 m;

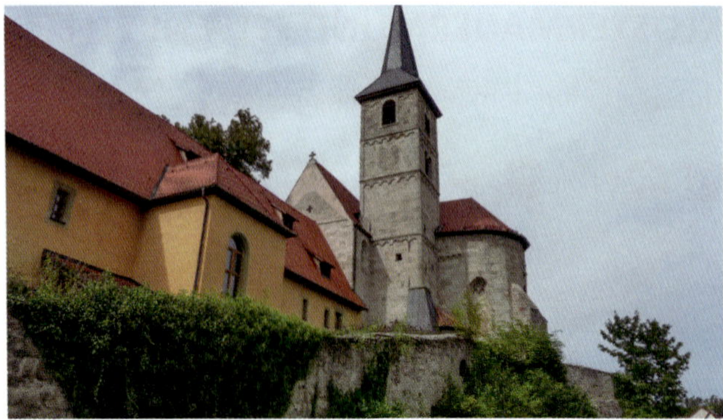

Das ehemalige Benediktinerkloster Münchsteinach

bersbach und biegen am Ortsende zunächst nach rechts und kurz darauf nach links in einen Feldweg ab in Richtung Wald. Ein kurviger Weg führt uns durch den Mischwald bis zu einer Schonung. Hier halten wir uns erst links und dann gleich wieder rechts, immer links am Bach und kleinen Tümpeln entlang. Wir kommen an eine Fortstraße und folgen der Markierung „BKw" nach rechts. An einer Kehre halten wir uns links und kommen in den Wolfsgrund. Rund 300 Meter weiter weisen Schilder nach links zur **Wolfsquelle** 03, an der ein Rastplatz zu einer Pause einlädt.

Auf der anderen Seite der Schlucht geht es weiter und einer Forsstraße nach rechts folgend gelangen wir hinunter ins Steinachtal. Wir passieren den Wanderparkplatz und biegen nach links in einen Pfad ein. Parallel zur St 2259 wandernd kommen wir zur „Taststation", an der die Baumrinde von Laubbäumen ertastet werden kann. Wir wechseln am Waldrand links auf einen geteerten Weg und erreichen die Steinachgrundhalle am Rand von Münstersteinach. Nach rechts geht es hinunter ins Tal zum See, den wir gegenüber der Brauerei Loscher entlang eines Pfads umrunden. Wir gehen beim Campingplatz entlang und biegen dort am zweiten Weg nach rechts ab. Er bringt uns in den Ortskern und zum ehemaligen **Benediktinerkloster Münstersteinach** 04. In den Innenhof gelangt man über zwei Tore und kann dort die Pfeilerbasilika, das Abtschlösschen, das ehemalige Konventgebäude und die frühere Klosterkirche St. Nikolaus besichtigen.

Die Neustädter Straße und die Neuebersbacher Straße bringen uns zurück auf unseren Weg und nach der Steinachbrücke biegen wir nach rechts in Richtung Kleinsteinach ab. Nach dessen Ortsende halten wir uns rechts und unterqueren die St 2259. Auf der anderen Seite wenden wir uns zweimal nach links. Wir betreten Gutenstetten über den Abtenweg und folgen dem „BKw" ansteigend nach rechts zu den **Kellern** 05 am Stübacher Berg. Informationstafeln erläutern die Bedeutung der Vorratskammern. Dann führt uns die Markierung wieder zum **Parkplatz in Gutenstetten** 01.

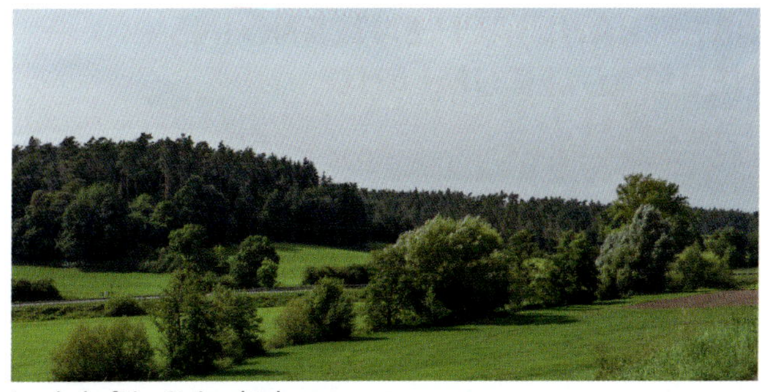

Landschaft im Steinachtal

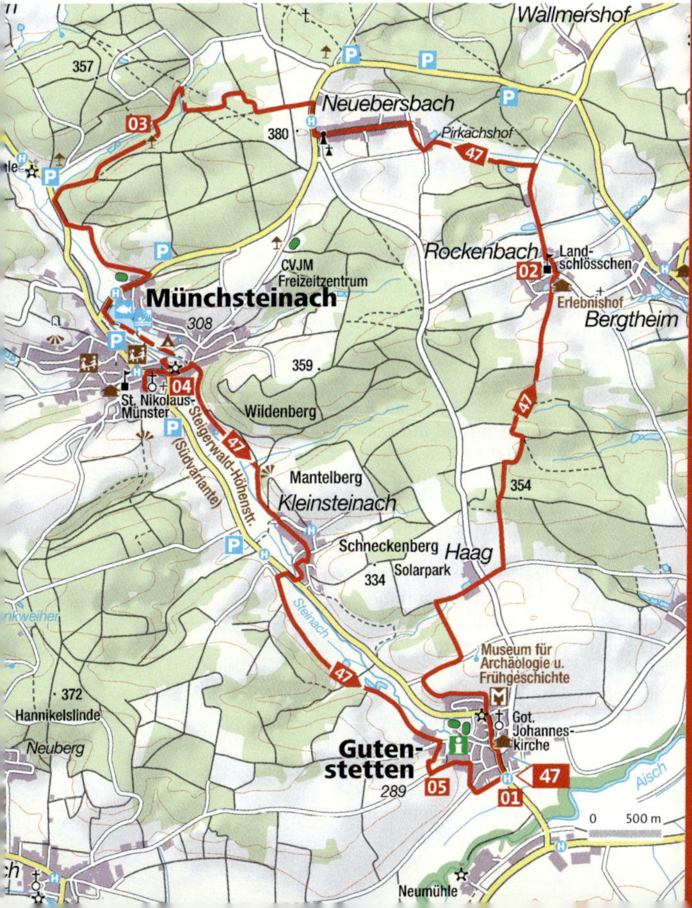

Wallmershof
357
03
Neuebersbach
380
Pirkachshof
47
Rockenbach
02
Land-
schlösschen
Erlebnishof
Bergtheim
CVJM
Freizeitzentrum
Münchsteinach
308
359
04
St. Nikolaus-
Münster
Wildenberg
Steigerwald-Höhenstr.
(Südvariante)
47
Mantelberg
Kleinsteinach
47
354
Schneckenberg
Haag
Solarpark
334
Steinach
Museum für
Archäologie u.
Frühgeschichte
47
372
Hannikelslinde
Neuberg
Got.
Johannes-
kirche
Guten-
stetten
289
05
01
47
Aisch
0 500 m
Neumühle

AM STRAHLBACH ENTLANG INS NEUSTÄDTER UMLAND

Eine wasserreiche Entdeckertour

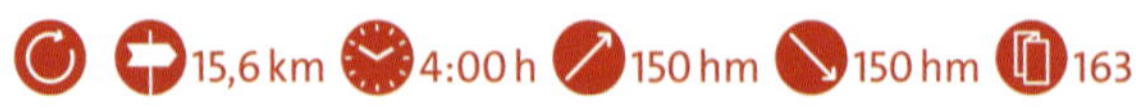

START | Neustadt/Aisch, Bahnhof, RE10 oder S6 (Linie Nürnberg–Neustadt/Aisch); Parkmöglichkeiten beim Bahnhof. [GPS: UTM Zone 32 x: 614.802 m y: 5.492.869 m]
CHARAKTER | Überwiegend befestigte Wald- und Feldwege sowie naturnahe Wege bzw. Pfade. Asphaltierte Wege im Stadtbereich. Nur geringfügige Steigungen.

▶ Vom **Bahnhof Neustadt an der Aisch** 01 halten wir uns stadteinwärts und biegen auf die Bahnhofstraße ein. Über den Plärrer wechseln wir in die Parkstraße, die sich zum **Stadtpark** 02 hin verengt. Der Markierung „N10" folgend geht es am Strahlbach entlang und wir passieren den Spielplatz und das Wasserhaus. Danach halten wir uns rechts und mit dem Bach zur Rechten gelangen wir durch den Tunnel auf die andere Seite der Bahngleise. Nach links geht es weiter zur Lohmühle.

Hier verzweigt sich der Strahlbach und wir folgen dem Bachlauf nach rechts. Der Weg führt uns ansteigend durch den Häckerwald bis hinauf zum **Wasserturm** 03. Wenig später verlassen wir den Wald und es geht am Waldrand weiter, bis wir die Straße zwischen Oberstrahlbach und Herrnneuses erreichen. Wir überqueren sie nach rechts, um kurz darauf links in einen Feldweg einzubiegen. Herrnneuses ist meist rechts von uns zu erkennen, während wir den Ort teilweise bis zu einer Scheune umrunden. Hier biegen wir nach links ab und gehen am Windrand vorbei. An der nächsten **Kreuzung** 04

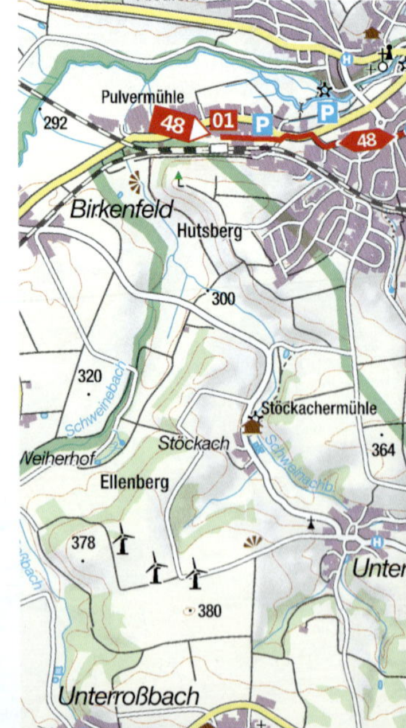

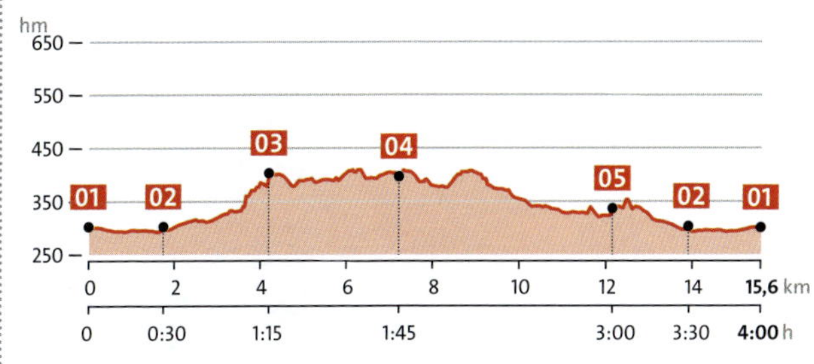

01 Bhf. Neustadt, 300 m; 02 Stadtpark, 293 m; 03 Wasserturm, 327 m; 04 Abzw. Rennhofen, 387 m; 05 Bahnstrecke, 389 m;

haben wir die Wahl: Wer im Biergarten Baumhaus in Rennhofen einkehren möchte (unbedingt vorher die Öffnungszeiten prüfen), geht geradeaus weiter in den Ort.

Die Markierung „WW" führt im Anschluss an den Abstecher wieder auf die Tour zurück. Ansonsten folgen wir dem Waldrand nach links und biegen vor dem Flugsbach nach rechts ab. Der Weg endet an einer T-Kreuzung und wir überqueren den Bach nach links in Richtung Wald. Rund 20 Minuten später erreichen wir große Kreu-

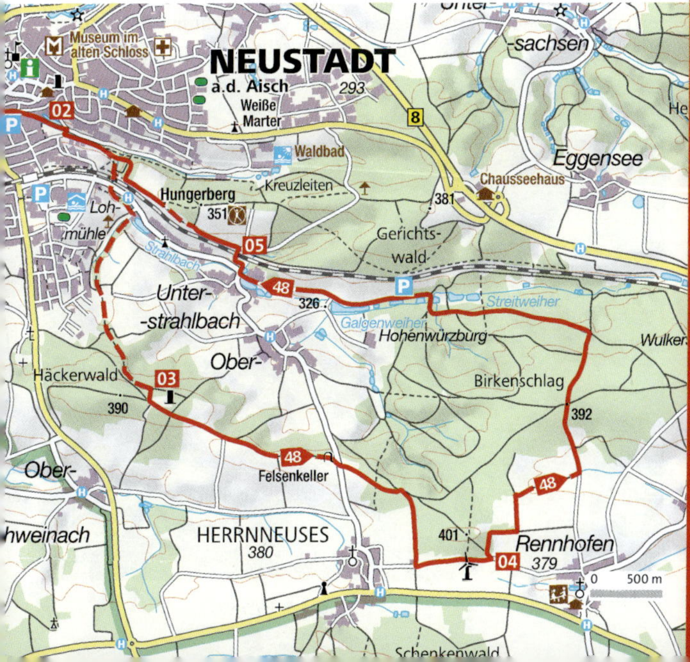

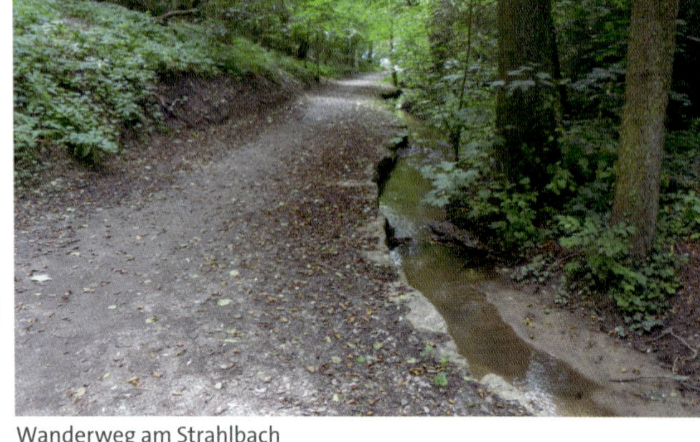

Wanderweg am Strahlbach

zung und die „N10" weist uns den Weg nach links durch den Streitwald. An einer breiten Forststraße biegen wir nach rechts ab und gehen nach einer weiten Linkskurve an einer Kette von Karpfenweihern entlang. Wir erreichen Unterstrahlbach und unterqueren hier die **Bahnstrecke** 05, um im Anschluss nach links in Richtung Neustadt weiterzuwandern. Auf einem schmalen Pfad steigen wir in den Bachgrund des Strahlbachs ab und erreichen wieder das Wasserhaus im Stadtpark. Ab hier folgen wir dem bekannten Weg zurück zum **Bahnhof Neustadt an der Aisch** 01.

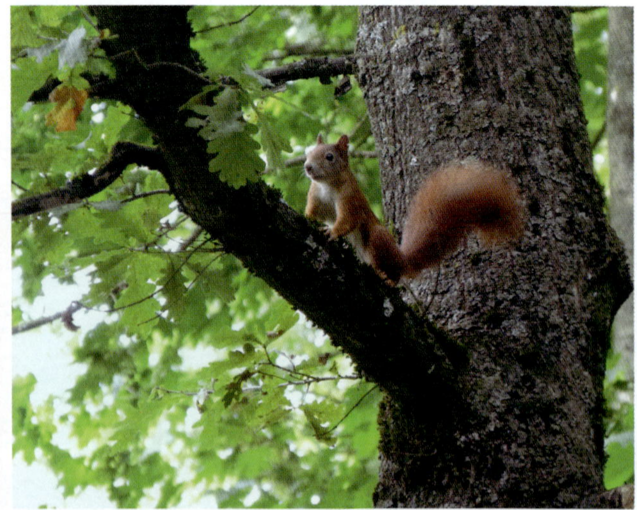

Eichhörnchen im Stadtpark Neustadt

MARKTORTE IM OBEREN ZENNTAL

Abwechslungsreiche Wanderung flussaufwärts

  24,2 km  6:15 h 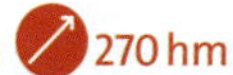 270 hm  200 hm  163

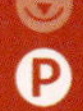

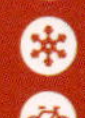

START | Langenzenn, Bahnhof, RB12 (Linie Fürth–Markt Erlbach), von Nürnberg über Fürth; Parkmöglichkeiten beim Bahnhof. [GPS: UTM Zone 32 x: 630.435 m y: 5.484.231 m]
CHARAKTER | Überwiegend befestigte Wald- und Feldwege, sowohl naturnahe Wege, als auch asphaltierte Abschnitte. Moderate An- und Abstiege. Gute Kondition empfehlenswert, ansonsten ist auch eine Teilung der Tour an den Bahnhöfen möglich.

Nach Verlassen des **Bahnhofs Langenzenn** 01 wenden wir uns nach links. Der Fußweg führt an einem Sportplatz vorbei, folgt der alten Stadtmauer nach rechts und kreuzt die Sanktustorstraße mit dem „Blaukreuz". Wir folgen dem Alleenweg an der Stadtmauer entlang und biegen beim Feuerwehrhaus rechts ab. Ein Steg bringt uns über die Zenn nach Hardhof, wo wir zuerst nach links in den Wiesenweg abzweigen und dann nach rechts auf einen Fußweg. Der Weg endet an der Würzburger Straße, der wir wenige Meter nach links folgen und den Ort über den Laubenweg auf der rechten Seite verlassen. Der Weg führt durch den Zenngrund, immer parallel zu den Gleisen. Wir gehen unter der B8 hindurch, kreuzen circa 250 Meter später das Gleis und wenden uns nach links in Richtung Laubendorf. Die Wilhermsdorfer Straße bringt uns direkt in den Ortskern von **Laubendorf** 02. Hier zweigt die Siedelbacher Straße ab

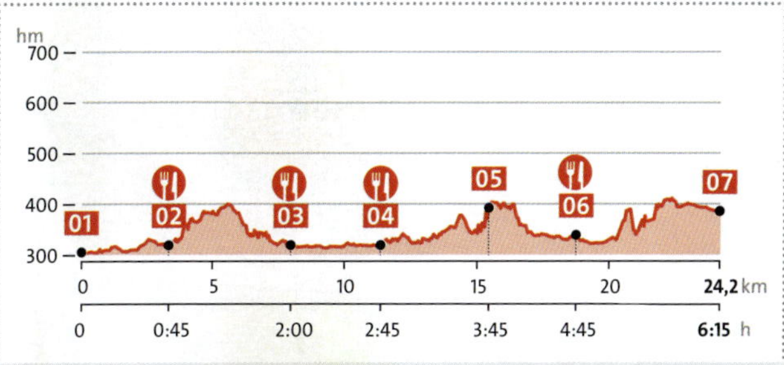

01 Bhf. Langenzenn, 307 m; 02 Laubendorf, 314 m; 03 Wilhermsdorf, 316 m; 04 Adelsdorf, 320 m; 05 Kolmberg, 404 m; 06 Neuhof a.d. Zenn, 334 m; 07 Bhf. Markt Erlbach, 380 m;

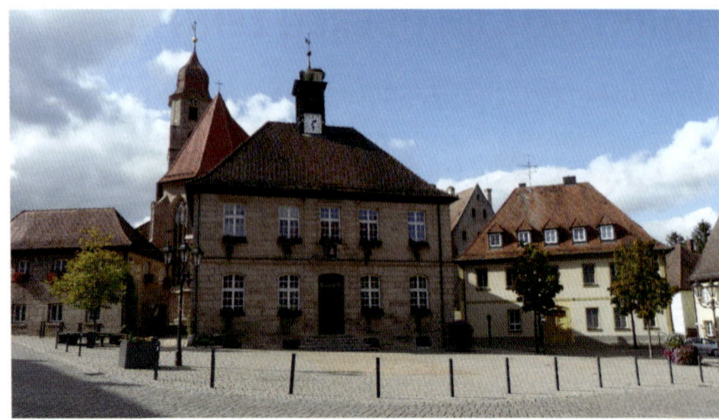

Langenzenn, Altstadt

und bringt uns zum Waldrand. Wir biegen links auf einen Waldweg ab und halten uns dann wieder rechts. Der Weg verläuft eben und gerade weiter, bis er nach rund einem Kilometer in einer Kurve in einen breiten Weg mündet. Wir folgen ihm nach links und wechseln am nächsten Abzweig nach rechts auf einen Pfad. Der Weg wird stellenweise abenteuerlich, kreuzt einen Waldweg und führt in einer scharfen Linkskurve einen Abhang hinunter bis zu einem

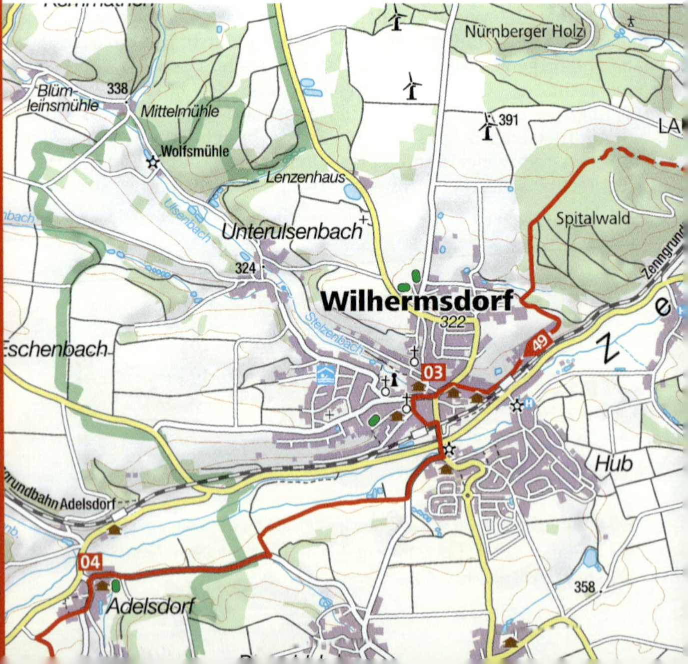

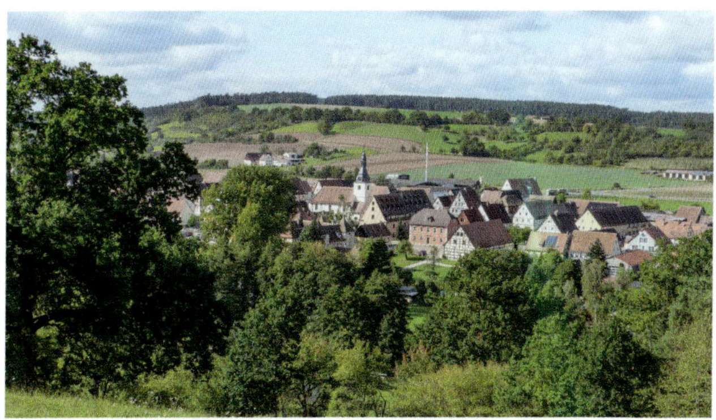

Blick nach Neuhof a. d. Zenn

Bach im Talgrund. Auf der anderen Seite steigt der Weg wieder an bis zum Industriegebiet von Wilhermsdorf. Eine weite Rechtskurve führt uns zu einer Kneippanlage und dann zum Ortsrand. Die Gartenstraße bringt uns zur Bahnhofstraße, der wir nach rechts bis zur Hauptstraße folgen. Wir wenden uns nach links und kurz darauf nach rechts in die Uferstraße. Danach biegen wir nach links in die Bergstraße ab und folgen nach rechts der Hauptstraße bis

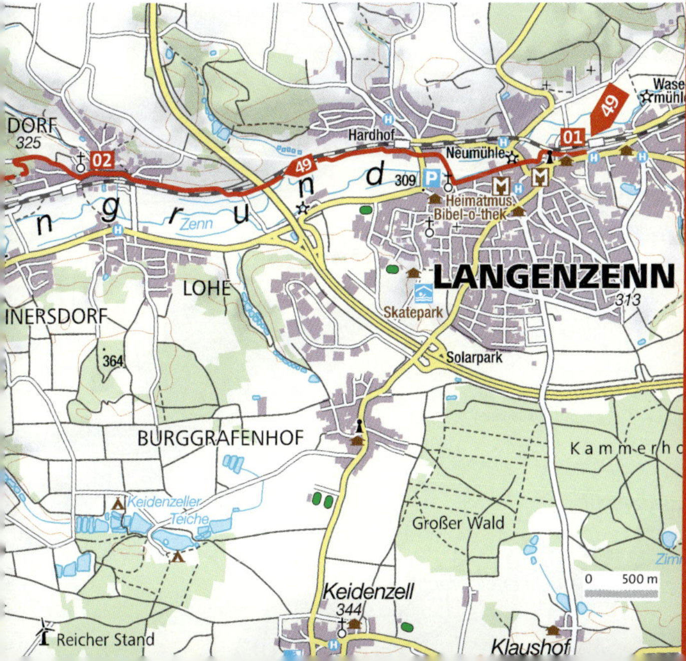

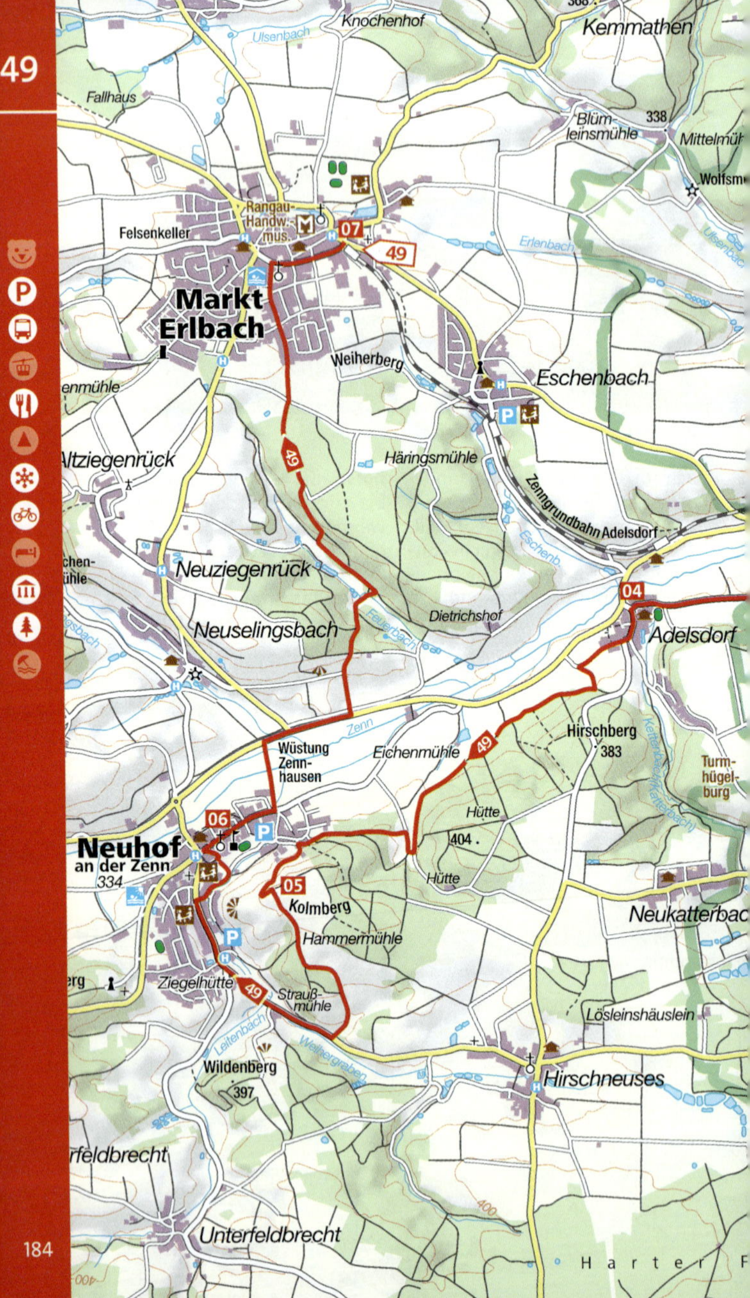
Knochenhof
Kemmathen
Ulsenbach
Fallhaus
Blümleinsmühle
338
Mittelmüh
Wolfsm
Rangau-Handw.-mus.
07
49
Felsenkeller
Erlenbach
Markt Erlbach
Weiherberg
Eschenbach
enmühle
Altziegenrück
Häringsmühle
Zenngrundbahn
Adelsdorf
Eschenb.
Neuziegenrück
04
Dietrichshof
Neuselingsbach
Feuerbach
Adelsdorf
Zenn
Hirschberg
383
Wüstung Zennhausen
Eichenmühle
Turmhügelburg
Hütte
06
404
Neuhof an der Zenn
334
Hütte
05
Kolmberg
Neukatterbac
Hammermühle
Ziegelhütte
Straußmühle
Lösleinshäuslein
Leitenbach
Weihergraben
Wildenberg
397
Hirschneuses
rfeldbrecht
400
Unterfeldbrecht
Harter F

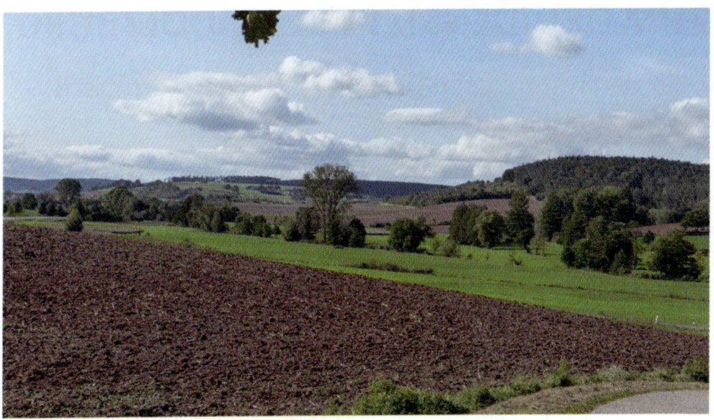

Sanft geschwungene Hügel im Zenntal

zum **Marktplatz in Wilhermsdorf** 03. Halb links folgen wir der Schlossgartenstraße und dann der Stelzenbachstraße über die breite Nürnberger Straße bis auf die andere Seite des Zenngrunds. Der Holzmüllerweg führt uns nach rechts bis zu einem Schotterweg bei einem Parkplatz. Er bringt uns zu einem Querweg, dem wir 100 Meter nach links folgen und dann rechts auf ein Sträßchen nach **Adelsdorf** 04 abzweigen.

Dort folgen wir dem Straßenwegweiser nach Hirschneuses und dann dem „Blaukreuz" nach rechts auf einen geteerten Weg in Richtung Wald. Es geht am Waldrand entlang weiter und nach einer Kehre halten wir uns links, steil den Hang hinauf. Auf der anderen Seite erwartet uns Neuhof an der Zenn. Wir folgen dem „Blaukreuz" hinauf auf den **Kolmberg** 05, der einen schönen Ausblick über das Zenntal bietet. Auf dem Flurweg rechts geht es weiter am Waldrand entlang, bis eine weite Rechtskurve zur NEA 10 führt. Wir folgen ihr nach rechts. Jetzt übernimmt die „Eule" die Führung und bringt uns nach Neuhof. Hier biegen wir in die Straße Rosenau nach rechts ab und folgen einem Fußweg nach links bis zum **Marktplatz in Neuhof a. d. Zenn** 06. Das Stadttor auf der rechten Seite bringt uns aus dem Ortskern hinaus und wir folgen dem „Roten Tropfen" nach links zu einem Steg über die Zenn. Zuerst geht's nach rechts an der Zenn entlang und dann nach links zur St 2413.

Wir überqueren die Straße und folgen dem Fuß- und Radweg nach rechts. Bald biegt unsere Markierung links ab und führt durch Streuobstwiesen bis zu einem Querweg. Wir gehen geradeaus weiter in den Wald und der Weg führt hinunter in den offenen Talgrund des Feuerbachs. Auf der anderen Seite geht es wieder im Wald nach links weiter. Nach 400 Metern wechseln wir nach rechts auf einen Pfad, der uns zu einem kreuzenden Waldweg bringt. Diesem folgen wir nach links und erreichen eine Rastbank am Waldrand. Vor uns liegt Markt Erlbach, das wir über den Zennhäuser Weg betreten. Der Neuen Straße nach rechts folgend erreichen wir die Nürnberger Straße. Der **Bahnhof Markt Erlbach** 07 liegt auf der rechten Seite.

50 ZUM DRUIDENSTEIN BEI CADOLZBURG

Über den waldreichen Dillenberg und den Farrnbach zurück zur Herrschaftsburg

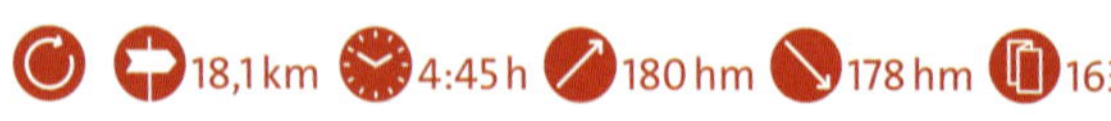

START | Cadolzburg, Bahnhof, RB11 (Linie Fürth–Cadolzburg), von Nürnberg über Fürth; Parkmöglichkeiten beim Bahnhof oder an der Altstadt „Am Höhbuck".
[GPS: UTM Zone 32 x: 635.059 m y: 5.480.307 m]
CHARAKTER | Sowohl befestigte Wald- und Feldwege, als auch naturnahe Wege, manche Abschnittte asphaltiert. Nur geringfügige An- und Abstiege. Längere Tour, etwas Kondition empfehlenswert.

Vom **Bahnhof Cadolzburg** 01 biegen wir halb rechts in die Obere Bahnhofstraße ein und treffen an der Kreuzung auf die Wachendorfer Straße mit der Markierung „Blaustrich". Ihr folgend wenden wir uns nach rechts, gehen am Friedhof vorbei und zweigen nach links ab in die Hindenburgstraße. In einer Linkskurve gehen wir geradeaus weiter auf einem Fußweg und erreichen eine Kreuzung. Der „Blaustrich" weist uns den Weg nach rechts und wir folgen einem Pfad durch den Wald nahe dem Ortsrand. Wir biegen nach links in den Wald ab und erreichen den **Wanderparkplatz Malerwinkel** 02 mit seinem eindrucksvollen Blick über das Tal hinweg auf die Burg. Wir folgen weiter dem „Blaustrich" auf einem absteigenden Schotterweg. Es folgt eine Talaue mit einzelnen Waldhäusern. Wir folgen dem Weg entlang des Waldrands und biegen

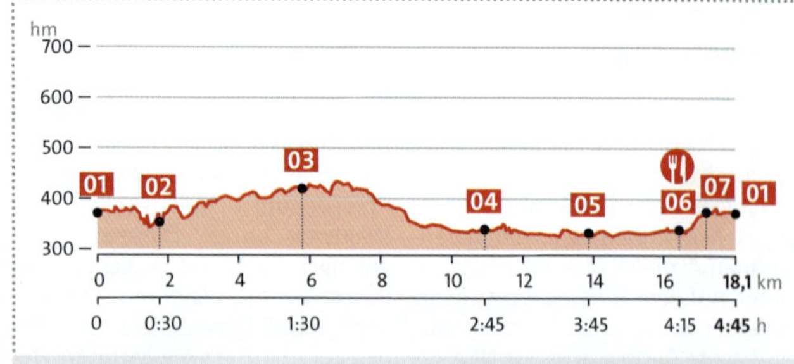

01 Bhf. Cadolzburg, 363 m; 02 Parkplatz Malerwinkel, 348 m; 03 Druidenstein, 405 m; 04 Hammerschmiede, 335 m; 05 Gonnersdorf, 328 m; 06 Restaurant Bauhof, 337 m; 07 Marktplatz, 368 m;

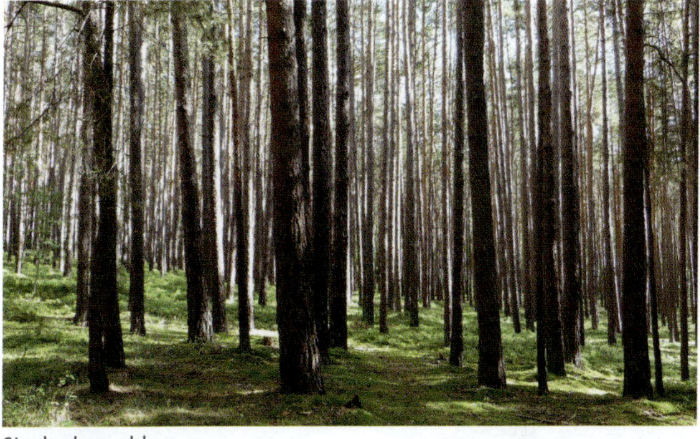
Steckerlaswald

an einen geteerten Flurweg nach rechts ab, der uns dann als Schotterweg geradeaus in den Wald bringt. Dem ebenen Weg folgend führt uns der „Blaustrich" nach rund 1,5 Kilometern nach rechts auf einen Naturpfad. Wir stoßen auf die Markierung „Grünpunkt" und folgen nun beiden geradeaus. Nach rechts abbiegend erreichen wir hangaufwärts das ehemalige Steinbruchareal. Dieser fantastische Wegabschnitt führt direkt zum **Druidenstein** 03 und zu dessen Gedenkstein. Dem „Blaustrich" weiter folgend geht es nach rechts bergab weiter, bis ein breiter Schotterweg erreicht ist. Auf ihm erreichen wir bald die FÜ 24 und einen Wanderparkplatz. Hier weist uns nun die Markierung „Weiße 1 auf Grün" den Weg. Wir überqueren die Straße, wenden uns nach links und biegen in den ersten Weg nach rechts ab. Eigentlich müsste hier die neue Markie-

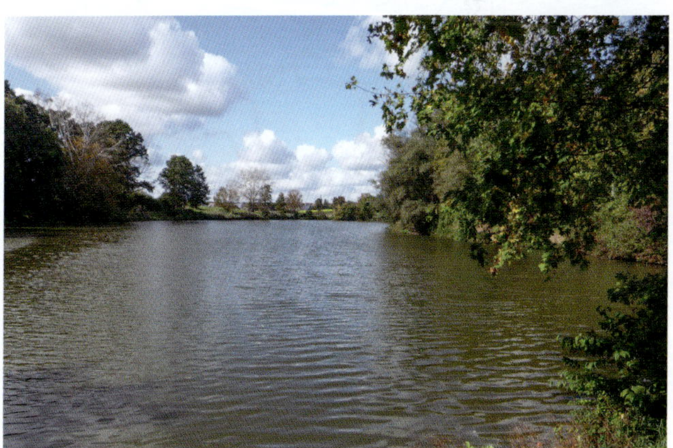
Traumsee, Hammerschmiede

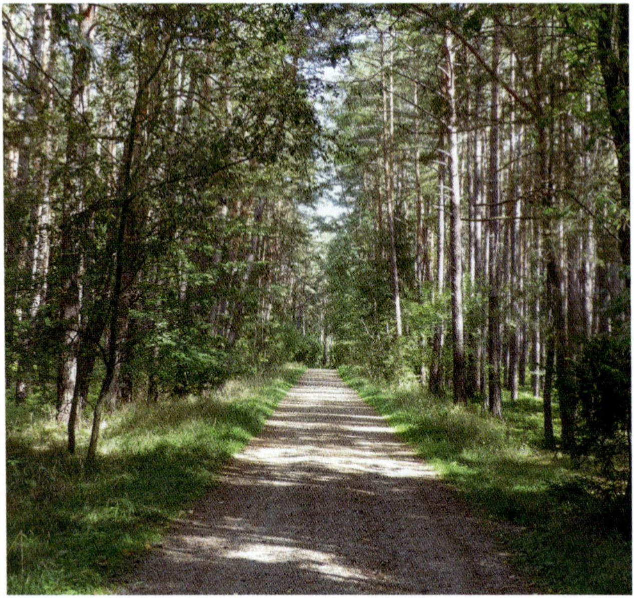

Wanderweg am Dillenberg

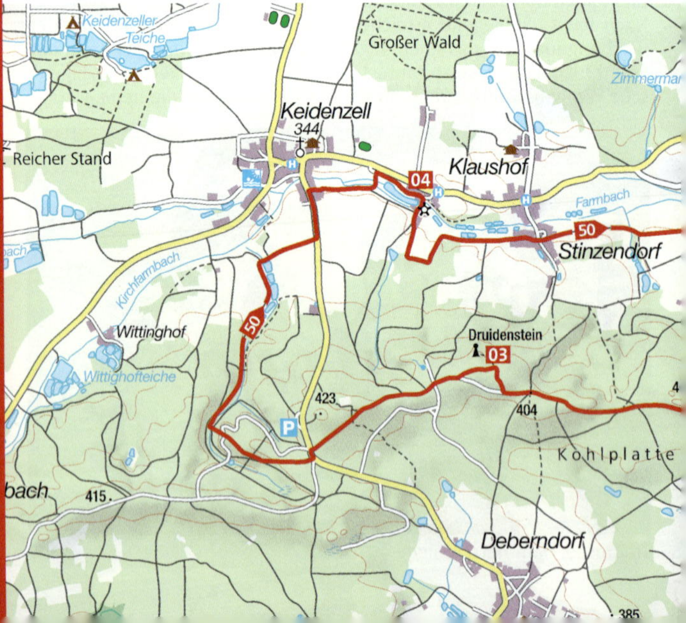

rung sichtbar sein, aber es sind nur vereinzelt grüne Farbreste an den Bäumen erkennbar. Der Naturpfad kreuzt einen Schotterweg und führt dann steil bergab zu einem Bach. Auf der anderen Seite des Bachs biegen wir rechts ab und folgen dem Weg geradeaus. Wir laufen an einigen Weihern entlang und biegen nach dem letzten nach rechts ab in Richtung der FÜ 24. Dieser folgen wie nun nach links bis zum Ortschild von Keidenzell. Direkt dahinter wenden wir uns nach rechts und erreichen den idyllischen Traumsee.

Mit dem See zur Rechten gehen wir daran entlang und folgen dem „Grünkreuz" bis zur **Hammerschmiede** 04. Die Markierung führt uns weiter in Richtung Wald und dann nach links an dessen Rand entlang. Geradeaus kommen wir den Ort Stinzendorf, den wir durchqueren und wenig später **Gonnersdorf** 05 erreichen. Wir folgen der Hauptstraße nach rechts und biegen am Ortsrand nach links auf einen Schotterweg ab. Zwei Kreuzungen weiter übernimmt das „Blaue X" die Führung und lässt uns bei nächster Gelegenheit nach rechts abbiegen. An der Sportanlage folgen wir der Jahnstraße nach links bis zur Bauhofstraße und kommen rechts zum **Restaurant Bauhof** 06. Nach dem Bauhofweiher biegen wir nach rechts ab, folgen der Greimersdorfer Straße und wenden uns bei erster Gelegenheit nach rechts in die Burgstraße. Eine Treppe auf der linken Seite bringt uns zum Ortskern mit dem Pisendelplatz und dem **Marktplatz** 07.

Der Burggarten und die Burg liegen nur wenige Meter entfernt. Wir gehen weiter zur Hindenburgstraße und biegen nach links in Richtung **Bahnhof Cadolzburg** 01 ab.

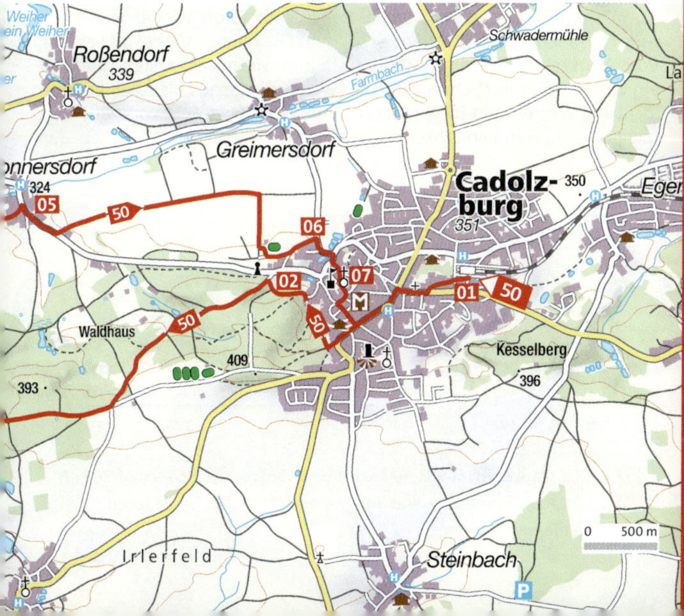

AUF DEM KULTURWANDERWEG HOHENZOLLERN

Erlebnisreiche Tour von Ort zu Ort

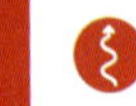 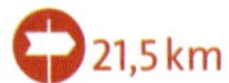 21,5 km 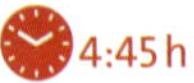 4:45 h 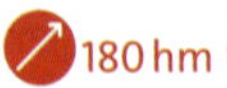 180 hm 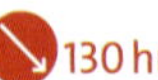 130 hm  163

START | Roßtal, Marktplatz, S-Bahnhof „Roßtal Wegbrücke“, S4 (Linie Nürnberg–Ansbach);
Parkmöglichkeiten am Marktplatz oder beim Bahnhof.
[GPS: UTM Zone 32 x: 636.821 m y: 5.473.398 m]
CHARAKTER | Überwiegend befestigte Wald- und Feldwege sowie naturnahe Wege bzw. Pfade. Nur geringfügige Steigungen. Teilung der Strecke in Cadolzburg möglich.

Ausgangspunkt ist der **Marktplatz in Roßtal** 01. Bevor wir unsere Wanderung starten, empfiehlt sich eine Besichtigung der St. Laurentiuskirche mit Krypta. Ansonsten orientieren wir uns während des kompletten Weges an der Markierung „Hohenzollern-Wanderweg“. Vom Marktplatz aus folgen wir für ein kurzes Stück der Schulstraße in Richtung Westen und biegen dann rechts hinunter in den Zinkenbuck. Am Ende leicht rechtshaltend, überqueren wir zuerst die Felsenstraße und dann die Pelzleinstraße. Der Wegmarkierung folgend geht es nun einen schmalen asphaltierten Pfad zur Weinleite hinauf. Dort kurz links und sofort wieder rechts aus dem Ort hinaus. Vorbei an Feldern, halten wir uns am ersten Querweg weiter geradeaus bis zu einer Kreuzung am Ortsrand von Stöckach. Hier geradeaus weiter, durch den

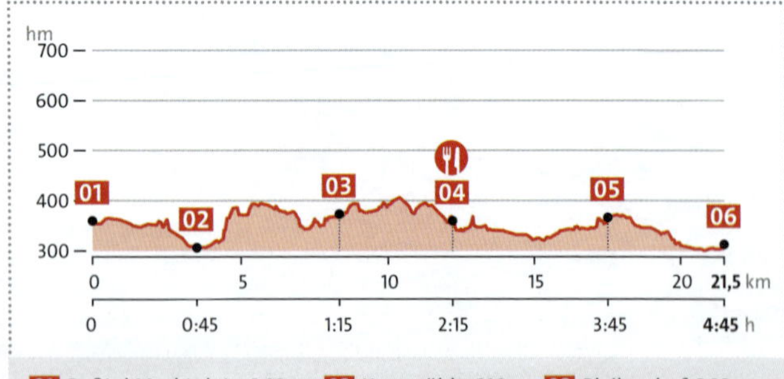

01 Roßtal Marktplatz, 369 m; 02 Kernmühle, 310 m; 03 Pleikershof, 368 m; 04 Burg Cadolzburg, 365 m; 05 Steigweiher, 355 m; 06 Langenzenn, Prinzregentenplatz, 312 m;

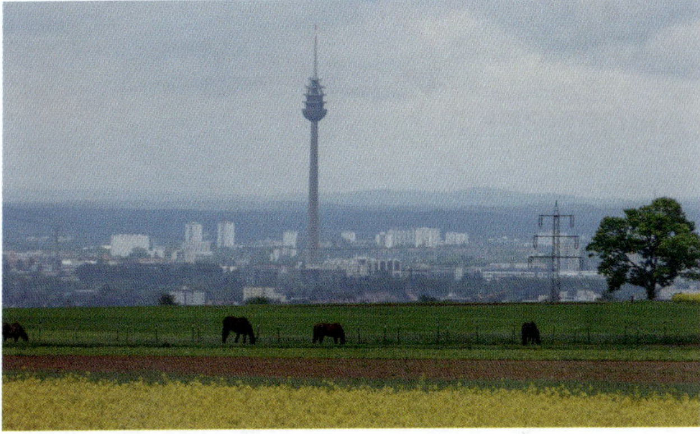

Aussicht Schweinauer Ei

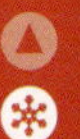
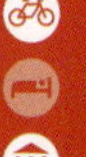

Ort durch und nach dem Ortsende an der ersten Kreuzung rechts abbiegen. Dem asphaltierten Flurweg bis zur nächsten Kreuzung folgen und an dieser nach links in einen Feldweg abbiegen. Wir halten uns auf dem Feldweg immer geradeaus bis zum Waldrand und in den Wald hinein. Dort, wie markiert, links halten und nach wenigen Minuten rechts auf einen Pfad abbiegen. Nun geht es fast gerade durch den Forst, bis wir auf einen geschotterten Waldweg stoßen. An diesem links und bis zur Straße. An der Straße rechts halten und zunächst entlang des Waldrands und weiter in Richtung Kernmühle halten. An der **Kernmühle** 02 überqueren wir die Straße und wandern wenige Meter über die Wiese.

Nun über einen etwas wackeligen Steg über die Bibert, danach links am Bach entlang und nach einigen Metern rechts zur St 2245 abbiegen. Diese überqueren wir (Achtung, stark befahren) und halten uns weiter geradeaus leicht ansteigend bis zum nächsten Querweg. Hier rechts und nach etwa 200 Metern links auf einen Wiesenpfad abbiegen. Dieser führt uns nun hangaufwärts in den Wald hinein. Nach dem Wald zweigen wir links ab, wenige Meter weiter nach rechts und nach 150 Metern erneut nach rechts. Dann wieder durch den Wald dem weiteren markierten Wegverlauf folgen. Nach dem Höllgraben erreichen wir eine Weiherkette, an der wir links abbiegen und dem Weg bis zum **Pleikershof** 03 folgen.

Hier nach rechts und dann kurz durch einen Wald gehen wir Richtung Cadolzburg. An der nächsten Kreuzung geradeaus, dann für ein kurzes Stück auf der Straße und links in den Wald hinein. Relativ bald biegen wir am Kesselberg halb rechts auf einen Waldpfad ein und folgen diesem bis zum Ortsrand von Cadolzburg. Über den Fuchsweg und die Straße „Am Kesselberg“ gelangen wir auf die Markgraf-Alexander-Straße, biegen dort links ab und überqueren danach die Brandstätterstraße. Dort links und sofort wieder rechts in die Hafnersgartenstraße. An dessen Ende über die Hindenburgstraße, durch das Obere Tor „Brusela“ auf den Marktplatz und zur **Burg Ca-**

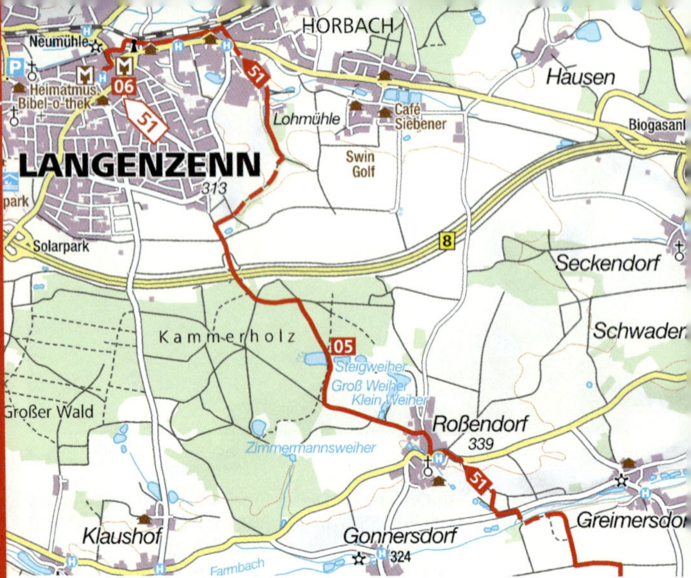

dolzburg 04. Ein Besuch der Burg und dem Museum „Herrschafts-Zeiten“ wird unbedingt empfohlen. Von der Burg gehen wir zurück in die Burgstraße und wandern bis zur Gonnersdorfer Straße und der Waldstraße um die Burg herum. Der Waldstraße folgen wir bis zum Ende und halten uns dann nach rechts in den Wald hinein. An der nächsten Kreuzung am Rande eines Parkplatzes wandern wir im Wald parallel zur Gonnersdorfer Straße. Der Markierung folgend überqueren wir diese, biegen am nächsten Querweg nach rechts und biegen am Rand des Sportplatzes links in eine Kleingartensiedlung ein. Diese durchwandern wir bis zu einem weiteren Querweg, an dem wir zunächst links und kurze Zeit später rechts abbiegen. Über eine kleine Brücke den Farrnbach überqueren, dann an der Straße nach links und wenig später rechts. An der Kläranlage wieder rechts und leicht ansteigend geht es nun in Richtung Roßendorf. Wir folgen weiterhin der Markierung durch Roßendorf. Am Ortsende geht es vorbei an Feldern und einer Haselnussplantage zum Waldrand, an dem wir rechts abbiegen. Auf schmalem Pfad durch das Biotopgebiet **„Steigweiher“** 05 erreichen wir den Wald.

Dort zweimal links, dann am nächsten Abzweig kurz links und sofort wieder rechts in Richtung B8. Die B8 unterqueren und nach etwa 350 Metern, rechts auf den schmalen Pfad, der in den Reutgraben führt, abbiegen. Durch den Reutgraben erreichen wir an der Lohmühle Langenzenn. Dann die Nürnberger Straße überqueren und vorbei am Bahnhof. Wir wandern entlang der Bahnlinie und durch einen kleinen Park weiter bis zur Sanktustorstraße. Hier links und vor bis zur Friedrich-Ebert-Straße. An dieser nach rechts, erreichen wir über den Prinzregentenplatz in **Langenzenn** 06 unseren Endpunkt.

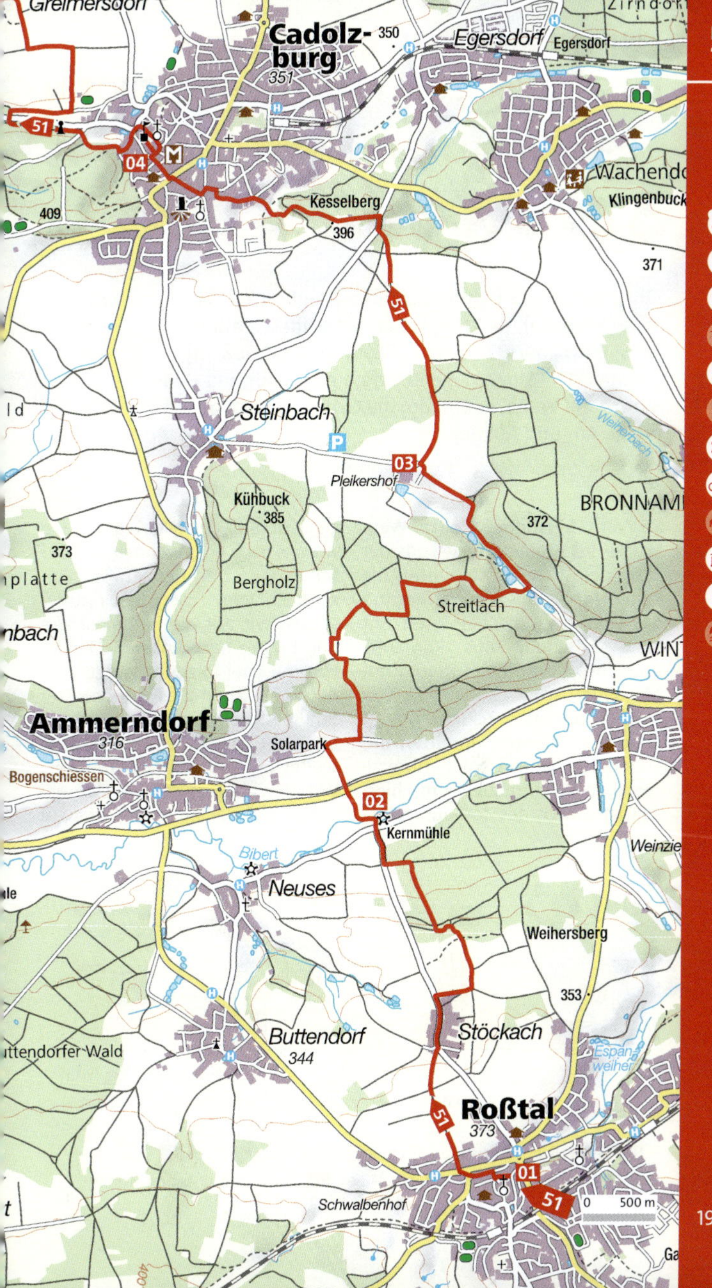
Greimersdorf
Cadolzburg
350
351
Egersdorf
Egersdorf
Zirndorf
Wachendorf
Klingenbuck
Kesselberg
396
409
371
Steinbach
Pleikershof
Kühbuck
385
372
BRONNAMBERG
373
Bergholz
Streitlach
Weiherbach
Ammerndorf
316
Bogenschiessen
Solarpark
Kernmühle
Bibert
Neuses
Weinzierlein
Weihersberg
353
Buttendorf
344
Stöckach
Espanweiher
Roßtal
373
Schwalbenhof
0
500 m

AUF DEM MITTELFRÄNKISCHEN JAKOBSWEG ZUM KLOSTER HEILSBRONN

Eine Pilgertour mit zwei bedeutenden Sakralbauten

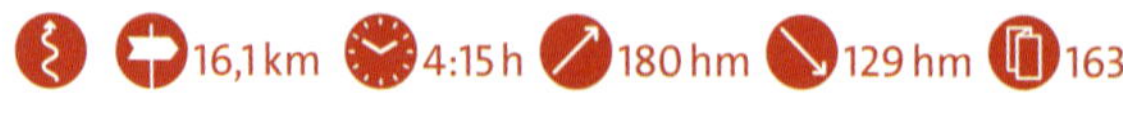

START | Roßtal, S-Bahnhof „Roßtal-Wegbrücke", S4 (Linie Nürnberg–Ansbach); Parkmöglichkeiten beim Bahnhof.
[GPS: UTM Zone 32 x: 636.808 m y: 5.473.068 m]
CHARAKTER | Überwiegend befestigte Wald- und Feldwege, teils naturnahe Wege, in und um die Orte auch asphaltiert. Nur geringfügige An- und Abstiege.

Vom **S-Bahnhof Roßtal-Wegbrücke** 01 stehend weist uns der Turm der Kirche St. Laurentius die ersten Meter. Sie ist das Zentrum des Ortskerns und begeistert mit einer Mischung aus Romantik und Gotik sowie einer Krypta mit 12 quadratischen Säulen, die vermutlich aus dem 11. Jahrhundert stammen. Sie steht inmitten des Friedhofs, der von einer mittelalterlichen Wehrmauer umschlossen ist. Durch das Torhaus gelangen wir auf den Marktplatz, wo wir uns nach links wenden und der Schulstraße und der Straße „Zinkenbuck" folgen. Geradeaus weiter stoßen wir auf die Pelzleinstraße und biegen nach links ab. Der Jakobsmuschel folgend zweigen wir nach links ab in die Fernabrünster Straße, die bald in einem Feldweg übergeht. Durch die Felder geht es weiter, bis wir den Wald erreichen. Wir durchqueren den Wald und gehen auf der anderen Seite auf

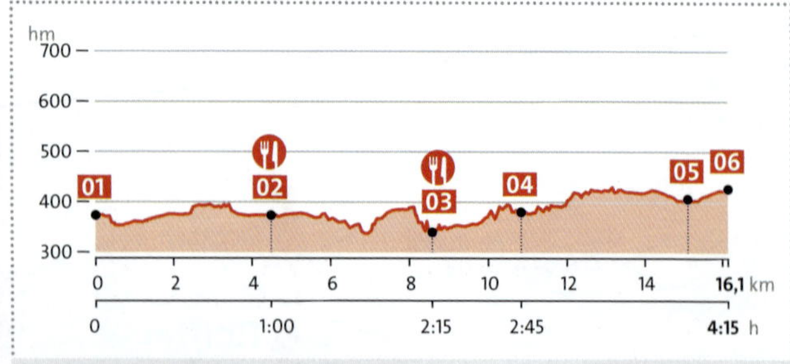

01 Bhf. Roßtal-Wegbrücke, 373 m; 02 Fernabrünst, 373 m; 03 St. Johannes, 342 m; 04 Abzw. Waldrand, 378 m; 05 Münster Heilsbronn, 400 m; 06 Bhf. Heilsbronn, 422 m;

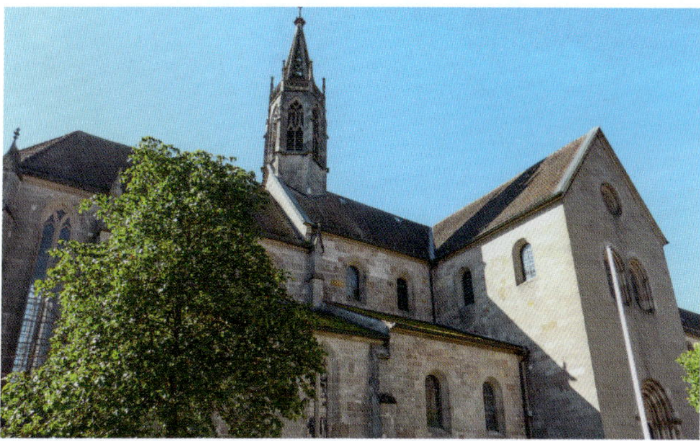

Kloster Heilsbronn

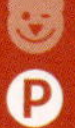

der Roßtaler Straße weiter in Richtung **Fernabrünst** 02. Am Ortsrand wenden wir uns nach links in die Straße „Am Röthlein", kreuzen die Hauptstraße und gehen geradeaus auf dem Schleifweg weiter.

Nach rund 800 Metern folgen wir der Jakobsmuschel nach rechts auf einen Grasweg und gehen an einem Bach entlang weiter bis nach Wendsdorf. Hier halten wir uns links und biegen nach der Dorflinde nach rechts ab in einen ansteigenden Hohlweg. Oben gehen wir zunächst geradeaus weiter, wenden uns an der T-Kreuzung nach links und kurz darauf scharf nach rechts. Nach einem kleinen Wäldchen erreichen wir Bürglein und gehen geradeaus weiter bis zur Großhabersdorfer Straße. Hier biegen wir nach links ab und kommen am sehenswerten Fachwerkhaus des ehemaligen Gasthauses Weißes Ross vorbei. Wenige Meter weiter steht die Kirche **St. Johannes** 03, deren Besichtigung sich lohnt. Zurück auf der Straße und vorbei an der Friedenseiche biegen wir in die Straße „Am Kettelbach" ab und stoßen an der nächsten T-Kreuzung auf einen kleinen Weiher. Wir gehen links daran vorbei und biegen kurz darauf nach rechts auf einen Feldweg neben dem Bürgleinsbach ab. Kleine Fischteiche reihen sich entlang des Grunds auf, bis wir die Straße Betzendorf–Bonndorf erreichen. Hier halten wir uns links und überqueren den Bach. Am Wald wählen wir den **Pfad nach rechts** 04.

Wir folgen dem Pfad, bis die ersten Häuser von Heilsbronn in Sicht kommen. Wir erreichen eine geteerte Straße, die uns nach links zu einem Bahnübergang bringt. Auf der anderen Seite folgen wir der Caspar-Othmayr-Straße, biegen nach rechts in die Bahnhofstraße ab und folgen dann der Straße „Am Postberg" bis zum Marktplatz. Von hier aus führt die Abteigasse zum ehemaligen Zisterzienserkloster mit dem **Münster Heilsbronn** 05. Die Abtei mit dem Münster wurde 1132 gestiftet und eine Besichtigung führt zu den Hochgräbern der Hohenzollern sowie Altären, Grabdenkmälern und Bildtafeln. Nach dem Rundgang gehen wir auf demselben Weg zurück und folgen der Bahnhofstraße bis zum **Bahnhof Heilsbronn** 06.

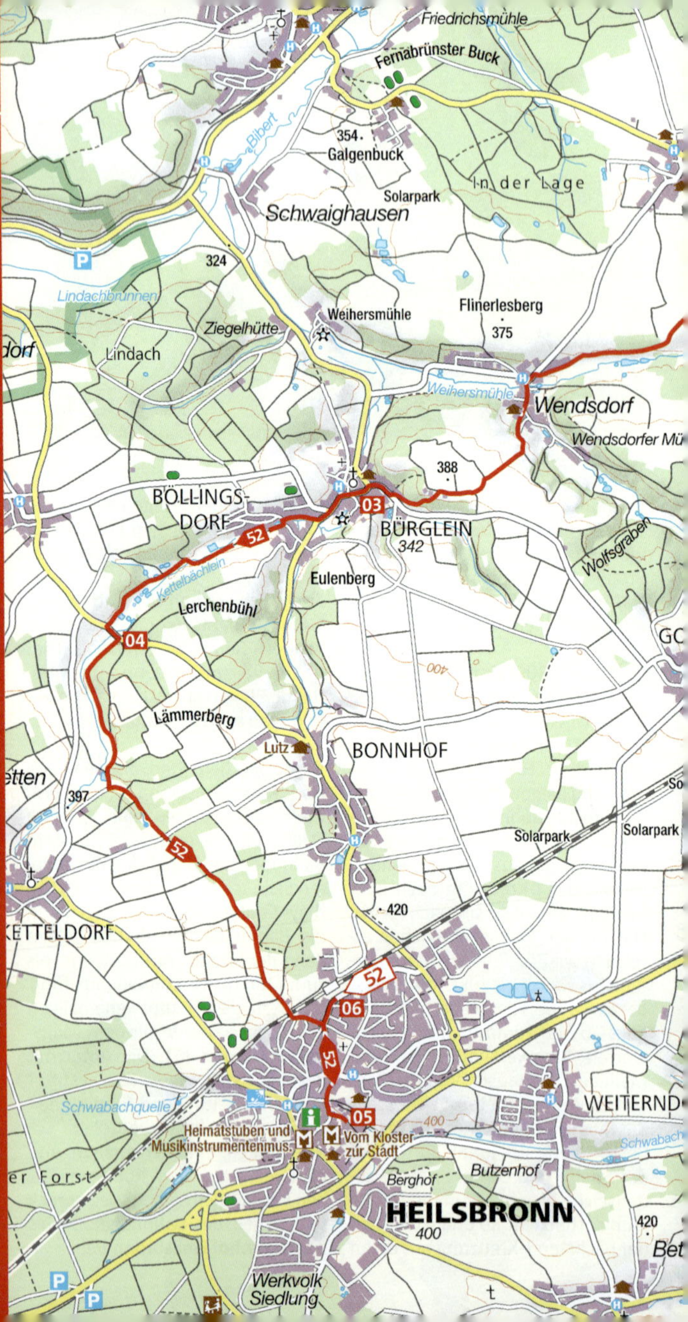

Friedrichsmühle
Fernabrünster Buck
Bibert
354
Galgenbuck
In der Lage
Solarpark
Schwaighausen
324
Lindachbrunnen
Weihersmühle
Flinerlesberg
375
Ziegelhütte
Lindach
Weihersmühle
Wendsdorf
Wendsdorfer Mü
388
BÖLLINGS-
DORF
03
BÜRGLEIN
342
52
Wolfsgraben
Kettelbächlein
Eulenberg
Lerchenbühl
04
400
Lämmerberg
Lutz
BONNHOF
397
52
Solarpark
Solarpark
420
KETTELDORF
52
06
52
Schwabachquelle
05
400
Heimatstuben und
Musikinstrumentenmus.
Vom Kloster
zur Stadt
WEITERND
Schwabach
er Forst
Berghof
Butzenhof
HEILSBRONN
400
420
Werkvolk
Siedlung

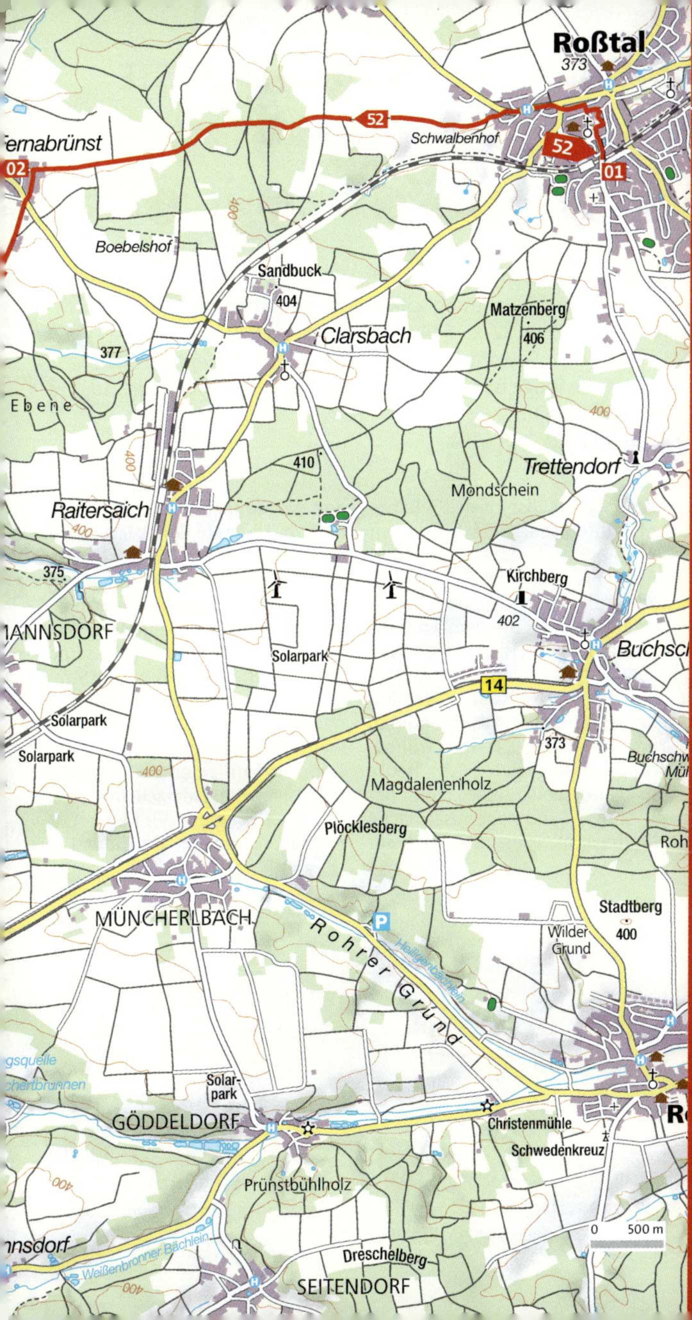

Roßtal
373
Schwalbenhof
52
01
Fernabrünst
02
Boebelshof
Sandbuck
404
Clarsbach
Matzenberg
406
377
Ebene
410
Trettendorf
Mondschein
Raitersaich
400
375
Kirchberg
402
MANNSDORF
Buchsch
Solarpark
14
Solarpark
Solarpark
373
Buchschw Mühl
Magdalenenholz
Plöcklesberg
Roh
MÜNCHERLBACH
Stadtberg
Rohrer Grund
Heiligenbächlein
Wilder Grund
400
Solar-park
GÖDDELDORF
Christenmühle
Schwedenkreuz
Prünstbühlholz
0 500 m
Dreschelberg
Weißenbronner Bächlein
SEITENDORF

STEINBRÜCHE UND DIE ALTE VESTE

Natur, Kultur, Aussichten und Einkehr

START | Unterasbach, S-Bahnhof „Unterasbach“, S4 (Linie Nürnberg–Ansbach); Parkmöglichkeiten beim Bahnhof.
[GPS: UTM Zone 32 x: 644.006 m y: 5.475.639 m]
CHARAKTER | Sowohl befestigte Wald- und Feldwege als auch naturnahe Wege bzw. Pfade. Nur wenige An- und Abstiege. Tour in Zirndorf teilbar.

Von der Südseite des **S-Bahnhofs Unterasbach** 01 folgen wir der Markierung „Blauring“ entlang der Gleise. Nach der Bahnunterführung biegen wir nach rechts ab und wenden uns danach nach links auf einen Pfad zum Wald. Hier treffen wir auf die Markierung „Wallensteins Lager“ und folgen ihr durch den Wald hindurch zum **Hainberg** 02. Der frühere Truppenübungsplatz ist heute ein Naturschutzgebiet mit der größten Sandmagerrasenfläche Nordbayerns. Hier unbedingt auf den Wegen bleiben. Verwachsene Kiefern säumen den Weg, während wir hinunter in das weite Rednitztal wandern. An der ersten und zweiten Gabelung wählen wir jeweils den linken Weg, biegen dann rechts ab zum Fluss und überqueren anschließend die Straße und die Eisenbahnbrücke. Danach geht es links am Bahndamm weiter. In einer Rechtskurve wechseln wir auf einen Schotterweg und folgen diesem nach links über das alte Bahngleis. Wir halten uns rechts und gehen am Industrie-

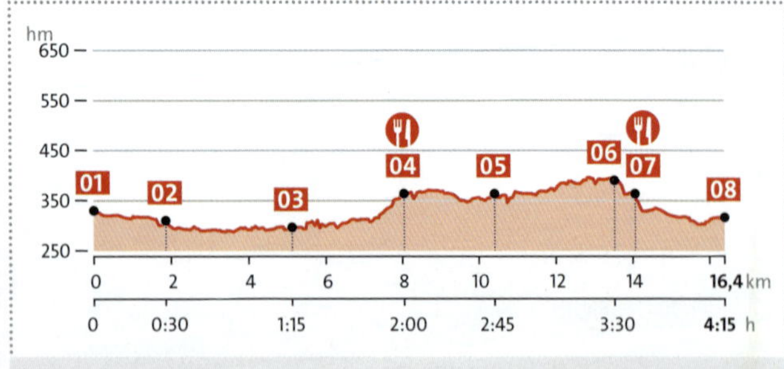

01 S-Bhf. Unterasbach, 322 m; 02 Hainberg, 302 m; 03 Bibert, 293 m; 04 Alte Veste, 359 m; 05 Schwarzwildgehege, 334 m; 06 Rangaublick, 396 m; 07 Felsenkeller, 340 m; 08 Bhf. Burgfarrnbach, 318 m;

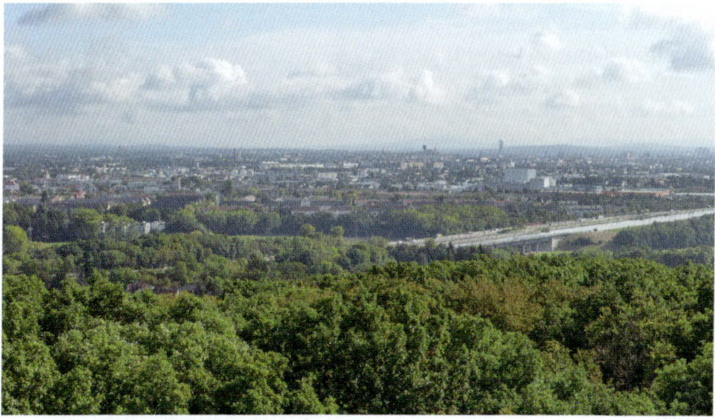

Aussicht von der Alten Veste

gebiet entlang weiter in die Wiesenlandschaft. Vor der Fußgängerbrücke wenden wir uns nach rechts und folgen nach circa 250 Metern einem Pfad nach rechts. In einer langen Schlaufe führt der Weg an der Bibert entlang. Vor der Brücke der FÜ 6 stoßen wir wieder auf die Markierung von „Wallensteins Lager“ und folgen ihr nach der Straßenquerung nach links. In einer Rechtskurve geht es den Hang hinauf und durch ein Wäldchen zu einem Querweg. Stufen führen in den Talgrund und auf der Heubrücke über die **Bibert** 03. Ein Tunnel bringt uns auf die andere Seite der FÜ 6, wo wir dann am Rand des Rednitzgrunds weiterlaufen. Erneut queren wir die FÜ 6 und wenden uns dann nach rechts bis zu einem Abzweig auf die Fuggerstraße. Auf ihr geht es nach links weiter bis zur Bushaltestelle Alte Veste. Hier kommen wir in den Wald und folgen dem „Grünen Kleeblatt“. Der Weg steigt zur **Alten Veste** 04 hin an, wo eine Einkehr möglich ist. Ein Abstecher zum nahen Aussichtsturm bietet ein spektakuläres 360°-Panorama. Der Markierung folgend erreichen wir den ehemaligen Steinbruch, zweigen nach rechts ab und bie-

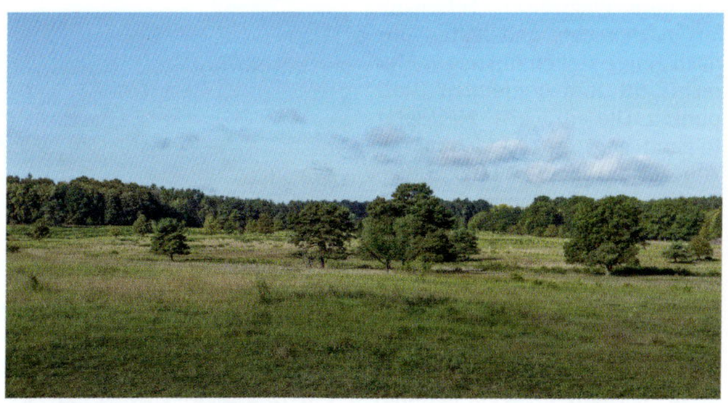

Naturschutzgebiet Hainberg

gen an einer T-Kreuzung erst nach links und dann nach rechts ab. An einem Querweg biegen wir nach rechts ab und gehen auf dem breiten Schotterweg weiter. Nach dem Nachbau einer Normalschanzlinie von Wallensteins Lager biegen wir bewusst auf den Weg ohne Markierung nach rechts ab. An der Kreuzung halten wir uns links bis zum **Schwarzwildgehege** 05, wo wir wieder auf das „Grüne Kleeblatt" treffen. Dieses führt uns nach der Straßenquerung durch altes Steinbruchgelände bis zu einem Querweg. Wir folgen dem Wegweiser „Felsenkeller/Rangaublick 2 km".

Der Weg geht über in einen Schotterweg, der uns geradeaus weiterführt. An der nächsten Gabelung wenden wir uns nach links und passieren einen Trinkwasser-Hochbehälter und das Waldkrankenhaus. Erneut kommen wir zu einem alten Steinbruch. An einer auffälligen Rastbank folgen wir dem Weg nach rechts hangaufwärts und dann am nächsten Abzweig nach links. Wir erreichen das Steinbruchareal beim **Rangaublick** 06 und gehen hoch zum gleichnamigen Rastplatz. An der T-Kreuzung folgen wir dem Wegweiser „Felsenkeller" nach rechts und halten uns nach einem steilen Abstieg weiter rechts bis zum querenden „Rotpunkt". Diesem circa 20 Meter folgend geht es rechts hinunter zum **Felsenkeller** 07. Es geht weiter bergab und dann nach rechts, bis ein Fußgängersteg über die B 8 führt. Durch die Felder erreichen wir Burgfarrnbach und folgen der Regelsbacher Straße bis zur Würzburger Straße und weiter geradeaus auf der Lehenstraße. An deren Ende linkshaltend ist der **Bahnhof Burgfarrnbach** 08 erreicht.

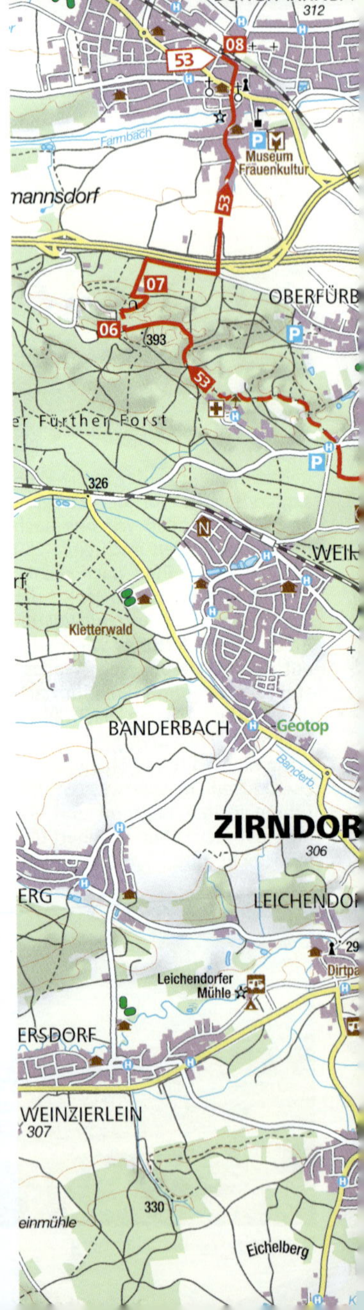

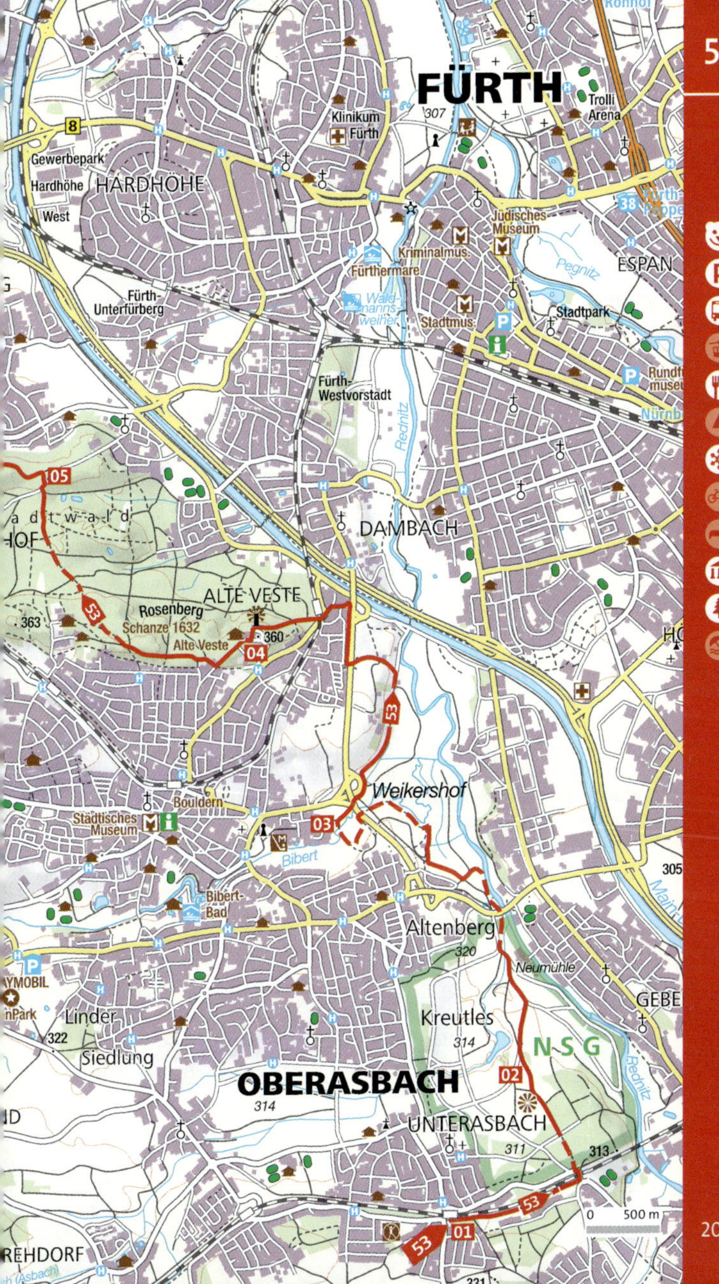
FÜRTH
Klinikum Fürth
Trolli Arena
HARDHÖHE
Gewerbepark
Hardhöhe
West
Jüdisches Museum
Kriminalmus.
Fürthermare
ESPAN
Pegnitz
Fürth-Unterfürberg
Wald-manns-weiher
Stadtmus.
Stadtpark
Fürth-Westvorstadt
Rednitz
DAMBACH
ALTE VESTE
Rosenberg
Schanze 1632
Alte Veste
Weikershof
Bouldern
Städtisches Museum
Bibert
Bibert-Bad
Altenberg
Neumühle
Kreutles
NSG
Linder Siedlung
OBERASBACH
UNTERASBACH
0 500 m

DURCH DAS VOGELPARADIES DER MOHRHOFER WEIHER

Artenreiche Fauna und Flora im Weihergebiet

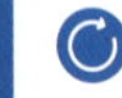 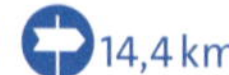  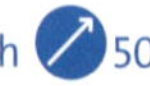  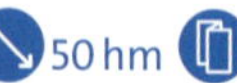 

START | Kairlindach, Ortsmitte (bei der Kirche), nur wenige Parkmöglichkeiten, Anreise mit PKW empfehlenswert;
ÖPNV: Bushaltestelle „Kairlindach, Weisendorf".
[GPS: UTM Zone 32 x: 633.658 m y: 5.500.035 m]
CHARAKTER | Überwiegend befestigte oder asphaltierte Wald- und Feldwege bzw. Flurwege. Weitgehend ohne Steigungen.

An der Kreuzung vor der Evangelischen Kirche St. Kilian in **Kairlindach** 01 starten wir nach rechts auf der Kairlindacher Straße und folgen der Markierung „Blaukreuz" bis zum Ortsende. An einer Pferdekoppel biegen wir nach links ab und folgen dem „Grünpunkt". Vorbei an Wiesen und Feldern erreichen wir den Waldrand und gehen an ihm entlang, bis wir das Waldstück schließlich durchqueren. Auf der anderen Seite geht es auf einem unbefestigten Weg ohne Markierung weiter. An der folgenden Weggabelung halten wir uns rechts und gehen parallel zum Waldrand bis zu einem kreuzenden Flurweg weiter. Diesem folgen wir wenige Meter und biegen dann nach rechts auf einen geteerten Weg ab. An der Straße linkshaltend geht es an den ersten Weihern entlang in Richtung Mohrhof. An der T-Kreuzung vor dem Ort biegen wir nach rechts ab in Richtung der Weiherkette.

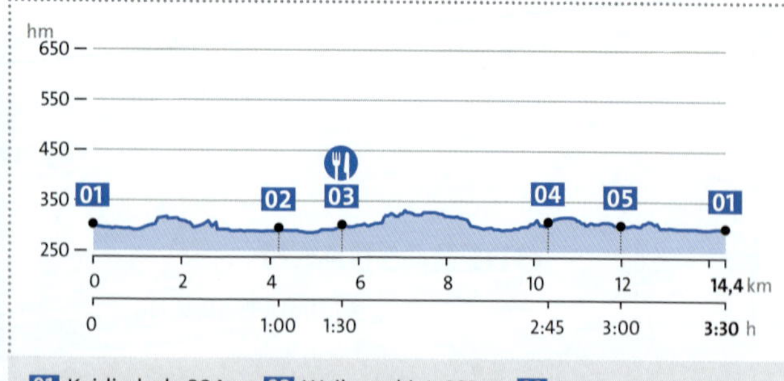

01 Kairlindach, 294 m; 02 Weihergebiet, 292 m; 03 Poppenwind, 300 m; 04 Mechelwind, 312 m; 05 Oberlindacher Weiher, 300 m;

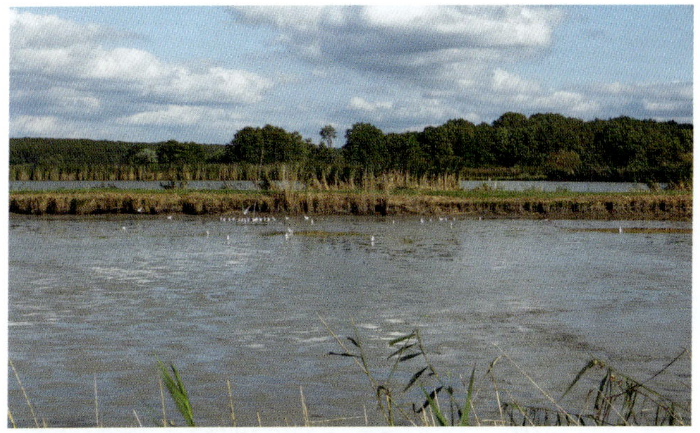

Vogelfreistätte Mohrhof

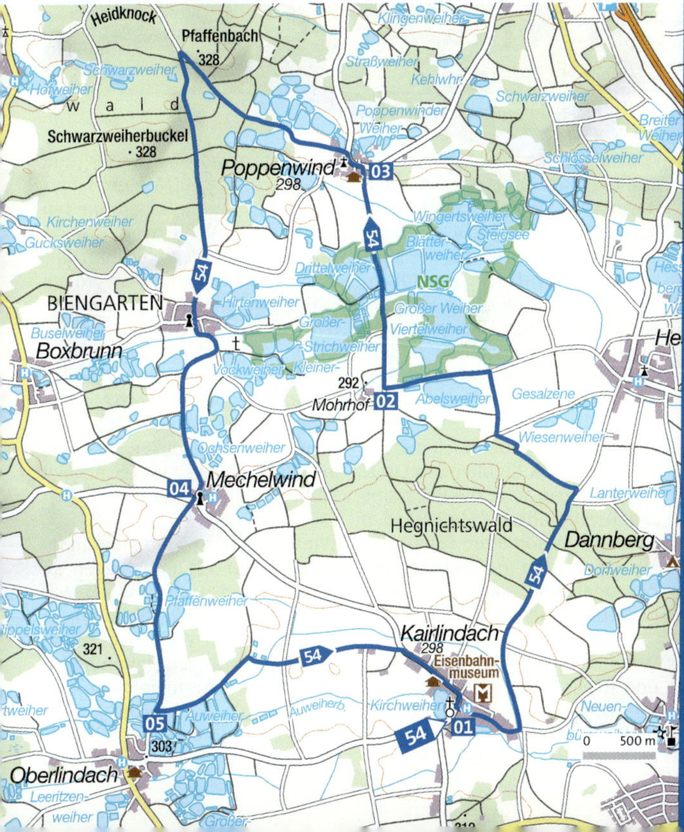

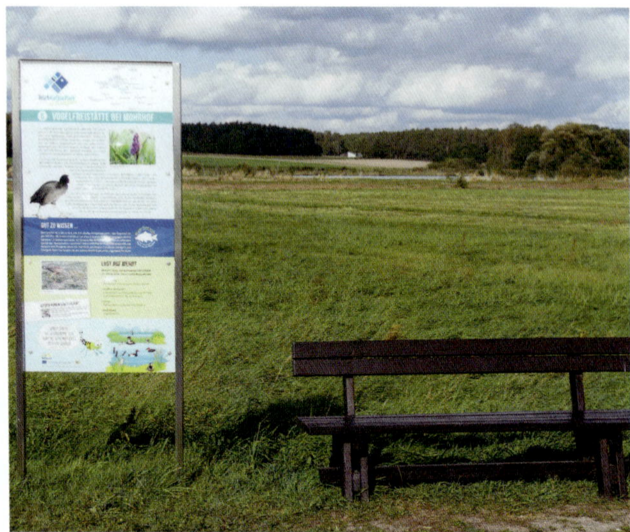

Infotafel bei der Vogelfreistätte Mohrhof

Wir haben das **Weihergebiet** 02 erreicht und da es sich um ein Naturschutzgebiet handelt, dürfen die Wege hier nicht verlassen werden. Wir treffen auf die Markierung „Gelbstrich" und folgen ihr geradeaus bis nach Poppenwind. Die vielen Weiher ziehen zahllose Wasservögel an und so können wir mühelos Reiher, Möwen, Schwäne, Blesshühner und Enten beobachten. Mit Glück kann man hier aber auch seltene Arten wie den Kiebitz, den Drosselrohrsänger oder die Bekassine sehen. Frühjahr und Herbst laden zu einem besonderen Schauspiel ein: Dann kann man Scharen von Zugvögeln entdecken, die im Weihergebiet eine Rast einlegen.

Wir durchqueren **Poppenwind** 03 und folgen am anderen Ortsrand der Markierung „Grünpunkt". Vorbei an weiteren Weihern erreichen wir den Wald. Der Weg führt zunächst geradeaus weiter und biegt nach circa 600 Metern scharf nach links ab in einen breiten Schotterweg. Ab hier weist uns das „Blaue X" den Weg und führt uns schließlich wieder aus dem großen Waldgebiet hinaus nach Biengarten. Wir durchqueren den kleinen Ort und folgen der Straße bis zu einem Flurweg. Diesem nach rechts folgend kommen wir nach **Mechelwind** 04. Das „Blaue X" führt uns über die kreuzende ERH 27 und eine Kuppe hinweg ins Teichgebiet Pfaffenweiher.

Wir kommen an den **Oberlindacher Weiher** 05 und biegen an dessen Rand nach links ab. Mit den Weihern zur Rechten nähern wir uns einem Wäldchen, hinter dem uns eine Weggabelung erwartet. Ab hier folgen wir dem „Blaukreuz" nach rechts bis zur ERH 27. **Kairlindach** 01 ist bereits in Sicht und kurz darauf erreicht.

VOM SCHLOSS WEISSENSTEIN NACH SAMBACH

Leichte Wanderung um ein prächtiges Barockschloss

  11,5 km 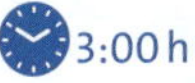 3:00 h  50 hm 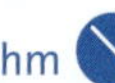 49 hm 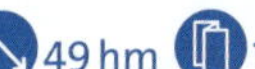 163

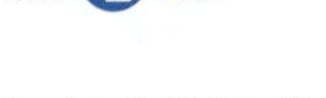

START | Pommersfelden, Schloss Weißenstein, Parkmöglichkeiten beim Schloss, Anreise mit PKW empfohlen;
ÖPNV: Bushaltestelle „Schloss Weißenstein, Pommersfelden".
[GPS: UTM Zone 32 x: 630.998 m y: 5.513.790 m]
CHARAKTER | Überwiegend asphaltierte oder befestigte Flurwege, fast keine Steigungen.

Los geht es beim **Schloss Weißenstein** 01, einem prachtvollen Beispiel für den fränkischen Barock, der vor allem mit seiner beachtlichen Größe überrascht. Zwischen dem Hotel-Restaurant Dorn und der Schule auf der gegenüberliegenden Seite folgen wir der Markierung „Blaupunkt" und wenden uns an einer T-Kreuzung nach rechts. Der Weg führt durch die weiten Felder und wir wandern bis zu einer einzelnen Eiche an einem Bach. Ein Wirtschaftsweg führt nach links in einem weiten Bogen an Karpfenweihern vorbei bis in die Ortsmitte des Ortsteils **Limbach** 02. Hier biegen wir beim Gasthof Volland nach links ab, halten uns kurz darauf halb rechts und folgen der Straße geradeaus aus dem Ort hinaus. Vorbei an weiteren Fischweihern steigen wir nach hoch zum Waldrand und durchqueren das kleine Waldstück. Auf der anderen Seite biegen wir an der **Kreuzung** 03 nach links ab und folgen der Markierung im Zickzack bis

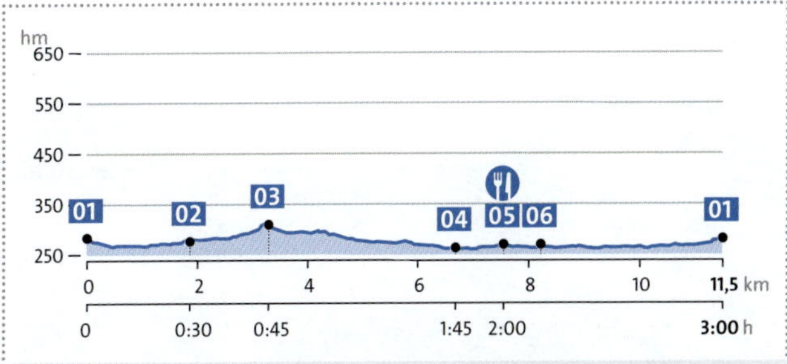

01 Schloss Weißenstein, 283 m; 02 Limbach, 278 m; 03 Kreuzung, 303 m; 04 Holzkreuz, 261 m; 05 Sambach, 265 m; 06 Abzw. Bahngleis, 266 m;

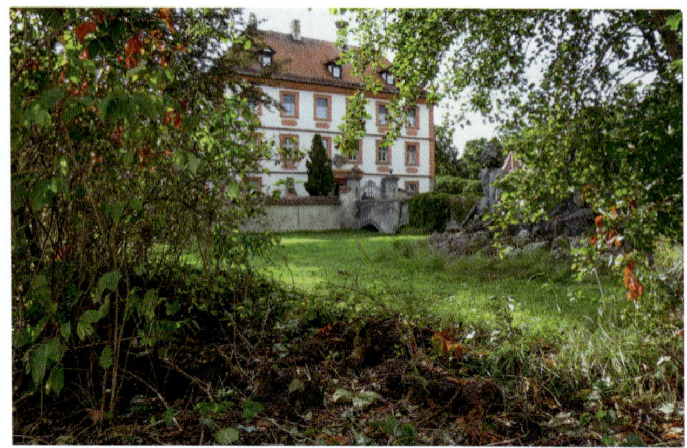
Schloss Sambach

hinunter ins Tal. Ein großes **Holzkreuz** 04 markiert eine mögliche Abkürzung zurück nach Pommersfelden. Hierfür kann man einfach nach links abbiegen und vorbei an einem großen Weiher zum Startpunkt beim Schloss Weißenstein zurückkehren. Für die komplette Runde folgen wir dem Weg geradeaus weiter nach Sambach. Wir überqueren die Reiche Ebrach und erreichen den Ort. An der Hauptstraße halten wir uns rechts und stehen kurz darauf vor der Kirche **St. Antonius Abbas** 05. Links neben der Kirche lädt der Brauerei-Gasthof Henneman zu einer Pause ein. Wir kehren zurück zum Abzweig an der Hauptstraße und folgen ihr an der Wiesneth-Mühle vorbei aus dem Ort hinaus. Wir erreichen den Bahnübergang und gehen auf dem Weg links neben den **Bahngleisen weiter** 06. Der Markierung „Rotstrich" (Wanderweg 6) folgend führt uns der Weg im

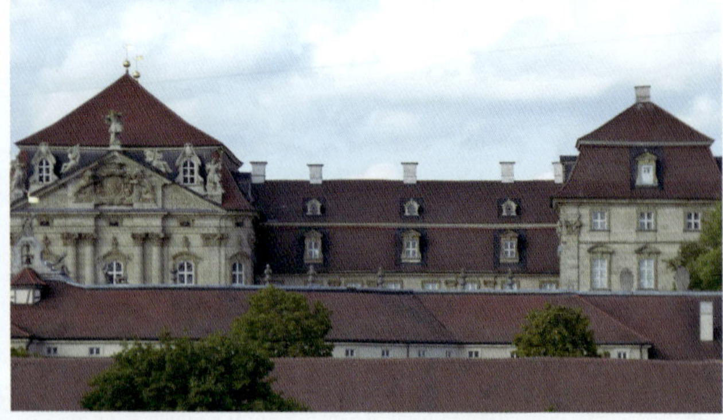
Schloss Weißenstein

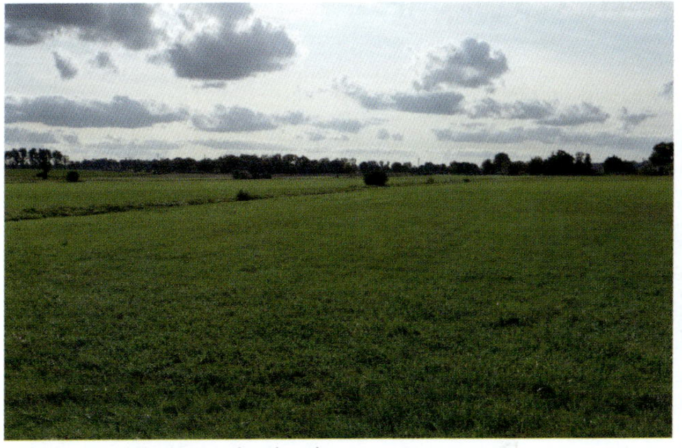

Wiesengrund an der Reiche Ebrach

Zickzack zurück nach Pommersfelden. An der Evangelischen Kirche St. Maria und Johannes halten wir uns rechts, gehen an der früheren Schlossmühle vorbei und erreichen das große, ummauerte Parkgelände. Von hier ist es nur noch ein kurzes Stück zum **Schloss Weißenstein 01**, an dem die Wanderung begann.

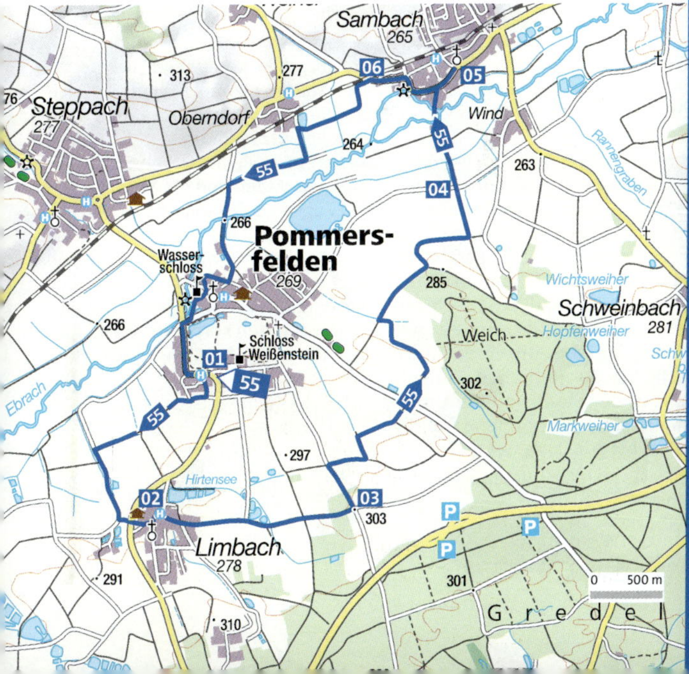

Nürnberg – Historische Felsengänge

Die historischen Felsengänge erstrecken sich über eine Fläche von mehr als 20.000 Quadratmetern und bilden das größte zusammenhängende Felsenkellerlabyrinth in Süddeutschland. Neben den Felsengängen gibt es in Nürnberg weitere unterirdische Attraktionen, die einen Besuch wert sind. Im historischen Kunstbunker wurden während des Zweiten Weltkriegs unschätzbare Kunstwerke, darunter Werke von Künstlern wie Albrecht Dürer, Veit Stoß und Martin Behaim, sicher gelagert. Die Kasematten, unterirdische Verteidigungsgänge, sind ein beeindruckendes Erbe des Festungsbaus in der Renaissance und bilden zusammen mit der Burgbastei eine bedeutende historische Stätte.

Historische Felsengänge
Bergstraße 19
90403 Nürnberg
0911 / 2449859
www.historische-felsengaenge.de

Fürth – Jüdisches Museum Franken

In Fürth, dem „Fränkischen Jerusalem" befand sich einst das religiöse Zentrum Süddeutschlands mit vielen Synagogen, einer hebräischen Druckerei sowie Talmudschulen und entsprechenden Gelehrten. Seit über zwei Jahrzehnten präsentiert das Museum in Fürth die Geschichte der jüdischen Gemeinschaft in der Stadt und der umliegenden Region, beginnend im Mittelalter bis zur Gegenwart.

Jüdisches Museum Franken in Fürth
Königstraße 89
90762 Fürth
0911 / 95 09 880
www.juedisches-museum.org

Erlangen – Botanischer Garten

Der Botanische Garten wurde im Jahr 1747 im Auftrag der Universität ins Leben gerufen. Er erstreckt sich über eine Fläche von 2 Hektar und beherbergt eine vielfältige Sammlung von etwa 4.000 Pflanzen aus unterschiedlichen Klimazonen und Vegetationsgebieten. In den großzügigen Gewächshäusern, die eine Fläche von etwa 1.700 Quadratmetern einnehmen, lassen sich Pflanzen aus den Tropen und Subtropen bewundern. Die Gartenanlage zeichnet sich zudem durch eine sorgfältige und ansprechende Gestaltung bis ins kleinste Detail aus, was zu seiner Attraktivität beiträgt.

Botanischer Garten
Loschgestraße 1–3
91054 Erlangen
09131 / 85-22452
www.botanischer-garten.uni-erlangen.de

Hersbruck – Fackelmann Therme

Der Thermenkomplex befindet sich am Rande von Hersbruck, direkt an den Pegnitzauen. Im staatlich anerkanntem Heilwasser können Besucher das Baden und die Sauna in vollen Zügen genießen und sich herrlich entspannen. Eine Auszeit im Hersbrucker Thermalwasser erweist sich laut dem Betreiber als nachweislich gesundheitsfördernd und verleiht dem gesamten Körper neue Vitalität. Ein perfekter Ausklang nach einer langen Wanderung!

Fackelmann Therme Hersbruck
Badstraße 16
91217 Hersbruck
09151 / 8393-0
www.fackelmanntherme.de

Bad Windsheim – Fränkisches Freilandmuseum

Der Besuch des Fränkischen Freilandmuseum gleicht einer faszinierenden Zeitreise, die einen zurück in die vergangenen 700 Jahre fränkischer Alltagsgeschichte versetzt. Das Museum beherbergt eine eindrucksvolle Sammlung von mehr als 120 Gebäuden, darunter Bauernhöfe, Mühlen, Brauereien, Scheunen, Ställe, Back- und Dörrhäuschen, ein Amtshaus und sogar ein idyllisches Sommerschlösschen. Diese Gebäude laden dazu ein, die Vergangenheit zu erkunden und vermitteln einen lebendigen Eindruck davon, wie die ländliche Bevölkerung in Franken in früheren Zeiten gebaut, gewohnt, gelebt und gearbeitet hat.

Fränkisches Freilandmuseum
Eisweiherweg 1
91438 Bad Windsheim
09841 / 6680-0
www.freilandmuseum.de

Schillingsfürst – Fürstlicher Falkenhof Schloss

Im weitläufigen Schlossgarten des Fürstlichen Falkenhofs sind nahezu alle europäischen Greifvogelarten vertreten. Hier kann man Adler bewundern, die majestätisch im Aufwind kreisen und auf Handzeichen hin im Sturzflug herabstoßen, den rasanten Flug der Falken verfolgen oder die unterhaltsamen Geier mit ihrer beeindruckenden Flügelspannweite beobachten. Das Barockschloss Schillingsfürst erlaubt einen Blick in die faszinierende Geschichte des Adelsgeschlechts Hohenlohe zu werfen. Im Falknereimuseum des Fürstlichen Falkenhofs erhalten Interessierte umfassende Einblicke in die 4.000 Jahre alte Geschichte der Falknerei.

Greifvogel und Eulenpark Wilder Wald
Am Wall 14
91583 Schillingsfürst
09868 / 201
www.falkenhof-schillingsfuerst.de

Rothenburg – Mittelalterliches Kriminalmuseum

Im Mittelalterlichen Kriminalmuseum werden die Besucher auf eine spannende Reise durch mehr als 1.000 Jahre deutscher und europäischer Rechtsgeschichte mitgenommen. In der Sammlung, die über 50.000 Artefakte umfasst, spiegelt sich eine vergangene Ära wider, in der strenge Strafen und öffentliche Demütigungen als Mittel zur Aufrechterhaltung von „Recht und Ordnung“ dienten. Neben der Darstellung der Entwicklung des Strafrechts und der verschiedenen Sanktionen wird auch ein Blick auf Themen wie Räuber- und Hexenverfolgung geworfen. Darüber hinaus werden kuriose Tierstrafen und faszinierende sowie aufsehenerregende Kriminalfälle beleuchtet.

Mittelalterliches Kriminalmuseum
Burggasse 3–5
91541 Rothenburg ob der Tauber
09861 5359
www.kriminalmuseum.eu

Wald – Erlebnisspielplatz am Altmühlsee

Der Abenteuerspielplatz erstreckt sich über eine Fläche von etwa 1,2 Hektar und ist unter dem Motto „Römer und Alemannen“ gestaltet. Das Gelände befindet sich in unmittelbarer Nähe (Luftlinie ca. 500 Meter) des römischen Limes und spricht sowohl Jung als auch Alt an. Großeltern können an den Balance-Geräten ihre Fitness unter Beweis stellen, während ihre Enkel in der Ausgrabungsstätte auf dem Alemannen-Kletterpfad oder in der

Römerstadt mit einem beeindruckenden zehn Meter hohen Rutschturm jede Menge Spaß haben. Der Erlebnisspielplatz integriert auch das Element Wasser durch einen Bachlauf, der den Spielplatz durchquert. Hier findet man neben einem festen Holzsteg auch eine Hängebrücke, Trittsteine im Bachlauf und eine Kneipp-Anlage.

Seezentrum Wald
Zum Seezentrum 1
91710 Gunzenhausen
09831 / 508-191
www.altmuehlsee.de/der-erlebnisspielplatz.html

Ruffenhofen – LIMESEUM im Römerpark

Das LIMESEUM ist Teil des Römerparks Ruffenhofen, einem rund 40 Hektar umfassenden archäologischen Park. In diesem Park werden durch oberflächliche Bepflanzungen die Grundrisse verschiedener Gebäude aus römischer Zeit sichtbar gemacht. Die Dauerausstellung im LIMESEUM bietet eine zeitgemäße Darstellung des Limes-Abschnitts zwischen Mönchsroth und Arberg, mit besonderem Fokus auf Ruffenhofen. Im Zentrum stehen Einblicke in das Leben entlang des Welterbes Limes. Ein besonderer Akzent wird durch die Figur des Soldaten December gesetzt. Er teilt seine Erfahrungen und Geschichten aus dieser Zeit durch Exponate, Hörstationen und einen begleitenden Film, der die Besucher durch die Ausstellung führt. Zudem sind interaktive Erlebnisstationen speziell für Kinder in das Ausstellungskonzept integriert.

LIMESEUM und Römerpark Ruffenhofen
Ruffenhofen 1
91749 Wittelshofen
09854 / 97 99 242
www.limeseum.de

Rummelsberg – Waldseilpark

Im Waldseilpark Rummelsberg erlebt man eine spannende Verbindung aus Naturerfahrung und aufregendem Nervenkitzel. Zwischen 3 und 15 Meter über dem Boden bieten 7 verschiedene Parcours mit über 50 Stationen mitten im natürlichen Baumbestand Herausforderungen für Besucher jeden Alters. Eine Besonderheit ist der rollstuhlgerechte Abschnitt, der Menschen mit und ohne Behinderung die Teilnahme ermöglicht.

Waldseilpark Rummelsberg
Rummelsberg 61
90592 Schwarzenbruck
0171 / 35 72 27 5
www.waldseilpark-rummelsberg.de/

Spalt – HopfenBierGut – Museum mit Verkostung

Im historischen Kornhaus der Stadt Spalt, wird in interaktiven Inszenierungen die faszinierende Verbindung zwischen Hopfen und Braukunst lebendig. Eine hervorragende Gelegenheit, die Welt des Hopfens zu erleben, zu schmecken und zu bestaunen. Geschichten rund um Hopfen und Bier begeistern und führen auf eine spannende Reise, die Tradition und Moderne miteinander verknüpft. Das Museum vermittelt die tiefe Verwurzelung von Stadt und Region mit der Welt des Hopfens und des Biers. Im Anschluss kann die Spalter Braukunst, die als die einzige kommunale Brauerei Deutschlands gilt, genossen werden. Das Kornhaus gehört mit seiner beeindruckenden Architektur zudem zu den Schätzen von Spalt.

Stadt Spalt
Kornhaus
Gabrieliplatz 1
91174 Spalt
09175 / 7965-50
www.HopfenBierGut.de

Ansbach

Einstige Residenz der Markgrafen von Brandenburg-Ansbach und heute die Regierungshauptstadt von Mittelfranken, verfügt Ansbach über eine bewegte Geschichte, die mehr als 1250 Jahre umspannt. Die Stadt zählt gegenwärtig rund 41.000 Einwohner und befindet sich an der historischen Burgenstraße, eingebettet in die Umgebung des Naturparks Frankenhöhe. Mit ihrer reichen Vielfalt an historischen Sehenswürdigkeiten nimmt Ansbach in der fränkischen Region eine herausragende Position ein. Prächtige Baudenkmäler wie die Hofkanzlei, die Kirchen St. Johannis und St. Gumbertus, die Residenz mit ihren 27 prunkvollen Räumen sowie die beeindruckende Orangerie im Hofgarten zeugen von der glanzvollen Vergangenheit dieser einstigen Residenzstadt.

Ansbach Tourist Info
Referat Kultur und Tourismus
Johann-Sebastian-Bach-Platz 1
91522 Ansbach
Tel. +49 (0) 981 51-243
www.ansbach.de

Gunzenhausen

Gunzenhausen, auch als „Stadt am Limes“ bekannt, dient als zentrales Tor zum Fränkischen Seenland sowie zum Naturpark Altmühltal. Der Altmühlsee ist ein ideales Freizeitzentrum für Familien und so bietet eine gemütliche Fahrt auf dem Personenschiff „MS Altmühlsee“ Entspannung pur. Gunzenhausen ist ein optimaler Ausgangspunkt für Wanderungen zu Fuß oder per Rad. Insgesamt erstrecken sich rund 800 km markierte Radwanderwege rund um Gunzenhausen und den Altmühlsee. Die Geschichte von Gunzenhausen reicht weit zurück. Schon die Römer erkannten die strategische Bedeutung der Altmühlfurt und errichteten dort ein Kastell. Spuren von drei Wachtürmen zeugen heute noch von der römischen Präsenz. Der „Wilde Markgraf“ Carl Wilhelm Friedrich von Brandenburg-Ansbach hinterließ der Stadt zwei Schlösser. Das Stadtbild wird von drei markanten Türmen geprägt: Der Blasturm, erbaut im Jahr 1466 und 1603 neu errichtet; der kleine Storchenturm, um 1450 errichtet und der Färberturm aus dem 14. Jahrhundert, ein imposanter Wachturm aus massiven Buckelquadersteinen.

Tourist Information Stadt Gunzenhausen

Rathausstraße 12
91710 Gunzenhausen
Tel. +49 (0) 9831/508-300
www.gunzenhausen.de

Schwabach

Schwabach ist das bedeutendste Zentrum in Europa für die Herstellung von Blattgold. In der Goldschläger-Schauwerkstatt können Besucher hautnah erleben, wie aus einem kleinen Goldbarren in aufwendigen Schritten hauchdünnes Blattgold mit einer Dicke von gerade einmal einem 10.000stel Millimeter entsteht. Die Spuren von Schwabachs traditionellem Handwerk sind in der gesamten Altstadt zu finden, sei es auf den goldenen Türmen des Rathauses, dem prächtigen Hochaltar in der Stadtkirche oder an den Fassaden von historischen Gebäuden und modernen Kunstwerken. Das Stadtmuseum beherbergt eine einzigartige Sammlung von natur- und völkerkundlichen Eiern sowie eine lebensechte Darstellung der Geschichte des Schwabacher Handwerks, der Industrie und der Zeitgeschichte. Zudem zeigt das Museum auf 800 m² die weltweit größte Sammlung von Modelleisenbahnen und Blechspielzeug des renommierten Nürnberger Unternehmens Fleischmann.

Tourismusbüro
Königsplatz 1
91126 Schwabach
Tel. +49 (0) 9122 860-241
www.schwabach.de

Lauf an der Pegnitz

Durch seine strategisch günstige Lage hat sich Lauf an der Pegnitz im Verlauf von neun Jahrhunderten zur bedeutendsten und größten Stadt im Landkreis Nürnberger Land entwickelt. Eines der bemerkenswertesten Wahrzeichen der Stadt ist die Altstadt, die die Wenzelburg beherbergt, ein Bauwerk von europäischer Bedeutung. Zwischen 1357 und 1360 ließ Kaiser Karl IV. die Wenzelburg in seiner Rolle als König von Böhmen erbauen. Bis heute ist die einzigartige Wappenkammer mit 112 in Stein gemeißelten und bemalten Wappen aus ganz Europa zu bewundern, insbesondere während einer Burgführung. Weitere Sehenswürdigkeiten sind das Hersbrucker Tor und das Nürnberger Tor, das Historische Rathaus, das Glockengießerspital, die Felsenkeller und der malerische Marktplatz. Dieser bildet einen charmanten Hintergrund für ein vielfältiges Angebot an Geschäften. Laufs Gastfreundschaft lässt sich in zahlreichen Cafés, Restaurants, Kneipen und traditionellen fränkischen Wirtshäusern genießen. Direkt an der Pegnitz gelegen befindet sich das Industriemuseum Lauf, das die lebendige Geschichte der Industrialisierung von 1900 bis 1970 veranschaulicht.

Tourist-Info
Schlossinsel 1
91207 Lauf a. d. Pegnitz
Tel. +49 (0) 9123 184-4000
www.lauf.de

Tourismusverband Franken e.V.

Pretzfelder Straße 15
90425 Nürnberg
Tel. +49 (0) 911/94151 0
www.frankentourismus.de

Tourismusverband Fränkisches Seenland

Hafnermarkt 13
91710 Gunzenhausen
Tel. +49 (0) 9831/5001-20
www.fraenkisches-seenland.de

Nürnberger Land Tourismus

Waldluststraße 1
91207 Lauf an der Pegnitz
Tel. +49 (0) 9123/950 6062
urlaub.nuernberger-land.de

Tourismusverband Romantisches Franken

Am Kirchberg 4
Tel. +49 (0) 9803/94141
www.romantisches-franken.de

Steigerwald Tourismus e.V.

Hauptstraße 10–12
91443 Scheinfeld
Tel. +49 (0) 9162/575499-90
www.steigerwaldtourismus.com

Städteregion Nürnberg

www.staedteregion-nuernberg.de

€ unter 50 €, €€ 50–80 €, €€€ über 80 €
(Pro Person / DZ / inkl. Frühstück)

Ansbach .... 91522, Tel. +49 (0) 981
Landgasthof Schwarzes Roß (€€), Wasserzell 21, Tel. 4874561, www.schwarzes-ross-wasserzell.de
Hotel Gasthof Rangau (€€), Laurentiusstr. 5, Tel. 61551, www.hotel-gasthof-rangau.de
Das Hürner (€€), Schlossstr. 7, Tel. 2086220, www.das-huerner.de

Altdorf .... 90518, Tel. +49 (0) 9187
Nürnberger Hof - Hotel & Landgasthof (€€), Unterer Markt 6, Tel. 1687, www.nuernberger-hof-altdorf.de

Bad Windsheim .... 91438, Tel. +49 (0) 9841
Pension Pastoriushaus (€€), An der Heuwaag 1, Tel. 7078, pastoriushaus.com
Flair Hotel zum Storchen (€€€), Weinmarkt 6, Tel. 669890, www.zumstorchen.de
Hotel-Garni Goldener Schwan (€€), Rothenburger Str. 5, Tel. 682530, www.goldener-schwan.de

Bubenreuth............ 91088, Tel. +49 (0) 9131
Landgasthof Mörsbergei (€€), Haupstr. 14, Tel. 9263288, landgasthof-moersbergei.jimdosite.com/

Burgbernheim .... 91593, Tel. +49 (0) 9843
Gasthof zum Goldenen Hirschen (€€), Windsheimer Straße 2, Tel. 93688-0, pension-badwindsheim.de
Gasthaus zum Grünen Baum (€€), Windsheimer Straße 8, Tel. 1268, www.gruenerbaum-burgbernheim.de

Cadolzburg .... 90556, Tel. +49 (0) 9103
Landhotel Alter Hof (€€), Langenzenner Str. 6, Tel. (0911) 76616834, www.alterhoflämmermann.de
Sporcher Nest (€€), Haffnersgartenstraße 1, Tel. 790239-0, sporchernest-hotel.de

Colmberg .... 91598, Tel. +49 (0) 9803
Burg Colmberg (€€€), An der Burgenstraße, Tel. 91920, www.burg-colmberg.de
Gutshof Colmberg (€€€), Burgstraße 26, Tel. 1209, www.gutshof-colmberg.de
Gasthaus Schwarzer Adler (€€), Am Markt 10, Tel. 246, www.gasthaus-lober.de

ÜBERNACHTUNGSVERZEICHNIS

Fürth .... 90762–90768, Tel. +49 (0) 911
Altstadthotel Fürth (€€), Blumenstr. 41, Tel. 368300-0, altstadthotel-fuerth.com
the niu Saddle (€€), Gebhardtstr. 8a, Tel. 8940110, the.niu.de/hotels/deutschland/fuerth/the-niu-saddle
Holiday Inn Express Fürth (€€), Rosenstr. 44, Tel. 8170590, www.ihg.com/holidayinnexpress/hotels/de/de/furth/nuefr/hoteldetail
Hotel Grüne Elster (€€), Hans-Vogel-Str. 18, Tel. 0170 9245150, www.gruene-elster.de

Geiselwind .... 96160, +49 (0) 9556 oder 9555
Hotel-Restaurant Stern (€€€), Marktplatz 11, Tel. 217, www.hotel-stern-geiselwind.de
Hotel & Gästehaus Krone (€€€), Kirchplatz 2, Tel. 923800, www.krone-hotel.net

Gräfenberg .... 91322, Tel. +49 (0) 9192
Kugler Ferienwohnung- und Zimmervermietung „Frankenferien“ (€€), Höfles 2 und Neusles 3, Tel. 995051, www.frankenferien.com
Lindenbräu Brauerei und Gaststätte (€€), Am Bach 3, Tel. 348, lindenbraeu.de

Gunzenhausen .... 91710, Tel. +49 (0) 9831 oder 9836
Pension Kirchdörfer (€€), Aha 35, Tel. 4427, www.pension-kirchdoerfer.de
Gästehaus Pension Hedi Menhorn (€€), Goldmayerstr. 10, Tel. 3558, www.pension-hedi.de
Posthotel Arnold (€€), Bahnhofstraße 7, Tel. 67470, www.posthotel-arnold.de

Heroldsberg .... 90562, Tel. +49 (0) 911
Tankbar's Hotelchen (€€), Hauptstrasse 114, Tel. 5676915, www.hotelchen.biz

Hersbruck .... 91217, Tel. +49 (0) 9151
Gasthof Restaurant Cafe Bauer (€€), Martin-Luther-Str. 16, Tel. 81880, www.restaurant-cafe-bauer.de
DORMERO Hotel Hersbruck (€€), Oberer Markt 5, Tel. 908990, www.dormero.de/hotel-hersbruck

Neumarkt in der Oberpfalz .... 92318, Tel. +49 (0) 9181
Kloster St. Josef (€), Wildbad 1, Tel. 45005075, www.stjosef-nm.de
N+S City Hotel Neumarkt (€€), Nürnberger Str. 48, Tel. 5207759, www.cityhotelneumarkt.de

Neustadt an der Aisch .... 91413, Tel. +49 (0) 9161
Kohlenmühle (€), Bamberger Straße 53, Tel. 66227-0, www.kohlenmuehle.de
Alleehotel (€€), Alleestraße 14, Tel. 89550, www.allee-hotel.de
Hotel Garni Zur Post (€€), Wilhelmstraße 43, Tel. 2449, www.hotel-garni-zur-alten-post.de

Nürnberg .... **90402–90491, Tel. +49 (0) 911**
Gasthof „Zur Alten Tenne" (€€), Untere Dorfstr. 40, Tel. 305220, 9a8974.bookingturbo.com/de
Melter Hotel & Apartments (€€), Königstr. 41, Tel. 957 638 0, melter.xyz
NOVINA HOTEL Tillypark (€€), Wallensteinstr. 71, Tel. 817670, www.novina-hotels.de/novina-hotel-tillypark-nuernberg/
Design Hotel Vosteen (€€), Lindenaststr. 12, Tel. 9551233-0, www.hotel-vosteen.de

Pommelsbrunn .... **91224, Tel. +49 (0) 9154**
Hotel Lindenhof Hubmersberg (€€), Hubmersberg 2, Tel. 979910, hubmersberg.de

Roth .... **91154, Tel. +49 (0) 9171**
DORMERO Hotel Roth (€€), Sieh-Dich-Für-Weg 2, Tel. 895900-0, www.dormero.de/hotel-roth/
Landhotel Gasthof Böhm (€€), Schwabacher Str. 1–3, Tel. 09171 9715-0, zumboehm.de

Scheinfeld .... **91443, Tel. +49 (0) 9162**
Gasthof Krone – Lax (€), Hauptstr. 17, Tel. 546, www.gasthof-lax.de
Hotel „Zur Schrotmühle" (€), Würzburger Str. 19, Tel. 441

Schillingsfürst .... **91583, Tel. +49 (0) 9868**
Gasthof Adler (€), Am Markt 8, Tel. 1411, www.gasthof-adler.info
Hotel „Die Post" (€€), Rothenburger Straße 1, Tel. 9500, www.hotel-diepost.de

Schnaittach .... **91220, Tel. +49 (0) 9153**
Berggasthof Hotel Igelwirt (€€), Igelweg 6, Tel. 406-0, www.igelwirt.de

Spalt .... **91174, Tel. +49 (0) 9175**
Alte Backstub'n (€), Hauptstr. 21, Tel. 9555, www.alte-backstuben.depension-spalt/
Hotel Gasthof Krone (€€), Hauptstraße 23, Tel. 370, www.gasthof-krone-stengel.de
Hotel und Gasthof Bayerischer Hof (€€), Albrecht-Achilles-Str. 2, Tel. 7960-0, www.bayerischer-hof-spalt.de

Stein bei Nürnberg .... **90547, Tel. +49 (0) 911**
Pension Geiger (€€), Unterweihersbucher Str. 12, Tel. 675329, www.pension-geiger.com
Hotel zum Rednitzgrund (€€€), Gerasmühler Str. 8, Tel. 680010, www.hotel-rednitzgrund.de

IMPRESSUM

1. Auflage 2024 Verlagsnummer 5275 ISBN 978-3-99154-132-5

Text und Fotos (soweit nicht anders angegeben): Tobias Pape

Titelbild: Die Kaiserburg (© schulzfoto - stock.adobe.com)

Grafische Herstellung und Wanderkartenausschnitte:
© KOMPASS-Karten GmbH
Kartengrundlage für Gebietsübersichtskarte S. 10-11, U4:
© MairDumont, D-73751 Ostfildern 4

Wir aktualisieren unsere Karten und Touren in regelmäßigen Abständen. Dies kann unter Umständen dazu führen, dass sich die Inhalte der digitalen Version eines freigeschalteten Wanderführers bzw. einer Karte, von dem erworbenen Printprodukt unterscheiden. Diese Aktualisierungen sind aus rechtlichen oder sicherheitsrelevanten Gründen erforderlich und ein kostenloser Service mit Mehrwert für alle Nutzer.
Alle Angaben und Routenbeschreibungen wurden nach bestem Wissen gemäß unserer derzeitigen Informationslage gemacht. Die Wanderungen wurden sehr sorgfältig ausgewählt und beschrieben, Schwierigkeiten werden im Text kurz angegeben. Es können jedoch Änderungen an Wegen und im aktuellen Naturzustand eintreten. Wanderer und alle Kartenbenützer müssen darauf achten, dass aufgrund ständiger Veränderungen die Wegzustände bezüglich Begehbarkeit sich nicht mit den Angaben in der Karte decken müssen. Bei der großen Fülle des bearbeiteten Materials sind daher vereinzelte Fehler und Unstimmigkeiten nicht vermeidbar. Die Verwendung dieses Führers erfolgt ausschließlich auf eigenes Risiko und auf eigene Gefahr, somit eigenverantwortlich. Eine Haftung für etwaige Unfälle oder Schäden jeder Art wird daher nicht übernommen. Für Berichtigungen und Verbesserungsvorschläge ist die Redaktion stets dankbar. Korrekturhinweise bitte an folgende Anschrift:

KOMPASS-Karten GmbH
Karl-Kapferer-Straße 5, A-6020 Innsbruck
www.kompass.de/service/kontakt

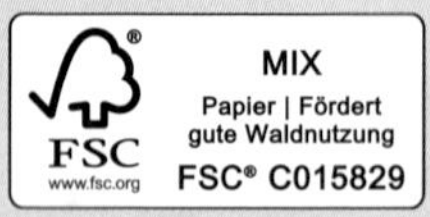